Christina Detig-Kohler
Hautnah

Das Anliegen der Buchreihe BIBLIOTHEK DER PSYCHOANALYSE besteht darin, ein Forum der Auseinandersetzung zu schaffen, das der Psychoanalyse als Grundlagenwissenschaft, als Human- und Kulturwissenschaft sowie als klinische Theorie und Praxis neue Impulse verleiht. Die verschiedenen Strömungen innerhalb der Psychoanalyse sollen zu Wort kommen, und der kritische Dialog mit den Nachbarwissenschaften soll intensiviert werden. Bislang haben sich folgende Themenschwerpunkte herauskristallisiert: Die Wiederentdeckung lange vergriffener Klassiker der Psychoanalyse – wie beispielsweise der Werke von Otto Fenichel, Karl Abraham, Siegfried Bernfeld, W. R. D. Fairbairn, Sándor Ferenczi und Otto Rank – soll die gemeinsamen Wurzeln der von Zersplitterung bedrohten psychoanalytischen Bewegung stärken. Einen weiteren Baustein psychoanalytischer Identität bildet die Beschäftigung mit dem Werk und der Person Sigmund Freuds und den Diskussionen und Konflikten in der Frühgeschichte der psychoanalytischen Bewegung.

Im Zuge ihrer Etablierung als medizinisch-psychologisches Heilverfahren hat die Psychoanalyse ihre geisteswissenschaftlichen, kulturanalytischen und politischen Bezüge vernachlässigt. Indem der Dialog mit den Nachbarwissenschaften wiederaufgenommen wird, soll das kultur- und gesellschaftskritische Erbe der Psychoanalyse wiederbelebt und weiterentwickelt werden.

Die Psychoanalyse steht in Konkurrenz zu benachbarten Psychotherapieverfahren und der biologisch-naturwissenschaftlichen Psychiatrie. Als das ambitionierteste unter den psychotherapeutischen Verfahren sollte sich die Psychoanalyse der Überprüfung ihrer Verfahrensweisen und ihrer Therapie-Erfolge durch die empirischen Wissenschaften stellen, aber auch eigene Kriterien und Verfahren zur Erfolgskontrolle entwickeln. In diesen Zusammenhang gehört auch die Wiederaufnahme der Diskussion über den besonderen wissenschaftstheoretischen Status der Psychoanalyse.

Hundert Jahre nach ihrer Schöpfung durch Sigmund Freud sieht sich die Psychoanalyse vor neue Herausforderungen gestellt, die sie nur bewältigen kann, wenn sie sich auf ihr kritisches Potenzial besinnt.

BIBLIOTHEK DER PSYCHOANALYSE
HERAUSGEGEBEN VON HANS-JÜRGEN WIRTH

Christina Detig-Kohler

Hautnah

Im psychoanalytischen Dialog
mit Hautkranken

Psychosozial-Verlag

Bibliografische Information der Deutschen Nationalbibliothek
Die Deutsche Nationalbibliothek verzeichnet diese Publikation
in der Deutschen Nationalbibliografie; detaillierte bibliografische Daten
sind im Internet über http://dnb.d-nb.de abrufbar.

2. Auflage 2013
© 2002 Psychosozial-Verlag
E-Mail: info@psychosozial-verlag.de
www.psychosozial-verlag.de
Alle Rechte vorbehalten. Kein Teil des Werkes darf in irgendeiner Form
(durch Fotografie, Mikrofilm oder andere Verfahren)
ohne schriftliche Genehmigung des Verlages reproduziert
oder unter Verwendung elektronischer Systeme
verarbeitet, vervielfältigt oder verbreitet werden.
Umschlagabbildung: Michael Mathias Prechtl: »Adams Wunde«
Umschlaggestaltung: Hanspeter Ludwig, Wetzlar
www.imaginary-world.de
Lektorat & Satz: Katharina Hohmann
Printed in Germany
ISBN 978-3-8379-2280-6

Inhaltsverzeichnis

Danksagung 7

Einleitung:
Was der Patient nicht zu sagen wagt,
sagt seine Haut 9
Erfahrungen im psychoanalytischen Dialog:
Zwischen Unberührbarkeit und Beziehung 13

I. Theoretischer Teil:
Von der Oberfläche zur Tiefe 21
Exkurs: Die Haut in ihrer allgemeinen Bedeutung
als Grenz-, Ausdrucks-, Kontakt- und Wahrnehmungsorgan 23
Psychoanalytische Modellvorstellungen von
Somatisierungsprozessen 29
Klinisch relevante Modellvorstellungen für die
psychoanalytische Behandlung von Hautkranken 43

II. Klinischer Teil
Die Haut-Beziehung 53
Die Beratung: Zwei Einzelfallstudien
Einzelfallstudie A:
Frau A. mit der Hautkrankheit Neurodermitis
und einer frühen Störung
»Es darf nichts nach außen kommen...« 55

Einzelfallstudie B:
Frau B. mit der Hautkrankheit chronische Urtikaria
und einer Borderline-Störung
»Wenn meine Quaddeln kommen, werd' ich rasend!« 93

Schlußfolgerungen für ein analytisches Beratungskonzept 128

Die Anfangsphase einer fünfjährigen analytischen Behandlung
Der Schlangenmensch
Herr H. mit einer Hauterkrankung aus dem
Formenkreis der Ichthyosis und einer narzisstischen Störung
»Je mehr es weh tut, um so besser ist es!«   149

Fallstudie einer zweieinhalbjährigen analytischen Behandlung
Die Frau, die Kontakt »zum Kotzen« findet
Frau D. mit den Leitsymptomen einer Kontaktallergie
und einer Bulimie
»Die andern ekeln sich vor mir...!«   175

Fallstudie einer viereinhalbjährigen analytischen Behandlung
**Frau E., die sich in einem inneren
Häutungsprozess aus ihrer Haut »rauspellt«**
Diagnose: Chronische Urtikaria und eine frühe Störung
mit hysterischen Verarbeitungsmechanismen
»Ich habe alles mit mir machen lassen,
das kann ich mir nicht verzeihen!«   199

III. Literatur   233

Danksagung

Ich bin froh und dankbar über das Interesse und die Auseinandersetzung, die ich von vielen Seiten für mein erstes Buch
Hautkrank: Unberührbarkeit aus Abwehr?
Psychodynamische Prozesse zwischen Nähe und Distanz
erfahren habe.

Daran konnte ich erkennen, dass es viele Menschen gibt, die sich für die verschlüsselten Botschaften der psychosomatischen Hautkrankheiten interessieren und – so wie ich – deren unbewusste Bedeutung verstehen möchten.

Deshalb möchte ich an erster Stelle den Patienten danken, die in großzügiger Weise ihr Material zur Veröffentlichung freigaben. Ohne ihre Offenheit und ihr Vertrauen in die gemeinsame therapeutische Beziehung wäre die vorliegende Arbeit nicht möglich gewesen.

An zweiter Stelle möchte ich mich bei Herrn Dr. Hans-Jürgen Wirth bedanken, der als Psychoanalytiker und Verleger des Psychosozial-Verlags mit dieser Veröffentlichung die Begegnung mit hautkranken Menschen ermöglicht und dem Leser gestattet, sich von deren verborgenen Ängsten vor Nähe und Distanz berühren zu lassen.

Ich möchte mich auch bei den Kolleginnen und Kollegen bedanken, die mich seit fast zwei Jahrzehnten in den verschiedenen Arbeitszusammenhängen mit Hautkranken begleiten.

Zu ihnen gehört der Arbeitskreis psychosomatische Dermatologie (APD). Hier gilt mein besonderer Dank Frau Dr. med. Idamarie Eichert und Herrn Prof. Dr. med. Uwe Gieler, die beide von Beginn an mit ihrem dermatologischen und psychosomatischen Verständnis meine psychoanalytische Perspektive bereichert und mitgetragen haben.

Für die jahrelange Intervisions- und Supervisionsarbeit in verschiedenen psychoanalytischen Gruppen möchte ich mich bei allen Kolleginnen und Kollegen bedanken. Hierbei gilt mein Dank besonders Herrn Dr. med. Karl-A. Dreyer und Herrn Dr. rer. soc. Reinhard Herold, die mir im Rahmen unserer jahrelangen kollegialen Intervision durch ihre kritischen Beiträge in konstruktiver Weise zu neuen Verstehensmöglichkeiten verhalfen.

Danksagung

Frau Katharina Hohmann möchte ich als Lektorin für ihre gute inhaltliche und organisatorische Betreuung und Geduld danken.

Nicht zuletzt gilt mein großer Dank meinem Sohn Jascha mit Silke, die mir von der computertechnischen Seite in der Erstellung des Manuskripts – bei diversen »Abstürzen« – immer wieder rettend zur Seite standen.

Mein inniger Dank gilt vor allem meinem Mann, der mir in seiner beruhigenden aber auch motivierenden Art in all den Jahren eine große Stütze war.

Ubstadt-Weiher im Juli 2001
Christina Detig-Kohler

Einleitung
Was der Patient nicht zu sagen wagt, sagt seine Haut

»Man lernt, das Unerklärliche zu tolerieren,
um das Gespräch zu ermöglichen und auf diese Weise
jenes unvorhersagbare Wachstum zu erzeugen, das,
wenn es sich verwirklicht, ›Heilung‹ genannt wird.«
(M. Masud R. Khan 1991)

Dieses Buch handelt von Hautkranken, die uns über ›die Sprache der Haut‹ an der Welt ihrer inneren Objekten teilhaben lassen und uns darüber einen Einblick in die unbewussten Zusammenhänge ihrer psychischen und körperlichen Reaktionen gestatten. Versteht man aus der psychoanalytischen Perspektive die symbolische Körpersprache des Hautkranken sowie seinen psychischen Umgang mit den Objekten als Ausdruck verinnerlichter infantiler Beziehungsmuster, gilt es, dieses Beziehungsgeschehen zu entziffern und im Kontext der therapeutischen Beziehung in die meist spannende Entdeckungsreise der unbewussten Inszenierung mit dem Patienten einzutauchen.

In meinen fast zwei Jahrzehnte langen Erfahrungen mit Hautkranken erfuhr ich am ›eigenen Leib‹, dass sich im psychoanalytischen Dialog mit diesen Menschen ein besonders geartetes Nähe-Distanz-Verhältnis entwickelt. Auf der Klaviatur dieser Beziehungsmöglichkeiten zwischen Unberührbarkeit und tief berührenden Szenen habe ich erleben dürfen, welche verschlüsselten Nähe-und Distanzwünsche oder -ängste diese Menschen an mich gerichtet haben. Diese unbewussten Botschaften versuchen wir in den psychodynamischen Austauschprozessen der analytischen Übertragungsbeziehung zu verstehen.

Die Psychoanalyse als Wissenschaft vom Menschen befasst sich in ihrem Behandlungsansatz mit den unbewussten Zusammenhängen, die auf den Konflikten der frühen Interaktion mit den Primärpersonen basieren und sich in der aktuellen Beziehungsdynamik des analytischen Dialogs wiederholen.

Einleitung

Der psychoanalytische Prozess im Hier und Jetzt der Übertragungsbeziehung gestattet uns dabei einen Einblick in diese infantilen Beziehungsmuster, die in der inneren Welt der Patienten als verinnerlichte Objektbeziehungen wirksam sind. Diese Phänomene entfalten sich in der Übertragung als individuelle Szenarien in ihren bedrohlichen, ersehnten oder Widerstand hervorrufenden Inhalten. Sie sind als innere Repräsentanzen für das Verständnis der aktuellen Beziehungen von großer Wichtigkeit.

Dabei dient die Haut des Patienten oft als Ort der Symbolisierung, beispielsweise eines unbewussten Beziehungswunsches, eines frühen Begehrens oder dessen Abwehr. Gelingt es, diese unbewusste Botschaft in der Übertragung zu verstehen, besteht die Chance, die individuelle Geschichte im Kontext der analytischen Beziehung wiederzubeleben, neu zu gestalten und Lösungsmöglichkeiten zu entdecken, in denen Patienten nicht mehr darauf angewiesen sind, die Haut als Austragungsort schmerzlicher Erfahrungen zu wählen.

Die sich in der Behandlung entwickelnde Beziehungsdynamik und die lebensgeschichtlich rekonstruktiv erarbeiteten Zusammenhänge berechtigen dann zu Rückschlüssen über die Bedingungen der psychischen Seite der Erkrankung und helfen dem Patienten seine ›Geschichte‹ zu enthüllen, an die er sich nicht zu erinnern scheint (vgl. Dreyer 2000).

An dieser Stelle ist es mir wichtig, deutlich zu machen, dass ich damit nicht den Anspruch erheben möchte, die Hautkrankheiten als solche erklären zu können. Vielmehr werde ich mich in meinen Falldarstellungen auf die Übertragungsanalyse konzentrieren und dabei versuchen, den Wechselprozess zwischen den beiden Bereichen Soma und Psyche im psychodynamischen Austauschprozess – damit ist allein die psychische Seite des Beziehungsgeschehens gemeint – zu analysieren.

Somit ist es mein Anliegen in diesem Buch an einzelnen Behandlungen exemplarisch zu veranschaulichen, wie sich diese Wechselprozesse als psychische und körperliche Reaktionen in der Übertragungsbeziehung entfalten, um aus der Analyse dieser Prozesse ein Verständnis für den Patienten zu entwickeln, in seinem psychischen Umgang mit den Objekten.

Daraus ergibt sich in vielen Fällen am Ende einer Behandlung eine deutliche Verbesserung oder gar Auflösung der psychischen Störung, auch wenn die Hauterkrankung nur in wenigen Fällen eine Veränderung erfährt.

Einleitung

In den Krankengeschichten werden hautkranke Patienten beschrieben, deren innere Szene von narzisstischen Bedürfnissen und deren pathologischer Abwehrformation bestimmt ist. Die sich daraus entwickelnden Objektbeziehungen sind von dem Wunsch projektiver Externalisierungen der inneren Objekte geprägt und lassen den unbewussten Versuch erkennen, unbewusste Ängste, Aggressionen und Wünsche, sowie deren Abwehr verkörperlicht über die Haut – dem Kommunikations- und Grenzorgan per se – darzustellen.

Ich möchte am Beispiel der verschiedenen Falldarstellungen zeigen, dass die unbewussten Inszenierungen dieser Patienten von Anfang an den Charakter exzessiver projektiver Identifizierungen aufweisen, was unbewusst dazu dienen soll, die psychische Getrenntheit in der Übertragung aufzuheben. Die Analyse der Übertragungsprozesse macht deutlich, dass viele Patienten von dem unbewussten Wunsch bestimmt sind, mit mir, der Analytikerin, die in der Übertragung wie die frühe Mutter erlebt wird, eine »gemeinsame Haut« herzustellen. Im Erleben dieser Patienten werde ich dabei oft in einer psychischen und einer körperlichen Haut-Beziehung auf eine konkretistische Weise als Haut-Objekt erlebt, was zu spezifischen psychischen aber auch körperlichen Reaktionen in meiner Gegenübertragung führt.

Meine Erfahrungen und die von vielen Kolleginnen und Kollegen, die psychoanalytisch mit Hautkranken arbeiten, haben mich zu der Überzeugung geführt, dass im therapeutischen Kontext mit diesen Patienten kaum eine Behandlung ohne körperliche Reaktionen des Analytikers vorstellbar ist.

Dieses zusätzliche körperliche Übertragungsgeschehen erfordert eine sorgfältige Gegenübertragungsanalyse. Diese hat mir im Laufe der letzten Jahre deutlich gemacht, dass es in der Arbeit mit Hautkranken notwendig ist, als Analytiker bzw. Analytikerin eine Haltung einzunehmen, die ich als ein ›Sich-Affizieren-Lassen‹ beschreiben möchte. Die in dieser Haltung in der Gegenübertragung wahrnehmbaren Reaktionen halte ich für ein wertvolles Hilfsmittel, für die sonst schwer zugängliche unbewusste Dynamik im Patienten.

Ich werde versuchen, diesen oftmals ›hautnahen Dialog‹ mit der dafür erforderlichen Offenheit wiederzugeben. Dabei möchte ich zeigen, welchen klinischen Nutzen es hat, sich in das komplexe und verwirrende

Geschehen in derartigen Analysen ›verwickeln‹ zu lassen, um Patienten in ihren inneren Raum zu folgen, in dem sie sich von destruktiven Objekten bestimmt fühlen.

Ich hoffe, dass es mir gelingt, die Gegenübertragungsanalyse, ihr störungsspezifisches Verzahntsein, aber auch den schöpferischen Prozess darzustellen, der sich im Moment einer geglückten Begegnung ergeben kann.

Darüber hinaus ist es mir in der sich verändernden wissenschaftlichen und gesundheitspolitischen Landschaft ein Anliegen, die therapeutische Wirksamkeit der psychoanalytischen Behandlungsmethode und deren Effizienz für Hautkranke am Fallmaterial zu verankern und in seiner klinischen Evidenz zur Diskussion zu stellen.

Die theoretische Einordnung des Fallmaterials baut auf den folgenden grundlegenden analytischen Theoriebausteinen auf:
– Melanie Kleins Konzept der projektiven Identifizierung,
– die Theorie der inneren Objektbeziehungen,
– eine Konzeption des Narzissmus in objektbeziehungstheoretischem Verständnis.

Dabei hat sich für die klinische Arbeit das Konzept von Didier Anzieu (1991), *Das Haut-Ich*, am fruchtbarsten erwiesen, da es in dem hier vorliegenden Störungsbereich nicht wie bei neurotischen Störungen an erster Stelle um die Bewusstwerdung verdrängter Phantasien geht, sondern um Bereiche, in denen sich der Patient aufgrund mangelnder Mentalisierung somatisch äußert. Daher besteht für diese Patienten die Notwendigkeit, sich einen eigenen psychischen Raum zu schaffen, in dem Denken und Symbolisierung möglich werden.

Anzieus psychoanalytischer Ansatz zeichnet sich durch eine Metaphorik aus, die die psychischen Besetzungen der Haut und deren verstofflichte körperliche Vorgänge in Bilder übersetzt.

Sein Verdienst besteht in der Entwicklung einer Systematik, in der die unbewussten Besetzungen der Haut konzeptionell erfasst werden, wie sie sich in der frühkindlichen Entwicklung und Interaktion mit den Primärobjekten herausbilden. Darin verknüpft Anzieu die frühen Ich-Funktionen, die mit der Differenzierung von Selbst und Objekt befasst sind, eng mit Körpererfahrungen und stellt eine Parallele zwischen den Ich-Funktionen und den körperlichen Funktionen der Haut her. Angesichts dieser

Verbindung zeigt Anzieu auf, dass in der Welt der inneren Objektbeziehungen dieser Menschen, das Phantasma einer gemeinsamen oder zerrissenen Haut eine zentrale Rolle spielt.

Neben dem klinischen Konzept Anzieus nehme ich weiterhin Bezug auf Esther Bicks Konzept der »Zweithaut-Bindung«, auf den Ansatz von Melzer zur projektiven Identifizierung und auf Bions Theorie des Denkens.

Ich möchte aufzeigen, wir mir diese klinischen Konzepte geholfen haben, die teilweise schwer erträglichen Gegenübertragungsreaktionen als unbewusste Projektionen der verinnerlichten Objekte der Patienten zu verstehen.

Erfahrungen im psychoanalytischen Dialog: Zwischen Unberührbarkeit und Beziehung

Meine Auseinandersetzung mit den psychosomatischen Aspekten von Hautkrankheiten begann 1983 im Rahmen meiner Dissertation (1986) in der Psychosomatischen Ambulanz der Universitätsklinik Frankfurt. Damals bekam ich die Gelegenheit, mehr als zwei Jahre mit psychosomatisch kranken Hautpatienten zu arbeiten.

Die besondere Art der Nähe-Distanz-Dynamik dieser Patienten hatte mein Interesse geweckt, ich wollte mehr von diesem Unberührbarkeitswiderstand verstehen, der mir in der psychotherapeutischen Behandlung dieser Patienten immer wieder begegnete.

Im Zuge eines fünfstündigen psychoanalytisch orientierten Beratungsangebot konnte ich in mehr als 100 Gesprächen (von jeweils 50 Minuten) die Dynamik der Übertragungs- und Gegenübertragungsprozesse ›hautnah‹ erleben.

Da es damals nur sehr wenige Untersuchungen zur Frage der psychodynamischen Zusammenhänge von Hautkranken gab, hoffte ich mit dieser Untersuchung auch eine Antwort auf dieses ›stiefmütterliche Berührungstabu‹ zu finden und auch darauf, warum mir immer wieder eine skeptische Haltung von Kollegen entgegengebracht wurde, die beteuerten, Hautkranke seien psychotherapeutisch nicht zugänglich. Interessanterweise beobachtete ich auch bei den Dermatologen wenig Interesse an der Ergründung psychischer Zusammenhänge. Worin sich die Kolleginnen und Kollegen beider Disziplinen allerdings einig waren, war die Beschreibung irritierender Nähe-Distanz-Botschaften, mit denen Hautkranke ihre widersprüchlichen Informationen vermitteln.

Zwischenzeitlich ist dieses Berührungstabu weitgehend aufgehoben, was sicher auch auf eine weniger orthodoxe psychoanalytische Sichtweise und neuere Konzeptualisierungen – auf dem Boden objektbeziehungstheoretischer Ansätze – zurückzuführen ist. Diese weiterführenden psychoanalytischen Erkenntnisse, die sich mit den unbewussten Besetzungen der Haut befassen, sind für die klinische Praxis von großem Wert und ich werde versuchen, die sich daraus ergebenden Verstehensmöglichkeiten in den Falldarstellungen zu veranschaulichen. Darin geht es beispielsweise um die Haut, die wie ein autodestruktives oder autoerotisches Objekt erlebt wird, oder darum, dass die Haut Quelle und Objekt dieser Prozesse gleichzeitig ist, oder dass die Haut zur Darstellung der psychischen Störung funktionalisiert bzw. in ihrer unbewussten Bedeutung dazu benutzt wird, den Umgang mit den Objekten zu kontrollieren.

Neben den neueren psychoanalytischen Konzeptualisierungen, die in ihrem klinischen Verständnis zu einem praktikablen Behandlungsmodell für Hautkranke beitrugen, ist es auch der Aufklärungsarbeit des *Arbeitskreis für Psychosomatische Dermatologie* (APD) zu verdanken, dass in den Fachverbänden der Dermatologie in den letzten zehn Jahren die psychosomatische Sichtweise als ernstzunehmende Disziplin in die naturwissenschaftlich somatisch orientierte Behandlung von Hautkranken Eingang fand.

Nach diesen eher konzeptionellen und gesundheitspolitischen Aussagen möchte ich nun zum inhaltlichen Aufbau der hier vorliegenden Arbeit kommen:

Im Theorieteil werden psychodynamische Modellvorstellungen zum Verständnis von Somatisierungsprozessen und die neueren psychoanalytischen Forschungsansätze dargestellt.

Hierbei soll etwas ausführlicher auf die in der Erweiterung der Freud'schen Triebtheorie entwickelten objektbeziehungstheoretischen Erklärungsmodelle eingegangen werden, v. a. auf Melanie Kleins Konzept der inneren Objekte, sowie auf die neueren Ansätze von Didier Anzieu mit dem Konzept des *Haut-Ich* (1991), auf Esther Bick, mit dem Konzept der »second-skin-formation« (1968) und auf Thomas H. Ogden (1989).

Von der aktuellen theoretischen Diskussion in der psychoanalytischen Psychosomatik ausgehend, wird abschließend noch ein Bezug zur Bindungsforschung hergestellt.

Als Kernstück der Arbeit finden sich im klinischen Teil die exemplarischen Fallbeispiele. Dabei beziehe ich mich zunächst auf zwei ausführliche Beratungsfälle aus der anfangs genannten empirischen Untersuchung. Diese Beratungsfälle finde ich in ihrem Erkenntniswert nach wie vor zur Veranschaulichung der psychodynamischen Austauschprozesse sehr aufschlussreich.

Im ersten Fall geht es um eine Patientin mit der Hautkrankheit Neurodermitis und einer frühen Störung, im zweiten Fall um eine Patientin mit der Hautkrankheit chronische Urtikaria und einer Borderline-Störung.

Im Anschluss daran werde ich in einem Vergleich mit den übrigen Patienten dieser Studie zu Schlussfolgerungen über ein psychoanalytisches Beratungskonzept kommen und diese zur Diskussion stellen.

Im Zuge der neuen Ausbildungsordnung für Dermatologen hoffe ich, mit den beiden ausführlich dargestellten Beratungsfällen aus dem Klinikalltag einer Psychosomatischen Ambulanz, den jüngeren medizinischen Kollegen einen Zugang zu psychoanalytischem Arbeiten und Denken schaffen zu können.

Im weiteren Vorgehen möchte ich die Kasuistik einer fünfjährigen psychoanalytischen Behandlung, bei einer anfangs drei-, später vierstündigen Frequenz, vorstellen. In dieser Fallstudie eines Patienten mit einer Hautkrankheit aus dem Formenkreis der Ichthyosis und einer narzisstischen Störung, werde ich mich hauptsächlich auf die Übertragungsanalyse in der Anfangsphase der Behandlung konzentrieren. Dabei möchte ich, über den Zugang des szenischen Verstehens, veranschaulichen, wie sich die Wechselprozesse zwischen der narzisstischen Störung und der Hautkrankheit in der Übertragung abbilden. Dieses Geschehen werde ich explizit auf dem Hintergrund von Anzieus Konzept *Das Haut-Ich* diskutieren. Ich möchte weiterhin zeigen, wie mir der Ansatz Anzieus geholfen hat, die Projektionen dieses Patienten, die sich im Phantasma einer gemeinsamen Haut in seinen narzisstischen und masochistischen Varianten widerspiegeln, aus dessen innerer Objektwelt heraus zu verstehen.

In den beiden letzten Fallstudien möchte ich zum einen die zweieinhalbjährige (340 Stunden umfassende), vierstündige analytische Behand-

Einleitung

lung einer Patientin mit den Leitsymptomen einer Kontaktallergie und einer Bulimie vorstellen, die ich als psychosomatische Reaktion einer weiblichen Identitäts- und Intimitätsstörung verstanden habe sowie die viereinhalbjährige (544 Stunden umfassende), vierstündige analytische Behandlung einer Patientin mit der klinischen Diagnose chronische Urtikaria und einer frühen Störung mit hysterischen Verarbeitungsmechanismen, in der die Hautkrankheit in ihrer unbewussten Bedeutung dazu funktionalisiert wurde, den Umgang mit den Objekten zu kontrollieren.

An dieser Stelle möchte ich anfügen, dass die Preisgabe der dem therapeutischen Dialog innewohnenden Intimität erst nach reiflicher Überlegung geschieht. Zwar habe ich mich bemüht, die Anonymität zu wahren (weniger durch die Veränderung von Daten, als durch das Weglassen identifizierbarer Daten), doch bleibt bei einer derartigen Veröffentlichung immer eine gewisse Sorge, weil durch die Hereinnahme des Dritten eine neue Beziehungsdimension entsteht. Dennoch überwiegt die Hoffnung, mit dieser Arbeit zu einem konstruktiven interdisziplinären Austausch zwischen analytisch arbeitenden Kolleginnen und Kollegen, analytisch orientierten Dermatologinnen und Dermatologen und anderen Interessierten beizutragen.

In jedem Fall ist beim Lesen dieses Buches die Bereitschaft notwendig, sich mit Übertragungsgefühlen auseinandersetzen zu wollen, die durch die eigene Unberührbarkeit oder die eigenen Berührungstabus ausgelöst werden.

Aus meinen eigenen Erfahrungen heraus ist es mir dabei auch ein Anliegen, jungen psychoanalytisch arbeitenden Kollegen die Angst vor dem Klischee der Unnahbarkeit von Hautkranken zu nehmen. Ich meine, bei gebührendem Respekt vor dem Unberührbarkeitswiderstand dieser Patienten und dessen Anerkennung als einem diagnostischen Kriterium, wird es in den meisten Fällen zu einer bereichernden Erfahrung für beide Seiten kommen.

Verstehen wir die Haut als Grenzorgan zwischen Innen und Außen, schafft sie dem Hautkranken zunächst die Möglichkeit, Wunsch oder Angst vor innerer Berührung über die Haut zur Sprache zu bringen. Über die Umwandlung der Symptomneurose in die Übertragungsneurose kann es dem Patienten gelingen, in der Beziehung zur Analytikerin bzw. zum

Einleitung

Analytiker diese inneren Berührungsängste oder -wünsche zu entfalten und damit einer gemeinsamen Bearbeitung zugänglich zu machen.

Um den Einstieg in das anfangs oft als lähmend erlebte Übertragungsgeschehen etwas zu erleichtern, möchte ich mir vorab erlauben, über einige persönliche Erfahrungen zu berichten, die meine Arbeit mit Hautkranken geprägt haben.

Ich profitiere bis heute davon, dass ich in den Anfängen meiner psychotherapeutischen Arbeit mit Hautkranken deren Übertragungsangebote weitgehend ohne Vorkenntnisse auf mich wirken lassen konnte. Diese theoretische Unvoreingenommenheit ermöglichte mir in basaler Weise etwas von der inneren Welt dieser Menschen zu verstehen. Deshalb möchte ich junge Kolleginnen und Kollegen ermuntern, sich auch dann auf die therapeutische Beziehung mit Hautkranken einzulassen, wenn sie sich in der Theorie noch nicht sicher fühlen, das therapeutische Geschehen dann aber in Supervisions- und Balintgruppen auf dem Hintergrund der Übertragungsprozesse aufarbeiten können.

Ich spürte in meiner Anfangsphase bald, dass ich mich in der Begegnung mit Hautkranken oftmals auf eine tiefgehende Weise ›berührt‹ fühlte und dass von der Verletztheit dieser Menschen, aber auch von deren latenter Aggressivität eine merkwürdige unerklärliche Faszination ausging, die etwas mit der inneren Welt dieser Menschen zu tun haben musste. Je vorurteils- und angstfreier ich mich im Laufe der Gespräche auf den einzelnen Patienten einlassen konnte, umso mehr fühlte ich mich von dem Gegenübertragungsgefühl eingeholt, die hoch aufgeladenen aber kaum benennbaren Widerstände der Patienten ›am eigenen Leib‹ zu spüren. Damit meine ich, dass sich die Nähewünsche dieser Menschen unmittelbar, sozusagen ›hautnah‹, als deren Berührungswünsche in mir entfalteten, zugleich aber auch eine Art Warnsignal übermittelt wurde, dem ich die Bedeutung verlieh, ihnen nicht zu nahe kommen zu dürfen. Dieses gleichzeitig auftretende, im Grunde aber ausschließende Beziehungsangebot, verstand ich später als Versuch, mittels unbewusster Distanzierungs- und Abgrenzungsmodi eine Art zweite, vermeidende Beziehung zu installieren. Ich erkannte, dass sich im Kontakt sofort eine unbewusste Angst entfaltet, aus der heraus sich die Patienten ›ihrer Haut wehren‹ müssen, falls mein Beziehungsangebot ihren unbewussten Beziehungswünschen entspräche.

Diese unbewusste Angst vor Nähe zeigte sich oft schon in der Initialszene, indem zum Beispiel konkrete Berührung, wie meine zur Begrüßung gereichte Hand, ignoriert oder gar verweigert wurde. Ich verstand diese erste unbewusste Mitteilung, in der direkt etwas über den Beziehungswunsch und dessen Abwehr zum Ausdruck gebracht wurde, in ihrem doppelbödigen Charakter als Schutz- und Konfrontationshaltung zugleich. M. E. lässt sich bereits in dieser ersten Szene die frühe narzisstische Kränkung einer ungenügenden Primärbeziehung erkennen, aus der heraus sich die Patienten immer noch veranlasst fühlen, im Kontakt sowohl zuwendend als auch abweisend (die am eigenen Leib erlebte Kränkung zurückgebend) zu reagieren. Dass es im interaktionellen Geschehen genau um diese unbewusst im Patienten wiederbelebte Kränkung, die in der Gegenübertragung als Zurückweisung wahrgenommen wird, geht, schien mir für das psychodynamische Geschehen charakteristisch. Ich begriff nun den Grund der abwehrenden Haltung einiger Kolleginnen und Kollegen: Offenbar hatten sie das abweisende Beziehungsmuster der Patienten auf der realen Ebene als eine Kränkung erlebt, obwohl dieses im analytischen Arbeitszusammenhang als Übertragungsanteil analysiert werden muss. Da ich diesen Affekt aus der Gegenübertragung selbst kannte, kam ich zu dem Schluss, dass die im Patienten wirkende immanente Kränkung durch mein Beziehungsangebot erneut belebt und nach außen projiziert wird.

Vom Narzissmuskonzept auf der Basis objektbeziehungstheoretischer Vorstellungen ausgehend, bildet sich meiner Ansicht nach hierin die frühe narzisstische Enttäuschung der infantilen Objekterfahrung ab und dies am deutlichsten in der Ambivalenz.

Während ich mich damals von den Patienten in ihren Heilserwartungen zu einem aktiven und stützenden Verhalten veranlasst fühlte, kämpfte ich doch ständig gegen die ›Nicht-Gut-Genug-Gefühle‹ einer ungenügenden Mutter-Kind-Beziehung an. Dass sich in den Gesprächen automatisch meine Stimme veränderte und ich mich leise, vorsichtig und beruhigend sprechen hörte, verstand ich psychodynamisch folgendermaßen: Eine bedrohliche Instabilität hatte mich gefangen genommen, in der die unbewussten regressiven Bedürfnisse der Patienten und die Angst vor Manipulation mich zu kontrollieren schienen. Meinem Eindruck nach versuchten die Patienten die in der Beziehung immer stärker werdenden

Verschmelzungswünsche durch eine Art innerer Kampf-Flucht-Bereitschaft zu beherrschen. Aggressivität oder Misstrauen sollte durch übertriebene Höflichkeit oder gar devotes Verhalten abgewehrt werden. Viele dieser gegensätzlichen Gegenübertragungsgefühle verstand ich als Ausdruck eines Unberührbarkeits-Widerstands, der mich in dem Wunsch, die Patienten näher kennenlernen zu wollen, zurückhielt.

Zusammenfassend wurde mir klar, dass bei den meisten Patienten ein hochambivalentes Nähe-Distanz-Verhalten vorherrschte, dem als zentraler unbewusster Konflikt ein Seperations-Individuations-Konflikt zugrunde lag. Die Erfahrungen in der Übertragungsbeziehung waren auf der einen Seite durch einen symbiotischen Wiederherstellungsversuch – eine Art Sog in die Symbiose – charakterisiert.

Die kranke Haut symbolisierte in vielen Fällen unbewusste Zärtlichkeits- und Anlehnungsbedürfnisse, die sich im Apellcharakter des Symptoms äußerten. Versteht man das Symptom als unbewusste Botschaft, ließ sich in den Fällen, in denen die Neurodermitis oder das Kontaktekzem nur an den Füßen oder Händen auftrat, auf tiefe regressive Wünsche – beispielsweise mit anderen Menschen in Berührung zu kommen bzw. vor ihnen wegzulaufen – schließen. Gleichzeitig verstand ich das Symptom bei manchen Patienten aber auch als produktive Ich-Leistung, die zur Darstellung der Abgrenzungsbedürfnisse benutzt wurde. Da bei vielen Patienten deutlich wurde, dass sie sich keinen Raum zugestehen ihre Abgrenzungsbedürfnisse umzusetzen, mussten sie diese über den Umweg dieser Pseudolösung darstellen: Das, was der Patient selbst nicht zu sagen wagt, sagt seine Haut.

Diese doppelseitige Botschaft, des sich Sich-Nähern-Sollens, aber nicht wirklich -Dürfens, erschien mir typisch und für das Verständnis der Beziehungsdynamik von großer Wichtigkeit. Schon in dieser ersten unbewussten Mitteilung wird der Beziehungswunsch und gleichzeitig dessen Abwehr zum Ausdruck gebracht, sodass ich lernte, diesen Unberührbarkeits-Widerstand als Schutz- und Konfrontationshaltung gleichermaßen zu akzeptieren.

Nach Abschluss der damaligen Forschungsarbeit war ich vom beiderseitigen Gewinn einer solchen Beratung überzeugt, wobei die Option der zeitlichen Überschaubarkeit den Patienten ermögliche, sich auf diese begrenzte Beziehungserfahrung einzulassen. Allerdings meine ich, dass dieses Konzept für Hautkranke nur dann zu einer ›guten‹ Erfahrung wird, wenn für den Therapeuten als oberstes Prinzip gilt, die individuellen Abwehrmuster der Patienten zu respektieren. Die Patienten lehrten mich, dass die kranke Haut sehr wohl stabilisierende Funktion haben kann und es vermessen wäre, ein psychisch kontaminiertes Symptom ›wegtherapieren‹ zu wollen. Selbst wenn das Hautsymptom als vorübergehende Pseudolösung benutzt wird, ist es die in diesem Augenblick zur Verfügung stehende individuelle Heilungsstrategie, die geachtet werden muss. Ich habe in den Beratungsgesprächen die Erfahrung gemacht, dass die Konfrontation mit den individuellen Konfliktbereichen vom Patienten aufgegriffen werden kann, wenn für ihn die Hoffnung überwiegt, sich irgendwann in seiner eigenen Haut wohl fühlen zu können.

Theoretischer Teil
Von der Oberfläche zur Tiefe

Exkurs: Die Haut in ihrer allgemeinen Bedeutung als Grenz-, Ausdrucks-, Kontakt- und Wahrnehmungsorgan

Die Haut ist unser sensitivstes Organ, unser erstes Medium frühesten Austauschs und unser wirksamster Schutz. Sie ist das Kontaktorgan des Menschen und stellt die Grenze zwischen dem Ich und der Außenwelt dar. Zugleich ist ihre (beim durchschnittlichen Erwachsenen) 18.000 Quadratzentimeter große Oberfläche vielfältigen Einflüssen wie Temperatur, Luftfeuchtigkeit, chemischen Stoffen, Druck und psychischen Reizen ausgesetzt.

Man bedenke, die Haut weist die größte Fläche und das größte Gewicht aller Körperorgane auf.

Entwicklungsgeschichtlich entsteht die Haut, ebenso wie das Zentrale Nervensystem aus dem Ektoderm. Das Gehirn, dessen höchstempfindliche Oberfläche durch die Schädelkalotte geschützt wird, steht in ständigem Kontakt mit der Haut und ihren Organen. Haut und Gehirn bilden sich also aus der gleichen Membran, beide sind ihrem Wesen nach Oberfläche. Die innere Oberfläche vom Körper als Ganzes, der Cortex, steht in Beziehung zur äußeren Welt über die Vermittlung einer äußerlichen Oberfläche. Von diesen beiden Hüllen der Haut hat die eine die Schutzfunktion und die darunter liegende eine Filterfunktion, indem sie Informationen speichert und deren Austausch steuert.

Die Haut ist mit dem Nervensystem durch 7-135 Tastkörperchen pro Quadratzentimeter und über eine halbe Million sensibler Nervenfasern verbunden.

Ein wesentlicher Teil embryonaler Wahrnehmung im Mutterleib vollzieht sich über die Haut, wobei sich der Tastsinn als erster entwickelt. Schon acht Wochen alte Embryonen mit weniger als 2,5 cm Körperlänge reagieren auf das Streicheln der Oberlippenregion oder der Nasenflügel, dies bedeutet, dass schon zu diesem Zeitpunkt eine differenzierte interaktionelle Sensibilität entwickelt ist, also in einem Stadium, in dem andere Sinnesorgane wie beispielsweise Augen oder Ohren noch weit unterentwickelt sind. Für den Säugling ist die Haut das wichtigste Kommunikations- und Kontaktorgan. Auch nach der Geburt ist es erst die taktile, dann die auditive und zuletzt die visuelle Wahrnehmung, die den höchsten Stellenwert einnimmt (Montagu 1971).

Wenden wir uns der Umgangssprache zu, fallen uns viele Redewendungen ein. Ich möchte nur einige zitieren, die in ihrer Metaphorik auf die zentrale Bedeutung der Haut und deren Nähe zu Identität und Selbsterleben hinweisen:

- Wir fühlen uns berührt oder etwas geht uns unter die Haut;
- wir fühlen uns in unserer Haut nicht wohl oder in unserer Haut gefangen;
- jemand hat eine dünne Haut oder wir möchten nicht in der Haut des anderen stecken;
- jemand besteht nur noch aus Haut und Knochen oder ist noch mal mit heiler Haut davon gekommen;
- wir fürchten, dass uns zu sehr auf die Pelle gerückt wird oder möchten uns jemanden vom Leibe halten;
- wir kommen in Kontakt mit anderen oder wollen es nicht zu nahe haben;
- jemand geht uns auf die Nerven und wir könnten aus der Haut fahren;
- man erlebt etwas hautnah oder will seine eigene Haut retten;
- man beschreibt jemanden als ehrliche Haut oder kann aus seiner eigenen Haut nicht raus,
- man möchte sich dem geliebten Partner ganz und gar hingeben – mit Haut und Haaren – (die Liste könnte um ein Vielfaches fortgesetzt werden).

Beschäftigen wir uns mit der Haut aus somatopsychischem Blickwinkel, stoßen wir auf typische beobachtbare Phänomene, in denen sich die Haut in spezifischer Weise von anderen Organen unterscheidet, was sich in der Behandlung von Hautkranken in den folgenden Phänomenen auswirkt:

Das Hautsymptom ist im Vergleich zu körperinneren Erkrankungen sichtbar und besitzt ein morphologisches Substrat, sodass man von einem *Ausdrucksorgan* sprechen kann.

Vielleicht ist u. a. das ein Grund, weshalb die Dermatologie über lange Zeit hauptsächlich am Symptom orientiert war. Von der Oberfläche her zu diagnostizieren, scheint gerade bei Hautkranken besonders einleuchtend. Es hat aber auch ein verführerisches Moment, sich mit der Abwehrseite des Patienten zu verbünden, und damit nur bei dieser Betrachtungsweise zu bleiben.

Dies leitet über zur Bedeutung
- der Haut als *Kontaktorgan*, indem die Haut sich als prädestiniert erweist, das interaktionelle Geschehen zu beeinflussen.
- Die Haut ist de facto das *Grenzorgan* des Menschen, aber auch wegen ihrer symbolischen Grenze zwischen Innen und Außen. Mit dieser Vorstellung ist der symbolische Raum des inneren Selbst, der zum Schutz der Psyche notwendig ist, gemeint. Als äußere Begrenzung sind die konkreten physiologischen Eigenschaften der Haut notwendig, die als Körperoberfläche die psychischen Inhalte bewahren. Diese Definition der Haut als einem Grenzorgan basiert sowohl auf einer organischen als auch auf einer imaginären (bildhaften) Bedeutung.

Neben der genannten Sinnbedeutung, dass die Haut das Selbst in sich einschließt, basieren einige Konzepte auf der zweiten Sinndeutung, dass die Haut das Selbst ist, d. h. die Haut wird mit der Person gleichgesetzt.
- Die Haut als *Wahrnehmungsorgan*, deren erste Wahrnehmungen bereits im Embryonalstadium stattfinden. Nach der Geburt lernt der Säugling über die Haut seine Selbst- und Körpergrenzen wahrzunehmen, erlebt Lust- und Unlustgefühle und wird sein Leben lang Hautempfindungen mit emotionalen Zuständen in Verbindung bringen.

Umgangssprachlich benutzen wir häufig Begriffe, die von ihrer Etymologie her auf diesen taktilen Ursprung schließen lassen. Beispiele für solche, von der Haut ausgesendeten Signale sind uns bereits in Fleisch und Blut übergegangen:
- Kratzen kann Hilflosigkeit, Verzweiflung oder Wut ausdrücken,
- Schamgefühle lassen sich als Erröten nicht verheimlichen,
- die Gänsehaut als Ausdruck inneren Schauderns,
- Schwitzen kann Ausdruck von Angst oder Lust sein,
- das Jucken in den Fingern verrät aggressive Impulse.

Spätestens an dieser Stelle wird dem Leser deutlich, wie kompliziert eine Eingrenzung bzw. Differenzierung von körperlichen und seelischen, von äußeren und inneren Phänomenen ist, die sich an der oder über die Haut äußern und wie verzahnt die Oberflächen- und die Tiefendimension der Haut ist. Von außen her betrachtet, scheint es erst einmal klar, dass die

Haut dazu prädestiniert ist, als Austragungsort für unbewusste Konflikte gewählt zu werden.

Die Frage ist aber, welches Denkmodell man anwendet, wenn man die Haut als Repräsentant des Ganzen sieht – das Selbst bzw. das Ich als Haut; oder arbeitet man mit dem Denkmodell, in dem die Haut als Medium betrachtet wird, welches das Selbst verbirgt – das Selbst bzw. das Ich in der Haut?

Das die diagnostische Eingrenzung und theoretische Zuordnung ein eben solches Begrenzungsproblem darstellt, wird besonders dann klar, wenn wir uns der Gleichzeitigkeit der multiplen Funktionen der Haut als mögliches Grenz-, Wahrnehmungs-, Kontakt- und Ausdrucksorgan bewusst werden. Klar ist in jedem Fall, dass die Haut in ihrer konkreten ebenso wie in ihrer symbolischen Bedeutung eine besondere Stellung im Leib-Seele-Kontext einnimmt. Das dieser Arbeit zugrunde liegende Haut-Ich-Konzept Anzieus geht von einem Denkmodell aus, in dem das Ich mit der Haut gleichgesetzt wird, und damit die psychischen Besetzungen der Haut in ihrer symbolischen Bedeutung analog den körperlichen Funktionen betrachtet werden.

An dieser Stelle möchte ich nochmals ausdrücklich daran erinnern, dass die in dieser Arbeit dargestellten Patienten, neben ihrer Hautkrankheit immer auch an einer psychischen Störung leiden, was natürlich nicht bei allen Patienten mit einer Hautkrankheit der Fall ist. Innerhalb der Gesamtkonstellation der Erkrankung kann der Schwerpunkt sowohl auf dem psychischen Geschehen als auch (bei vielfach gleichem Erscheinungsbild) auf dem organischen Faktor liegen.

Rechenberger, die in der psychosomatischen Dermatologie Pionierarbeit leistete, entwickelte als Erste folgende psychodiagnostische Kriterien nach tiefenpsychologischen Gesichtspunkten (1979): der körperliche Befund, die Interaktion der Arzt-Patient-Beziehung und die psychische Charakterstruktur des Patienten. Weitere wichtige Ansätze, aus der Psychodermatologie stammend, die zu einer Anerkennung des interaktionellen Geschehens und der Zusammenhänge von Hauterkrankung und psychischer Störung beitrugen, stammen von Bosse, Eichert, Gieler, Heigl-Evers, Höring, Krichhauff, Schunter u. a.

Aus der psychodynamischen Perspektive betrachtet, interessiert aber v. a. der unbewusste Zusammenhang zwischen dem psychosomatischen

Symptom und der psychischen Störung, die die Psychoanalyse aus den interaktionellen Prozessen, im objektbeziehungstheoretischen Modell aus den frühen konflikthaften verinnerlichten Objektbeziehungen her, zu verstehen versucht.

So könnte beispielsweise eine in der Kindheit erworbene Neigung zur atopischen Dermatitis unbewusst mit familiären Belastungs- und Konfliktsituationen verknüpft sein, sodass die Intensität und Abwehrnotwendigkeit von aktuellen und biographisch zurückliegenden Konflikten durch die aktuelle Symptomatik exazerbiert wird. In der Diagnostik kommt es darauf an, die Konstellation der verschiedenen Faktoren zu erfassen und in ihren konstitutionellen und strukturellen Gegebenheiten voneinander abzugrenzen.

Abschließend ist es mir nochmals wichtig zu betonen, dass es mir in dieser Arbeit nicht darum geht, kausale Zusammenhänge erklären zu wollen, sondern dass ich mich in der analytischen Beziehung auf die Wechselwirkung der beiden Bereiche Soma und Psyche einlassen möchte, um aus der Analyse dieser Wechselprozesse ein Verständnis für den Patienten zu entwickeln, in seinem psychischen Umgang mit den Objekten.

Psychoanalytische Modellvorstellungen von Somatisierungsprozessen

Unter psychoanalytischer Psychosomatik wird das Teilgebiet der Psychosomatik verstanden, das die Leib-Seele-Wechselwirkung mittels der analytischen Methode erforscht und deren Symptome behandelt. Die psychoanalytische Theorie unterscheidet sich grundsätzlich von einer psychophysiologischen bzw. psychosoziologischen Theorie durch die Annahme der Existenz und Wirksamkeit individueller bewusster, unbewusster und vorbewusster Phantasien und durch die Rolle, die diese Phantasien zwischen der Psyche einerseits und der Körper-bzw. Außenwelt andererseits, einnehmen.

Historisch betrachtet, war es die Psychoanalyse, die in der Psychosomatik eine Behandlungsdimension eröffnete, die es erlaubt, Hypothesen über die Dynamik der psychischen Seite der Erkrankung zu entwickeln.

Innerhalb der psychoanalytischen Theorie finden wir heute zwei widersprüchliche Positionen: Für die Pragmatiker, Empiristen und Psychogenetiker ist die psychische Struktur des Menschen die Folge unbewusster, kindlicher Erfahrungen, besonders im Bereich der Objektbeziehungen, während die Strukturalisten dies in Frage stellen und das Konstrukt vertreten, das Erfahrung nur auf dem Boden einer vorgegebenen Struktur möglich ist.

Sigmund Freud, als Begründer der Psychoanalyse, hat in seinem Ursprungsmodell des »physischen Apparates« ein System von Subsystemen erstellt, die dem Primat verschiedener Funktionsprinzipien unterstehen: dem Realitätsprinzip, dem Lust-Unlust-Prinzip, dem Wiederholungszwang, dem Konstanz- und dem Nirwanaprinzip (Freud 1905).

Zu Freuds Zeiten hatte die Psychoanalyse v. a. mit Patienten zu tun, die unter den klassischen Neurosen Hysterien, Zwangskrankheiten und Phobien litten.

Betrachtet man die Entwicklung in den letzten 40 Jahren fällt auf, dass sich der Blickwinkel gegenüber den klassischen Krankheitsbildern verschoben hat, und dadurch die Notwendigkeit bestand, neue nosologische Kategorien zu entwickeln.

Die heutige psychoanalytische Klientel besteht hauptsächlich aus Patienten, die eine narzisstische Persönlichkeitsstörung bzw. Borderlinestörung aufweisen – Krankheitsbilder, in denen es um Grenzzustände zwischen Neurosen und Psychosen geht. Diese Menschen leiden an einer Unklarheit der Grenzen zwischen psychischem Ich und Körper-Ich, zwischen Real- und Ideal-Ich und an einer Unsicherheit in der Abgrenzung von Selbst- und Fremdbestimmung. In Folge dieser sich verändernden Störungsbilder mussten neue psychoanalytische Konzepte und Behandlungsstrategien entwickelt werden. Vergleichen wir dies beispielsweise mit den Neurobiologen, die ihr Interesse in den letzten Jahren vom Zellkern auf die Zellmembran verlagert haben, hat sich die Psychoanalyse in ihrem Erkenntnisinteresse im psychosomatischen Bereich auf die Grenzphänomene des spezifischen Leib-Seele-Kontext unter Einbeziehung der frühen Defizite in den Objektbeziehungen konzentriert, während in den Anfängen des Krankheitsverständnisses Freuds vorwiegend danach gefragt wurde, ob Symptome Ausdruck eines Affektkorrelats oder Konversionsvorgangs sind.

Freud gelang es als Erstem in seinen *drei Konzepten der Aktual-Neurose, der Konversion und des Narzissmus* einen Zusammenhang zwischen psychischer Erregung und körperlicher Krankheit herzustellen. Während er noch im Aktual-Neurose-Modell (1894) von der Hypothese ausging, dass das psychosomatische Symptom als Folge einer direkten Blockierung und Anhäufung von Erregung zu erklären sei, entwickelte er 1905 im Konversionsmodell die Hypothese, dass, vereinfacht ausgedrückt, körperliche Symbolisierung als Ausdruck unbewusster seelischer Konflikte und damit als psychisches Phänomen zu verstehen sei. Aus dem anfangs vegetativ-funktionellen Verständnis war er damit zu einem Denkmodell gekommen, worin er das Symptom ausschließlich als psychisches Phänomen in Form eines symbolischen Ausdrucksgeschehens verstand. Aus dieser Perspektive heraus betrachtet, gestaltet sich das Körpersymptom unter dem Einsatz der Verdrängung als Kompromissbildung zu einem Konversionssymptom um. Entscheidende Bedeutung an diesem Vorgang kommt den wirksam werdenden pathogenen Phantasien zu. Dabei dient der Körper dem Symptom als Bühne, auf dem die Darstellung des unbewussten Konflikts stattfindet. Die Bewertung dieses komplizierten Geschehens hängt von der theoretischen Perspektive ab, d. h., versteht man die psychosomatische Krankheit als Versuch einer Konfliktbewältigung, wird man dem Konversionssymptom einen produktiven Charakter zugestehen, weil es dem Patienten mittels der Körpersprache gelingt, den unbewussten Konflikt symbolisierend darzustellen. In seiner Arbeit *Zur Einführung des Narzissmus* (1914) verwies Freud erstmals auf eine enge Beziehung zwischen dem Ich und der Körperoberfläche und erklärte in *Das Ich und das Es* (1923b): »Das Ich ist v.a. ein körperliches, es ist nicht nur ein Oberflächenwesen, sondern selbst die Projektion einer Oberfläche.« In der 1927 in London erschienenen Ausgabe findet sich darüber hinaus die Fußnote:»(...) das heißt, das Ich ist letztlich von Körperempfindungen abgeleitet, hauptsächlich von jenen, die ihren Ursprung in der Oberfläche des Körpers haben.« Entscheidend ist also hier die Vorstellung, dass die Libido erst über die Beziehung zu den Objekten zu einer narzisstischen Libido wird, wenn sie, wie im Fall psychosomatischer Symptombildung, von den Objekten abgezogen wird und damit – auf den eigenen Körper bezogen – in eine Organlibido umgewandelt wird.

Die Weiterentwicklung der psychoanalytischen Somatisierungsvorstellungen hat sich in vielen Konzeptualisierungen, die sich mit der Erforschung und Beobachtung psychosomatischer Störungen befassen, niedergeschlagen.

Eine in der psychoanalytischen Denktradition historisch wertvolle Arbeit, ist die in den 50er Jahren entstandene Arbeit Franz Alexanders (1950), die sich unter dem Begriff der »*Spezifitätshypothese*«, ebenso wie die Untersuchungen von Deutsch (1959) und Dunbar (1954), auf die gezielte Erforschung spezifischer Patientenmerkmale konzentrierte. Alexanders klassisches Beispiel der »sieben psychosomatischen Erkrankungen« (»*holy seven*«) grenzt sich vom Konversionsmodell darin ab, dass Alexander und die Chicagoer Schule auf die pathogenetische Bedeutung der Aktivierung autonom innervierter Organe, in Form der sogenannten Bereitstellungsreaktion hinweist, die er für die Entstehung psychosomatischer Symptombildung verantwortlich hält. Aus diesen Untersuchungen entwickelte Alexander mit seiner Gruppe das bis heute nicht eindeutig widerlegte *Konzept der Konfliktspezifität*, welches besagt, dass krankheitsspezifischen psychodynamischen Grundkonflikten eine enge Kopplung physiologischer Affektkorrelate vorausgeht. Das bedeutet, dass bestimmte psychosomatische Symptome regelhaft mit einem spezifischen

Konflikt oder Persönlichkeitstypus korrelieren. Dieses Organwahl-Konzept wurde sehr kritisch hinterfragt und ist in seiner ursprünglichen Form kaum noch Gegenstand wissenschaftstheoretischer Auseinandersetzung.

Heute geht man in der psychoanalytischen Psychosomatik eher von der Auffassung einer unspezifischen Psychosomatogenese (Thomä 1980) aus, bei der ein multifaktorieller Entstehungsprozess bei der Symptombildung angenommen wird. Der Begriff Spezifität bezieht sich heute auf den einzelnen Patienten, bei dem als Subjekt eigener Geschichte die unbewussten Bedeutungszusammenhänge seiner spezifischen Krankheitsverarbeitung zu ergründen sind.

Gerade in jüngster Zeit wurde im Bereich der Hauterkrankungen in einer Arbeit von Eichinger (2000) über die Behandlung eines Neurodermits-Kranken die Fragestellung »Gibt es doch eine Spezifität?« wieder aufgegriffen. In der darin modifizierten Sichtweise von Spezifität konnte auf der Grundlage der Selbst- und Objektbeziehungstheorie, im Kontext der psychoanalytischen Behandlung, ein Zusammenhang zwischen dem körperlichen Symptom und dem psychischen Konflikt festgestellt werden.

Als weitere, die psychoanalytische Landschaft verändernde Betrachtungsweise sind die *ich-psychologischen Konzepte* zu nennen, in denen nach den Mechanismen und der Ich-Struktur bei der psychosomatischen Symptombildung gefragt wird. Diese Konzepte entstanden in der Erweiterung des Strukturmodells, da die immer häufiger auftretenden sogenannten »ich-strukturellen Defizite« alleine auf der Grundlage des triebtheoretischen Ansatzes Freuds nicht ausreichend zu erklären waren.

Bereits vor Kernberg (1976) und Kohut (1971), als Hauptvertreter dieser Richtung, entwickelte schon 20 Jahre zuvor Schur (1955) als einer der ersten Psychoanalytiker, in einem ich-psychologisch verwandten Konzept der De-und Resomatisierung die Auffassung, dass der Vorgang der Resomatisierung auf einem Regressionsvorgang des Ichs beruht. In diesem den Abwehrmechanismen zuzuordnenden Vorgang erklärte er die somatischen Symptome in einem direkten Zusammenhang mit den Ich-Funktionen stehend, die sich während einer Ich-Regression mit primärprozesshaftem Geschehen verknüpfen und damit zum Versagen der Neutralität von Libido bzw. Aggression führen.

Ein weiteres klassisches Erklärungsmodell zur Somatisierung finden wir in Mitscherlichs *Konzept der zweiphasigen Abwehr* (1961). Alexander Mitscherlich ging in seinem Ansatz von einem psychosomatischen Simultangeschehen aus, bei dem der Patient zunächst versucht, den Konflikt über die ihm bisher zur Verfügung stehenden Abwehrmechanismen zu bewältigen. Versagen diese, setzt ein zweiter Abwehrversuch ein, der auf der dem Konflikt zugeordneten körperlichen Ebene stattfindet. Eine bis dahin als neurotische Fehlanpassung angesiedelte Störung kann sich somit zu einem manifesten chronischen psychosomatischen Leiden ausgestalten. Die Annahme eines solchen Chronofizierungsprozesses impliziert als auslösendes Moment den Zusammenbruch der Abwehrmechanismen in Folge einer strukturellen Ich-Einschränkung.

In diesen verschiedenen Konzepten zum Somatisierungsgeschehen handelt es sich um Prozesse der Symptombildung, die auf unterschiedlichen Ebenen der Ich-Entwicklung angesiedelt sind.

Im Gegensatz zu dem Konzept der deutschen psychosomatischen Schule beschäftigte sich die französische psychoanalytische Schule in ihrer Theorie der Somatisierung an erster Stelle mit der Rolle der unvollständigen, defizitären Symbolisierungsfähigkeit. De M'Uzan (1974) spricht von einer originär »psychosomatischen Struktur«, die sich seiner Auffassung nach durch eine Symbolisierungsstörung darstellt, die durch operatives und mechanistisches Denken gekennzeichnet ist. Seiner Einschätzung nach findet bei der Somatisierung eine Regression auf die Körperebene statt, da keine neurotischen Abwehrmechanismen und damit keine symbolischen Vermittlungsmöglichkeiten zur Verfügung stehen. Stefanos (1978) beschrieb als Merkmale dieses »psychosomatischen Phänomens« v. a. einen Phantasiemangel und eine psychische Leere. Eine ähnliche Auffassung findet sich bei den Vertretern des *Konzepts der »pensée opératoire«* und des *»Alexithymie-Konzepts«* (Nemiah u. Sifneos 1970), in denen psychosomatisch Kranken gemeinsame Charakteristika, und dabei ebenfalls eine fehlende Phantasie- und Symbolisierungsfähigkeit zugeordnet wird. In diesen Konzepten wird von der sogenannten »symptomatischen Trias« (operatives Denken, projektive Reduplikation, Hemmung der Phantasietätigkeit) ausgegangen. Obwohl hierbei wenig über die Bedeutung äußerer Faktoren, sprich über die interaktionellen Prozesse ausgesagt wird, ist doch davon auszugehen, dass die pensée operatoire auch auf ein Defizit in den frühen Objektbeziehungen zurückgeführt wurde.

Diese Betrachtungsweisen der französischen psychosomatischen Schule stießen allgemein auf Kritik und wurden besonders von den Vertretern der deutschen Schule (Cremerius 1977, Thomä 1980) in den 80er Jahren als methodenabhängige Phänomene in Frage gestellt. Auch die früheren Untersuchungen, beispielsweise von de Boor (1964/5) oder Krichhauff (1956) wiesen darauf hin, dass – im Gegensatz zu der Auffassung einer fehlenden Phantasie- und Symbolisierungsfähigkeit – prägenitale Phantasien bzw. Gewaltphantasien archaischer Herkunft in überflutender Weise bei psychosomatisch Kranken vorherrschen.

Nach unserem heutigen Wissen steht die Qualität der internalisierten Objektbeziehung und die Ausprägung der Symbolisierungsfähigkeit in einem direkten Zusammenhang. Wie kritisch man diese verschiedenen Untersuchungsansätze auch betrachten mag, ihr Wert für die klinische Arbeit mit Hautkranken ist unbestritten, da gerade bei Hautkranken der Sprache des Symptoms in seinem symbolischen Ausdruckscharakter eine wichtige Bedeutung zukommt. Diesen unbewussten Hautbotschaften kommt meiner Erfahrung nach in jeder Behandlung eine zentrale Kommunikationsfunktion zu. Dass diese unbewussten Phantasien oftmals schwer zu erschließen sind, will ich gerne unterstreichen, m. E. nach kann man daraus jedoch nicht den Schluss ziehen, dass eine Phantasie- und Symbolisierungsunfähigkeit besteht. Ich meine, dass die Phantasien wegen ihrer archaischen körperbezogenen Inhalte lange verleugnet werden, was sicher auch ein Grund dafür ist, warum psychosomatische Patienten den Umgang mit der Analytikerin bzw. dem Analytiker oftmals auf eine konkretistische Weise gestalten möchten. Wenn die Einbeziehung der Haut-Sprache im psychoanalytischen Dialog gelingt, wird sich dieses konkretistische Vorgehen im Laufe eines psychoanalytischen Prozesses auch in eine symbolisierungsfähige Sprache umwandeln lassen. Wichtig erscheint mir, dass das anfangs konkretistische Haut-Erleben in der individuellen Behandlungsmatrix als narzisstischer Abwehrversuch anerkannt und in die Abwehranalyse einbezogen wird.

Wenn wir uns nochmals auf die veränderten Konzeptualisierungen in der Psychosomatik beziehen, muss das Konzept der »narzisstischen Störung« von Kohut (1971), das der Selbstpsychologie zuzuordnen ist, genannt werden. Darin geht Kohut ebenfalls davon aus, dass die frühe Persönlichkeitsstörung durch mangelhafte Erfahrungen mit den frühen Objekten entsteht. Die daraus resultierende Symbolisierungsstörung prädestiniert zur psychosomatischen Symptombildung. Im Rahmen seiner »Theorie des Selbst« erklärt er in Abgrenzung zum klassischen Strukturmodell Freuds, dass sich neben den drei Instanzen des physischen Apparates (Es, Ich und Über-Ich) eine weitere Instanz, das Selbst, etabliert. Dieser Auffassung folgend, findet sich im Narzissmuskonzept neben der Libido und der Aggression als dritte seelische Energie ein eigenständiges Triebpotential, mit dem der Mensch auf sich selbst zentriert ist. Diese Modellvorstellung der Selbstpsychologie wurde innerhalb der modernen Psychoanalyse zu einer wichtigen Säule psychoanalyatischer Theoriebildung.

Für die Behandlung von Hautkranken haben sich die in diesem Konzept vertretenen spezifischen Formen der Übertragungsbeziehung wie die Spiegelübertragung, die idealisierte Übertragung u. a. in ihrem klinischen Wert als ausgesprochen nützlich erwiesen.

Die Konzeptualisierung, die die psychoanalytische Landschaft ganz entscheidend veränderte, kam mit den *objektbeziehungstheoretischen Ansätzen*, die, von der Objektbeziehungspsychologie ausgehend, zu einem Perspektivenwechsel im psychoanalytischen Denken führten. In diesem Denkmodell richtete sich das hauptsächliche Erkenntnisinteresse auf die Erforschung der Persönlichkeitsentwicklung im Kontext der frühen Interaktion des Kindes mit seiner sozialen Umwelt. In der Erweiterung der Freud'schen Triebtheorie wird hier das Schicksal des Ödipus-Komplexes bis hin zu den frühesten entwicklungsgeschichtlichen Lebensphasen des Kleinkindes verfolgt, sodass die Bewältigung der präödipalen Phänomene bereits als eine Art Prüfstein einer gelungenen psychosexuellen Entwicklung betrachtet wird.

Melanie Klein, als eine der Begründerin der »Britischen Schule der Objektbeziehungstheorie« (*object-relations-theory*) richtete neben Fairbairn, Bowlby, Winnicott, Bion, Mahler und vielen anderen ihr Hauptaugenmerk auf die Bedeutung der inneren Objekte im frühen entwicklungsgeschichtlichen Kontext. Sie modifizierte das Freud'sche Triebkonzept mit der im Mittelpunkt stehenden Bewältigung des Ödipuskomplexes radikal und stellte diesem ihr Konzept der »inneren Objektbeziehungen« gegenüber. In dem Konzept der projektiven Identifizierung legte sie eine stärkere Gewichtung auf die Identifizierungsvorgänge, was zu einem neuartigen Verständnis primitiver Objektbeziehungen, insbesondere narzisstischer Ausprägung führte. Ihrer Auffassung nach sind die inneren Objekte a priori vorhanden. Sie bestehen über die Aktivität der Libido und des Todestriebs durch Projektions- und Introjektionsprozesse von Geburt an. Nach Kleins Hypothese entwickelt der Neugeborene eine positive oder aggressive Beziehung zu einem Teil der Mutter, z. B. deren Brust, die das Kind als die sogenannten »guten und bösen inneren Objekte« erlebt. Da der Säugling aber in diesem frühen Stadium (bis etwa zum 4. Lebensmonat) noch nicht zwischen sich selbst und der Mutter unterscheiden kann, erlebt er die Brust als Produkt seiner eigenen magischen Fähigkeiten. In dieser Phase, der paranoid-schizoiden Position kann das Kind sich nicht vorstellen, dass beide Teile (»die gute und die böse Brust«) zu ein und demselben Objekt gehören, sodass es sich über einen weiteren Introjektionsvorgang ein zweites Objekt, die »gute Brust« erschafft, mit der es sich vor der Bedrohung der frustrierenden »bösen« Brust schützt. Auf diese Weise gelingt es dem Kind, sich mit dem guten Teil zu identifizieren, während alle schlechten destruktiven Impulse auf die »böse« Brust verlagert werden. Erst über den wiederholten Prozess von Identifizierung, Projektion und Reintrojektion wird es dem Kind möglich, beide (Teil-) Objekte als zu einem Objekt gehörig anzuerkennen. Gelingt dies, ist nach Melanie Klein die depressive Position erreicht. Die Überwindung der depressiven Position ist nur dann möglich, wenn das Kind immer wieder erleben kann, dass das geliebte Objekt seinen Aggressionen standhält und unversehrt bleibt. Die daraus resultierende autonomiefördernde Funktion der inneren Objekte ermöglicht dem Kind schließlich, sich als selbstständiges, mit einer Grenze ausgestattetes psychisches Selbst aus der Symbiose zu lösen (um die 2. Hälfte des 1. Lebensjahrs).

Dieser komplizierte Prozess von introjizierten und projizierten Anteilen ist zur Bildung der inneren Repräsentanzen notwendig und unabdingbare Voraussetzung für den Aufbau stabiler Introjekte, die wiederum die Grundlage der Autonomie- und Persönlichkeitsentwicklung bilden. Introjekte dienen dazu, die Objekte der äußeren Welt differenzieren zu lernen und das Wahrgenommene auf vertraute Objektbeziehungsmuster zu reduzieren. Diese autonomiefördernde Funktion der inneren Objekte führt in der Entwicklung des Kindes, falls es über das Bild der »guten Mutter« verfügt, an den Punkt, an dem es fähig ist, alleine, also nicht mehr auf die Realpräsenz der Mutter angewiesen zu sein. Mit diesem äußerst schwierigen Trennungsprozess in der ersten Periode psychosexueller Entwicklung vollzieht sich die sogenannte »psychische Geburt« des Menschen.

Dass von diesen hochverdichteten und präödipalen interpersonellen Phänomenen eine hohe Faszination ausgeht, zeigen m. E. die vielfältigen Forschungsansätze, die an diesem frühen Stadium menschlicher Entwicklung ansetzen.

Zu den weiteren wichtigsten objekttheoretischen Konzepten, die in der Psychosomatik grundlegend geworden sind, gehört der Ansatz von Bion. Er fügte dem Konzept Melanie Kleins in dem Konzept des »*Container-Contained-Modells*« (1959) weitergehende Überlegungen über die Bedeutung und Rolle, die der mütterliche Einfluss auf das Kind hat, hinzu. Darüber hinaus ist seine »Theorie des Denkens« zu nennen, die als Erklärung für Phänomene des inneren Raums besonders bei psychosomatischen Krankheitsbildern hilfreich ist. In diesem Konzept geht es, verkürzt ausgedrückt, um Alpha- und Beta-Elemente, die sich als unverdaute Gedanken i. S. einer mangelnden Mentalisierung als somatische Phänomene äußern können.

Ein wichtiger Paradigmenwechsel innerhalb der Objektbeziehungstheorie wurde durch Fairbairn vorgenommen, in dessen Auffassung im Gegensatz zu Melanie Kleins Ansatz die »inneren Objekte« nicht von Anfang an existieren. Seiner Ansicht nach ist die vollständige Abhängigkeit des Säuglings von der Mutter fundamental. Er geht davon aus, dass sowohl die guten als auch die schlechten Anteile des nicht befriedigenden mütterlichen Objekts – »bad objects« – verinnerlicht werden (diese sind allerdings nicht mit den »bösen« inneren Objekten in der Theorie Melanie Kleins zu vergleichen).

Die Ergebnisse von Winnicott (1965), der sich u. a. mit den Übergangsphänomenen befasste, fanden ihren Niederschlag in der Konzeptualisierung der »*primären Mütterlichkeit*«, und Eingang in das *Konzept des »wahren und des falschen Selbst«*. Darin stützt er Fairbairns Auffassung über die zentrale Bedeutung der interaktionellen Prozesse der dyadischen Mutter-Kind-Beziehung.

In vielen weiteren psychoanalytischen Konzeptualisierungen und Modellen wie Bowlbys Bindungstheorie (1975), Magret Mahlers entwicklungspsychologischem Konzept der Symbiose und Individuation mit den vier Subphasen der Autonomieentwicklung (1975) sowie Réne Spitz' Forschungen über die anaklitisch-diatrophische Beziehung (1954) wurde die Hypothese der zentralen Bedeutung der frühen Mutter-Kind-Interaktion für die Entwicklung des Kindes immer wieder bestätigt.

René Spitz, der sich als einer der ersten Analytiker mit den Phänomenen der prä-ödipalen Mutter-Kind-Beziehung in großem Forschungsrahmen beschäftigte, bestätigte durch seine Untersuchungen in Gefängnissen und Waisenhäusern die Hypothese eines Zusammenhangs zwischen dem Auftreten eines infantilen Ekzems und der erzwungenen Trennung von den Müttern. In diesen damals Aufsehen erregenden Untersuchungen konnte er eine deutliche Wechselwirkung zwischen dem mangelhaften Hautkontakt und dem Ausbruch des infantilen Ekzems als zentrales krankheitsauslösendes Moment nachweisen.

Zusammenfassend ist festzuhalten, dass der Hauptverdienst der vielfältigen objektbeziehungstheoretischen Forschungsansätze darin besteht, dass mit der sozialen Betrachtungsweise im frühen entwicklungsgeschichtlichen Kontext des Kleinkindes die enorme Bedeutung der inneren Objekte in den Mittelpunkt rückte. Die sich daraus ergebende Verlagerung auf die Störungen des frühkindlichen Trennungs- und Individuationserlebens ermöglichte entscheidende Einsichten über den Einfluss der Objekte auf die frühe Entwicklung und die damit verbundene Differenzierung von Körper und Psyche. Die Entdeckung der inneren Repräsentanzenwelt ist gerade für Hautkranke von grundlegender Bedeutung. Da die primären Objekterfahrungen untrennbar mit Empfindungen der Haut verbunden sind und das infantile Hauterleben einen fundamentalen Einfluss auf die Organisation der unbewussten Phantasien hat, ist es dank der objektbeziehungstheoretischen Modellvorstellungen möglich geworden, über die Entdeckung der inneren Repräsentanzen einen Einblick in dieses komplizierte Geschehen zu bekommen.

Stellvertretend für die deutschen Analytiker der 80er Jahre, die sich mit den pathologischen Interaktionsmustern und deren krankmachenden Modalitäten bei der Bildung der Selbstrepräsentanzen befassten, ist Kutter zu nennen. Seine Auffassungen sind in dem Psychosomatosekonzept der

»*psychosomatischen Triangulierung*« (1980) niedergelegt. Er geht davon aus, dass in pathologischen Entwicklungen die Körperrepräsentanzen – bzw. Teile davon – außerhalb der Selbstrepräsentanzgrenzen bleiben und zwar in symbiotischer Verflechtung mit einer verinnerlichten Objektbeziehung, die das Körperselbst bedroht. Kutter weist darauf hin, dass neben der Bedeutung der Objekte die Erfahrung des Kindes mit dem eigenen Körper eine wichtige Rolle spielt. Die lust- bzw. unlustvolle Funktion, die wiederum über die Interaktion mit dem Primärobjekt vermittelt wird, produziert Erinnerungsspuren, die zum Aufbau von Selbstrepräsentanzen führen. Aus einem autonomieförderlichen Entwicklungsprozess kann sich eine abgegrenzte Persönlichkeit mit einer eigenen Identität entfalten, die sich auf die Welt der inneren Objekte stützt und von den äußeren Objekten unabhängig wird. Von einer geglückten Autonomieentwicklung kann man dann sprechen, wenn sich in einem integrierten Selbst internalisierte, ausreichend gute Objektbeziehungen gruppieren.

Die beiden folgenden häufigsten Objektbeziehungsformen psychosomatisch Kranker zeigen dagegen die nicht gelungene Autonomieentwicklung:

Die *mechanistische Objektbeziehungsform* basiert auf der zuvor beschriebenen nicht gelungenen Selbst-Objekt-Differenzierung. Hierbei führt eine Einschränkung in der kognitiven Wahrnehmung von äußerer und innerer Realität zu einer mangelhaften Abgrenzung von Selbst und Objekt, was sich in einem instabilen Gleichgewicht von Nähe und Distanz, einer inadäquaten Bedürfnisbefriedigung und einem fremdbestimmten emotionalem Erleben niederschlägt. Daraus resultiert eine extreme Angewiesenheit auf die reale Präsenz des »Schlüsselobjekts«.

Die zweite charakteristische Objektbeziehungsform bei psychosomatischen Patienten ist die *symbiotische Objektbeziehung*, die sich mehr auf die spätsymbiotischen Vorgänge von Separation und Individuation bezieht. Durch eine mangelhafte Autonomieentwicklung gelingt die Ablösung vom Primärobjekt nur teilweise. Das Verhaftet-Bleiben im symbiotischen Zustand hat zur Folge, dass weiterhin archaisch-böse oder idealisierte Objektbeziehungen bzw. Teilbeziehungen mit den zugehörigen Abwehrmechanismen wirken. Hohe Ambivalenz im Nähe-Distanz-Verhalten und extreme Abhängigkeit von den Objekten ist die Konsequenz.

Für die Arbeitsbeziehung mit Hautkranken haben diese Aussagen insofern eine wichtige Bedeutung, da man während der Behandlung feststellen kann, dass manche Patienten innere Begegnungen nur auf einer rein körperlichen, konkretistischen Weise erleben können. Der in der analytischen Situation fehlende Körperkontakt wird deshalb oft sehr frustrierend erlebt. Vergegenwärtigt man sich das infantile Beziehungserleben eines hautkranken Kindes, bekommen die Klagen dieser Patienten eine andere Gewichtung, da die Linderung der Spannungszustände nur durch die konkrete Berührung und Gegenwart der Mutter möglich war. Entfaltet sich dieser unbewusste Beziehungswunsch in der analytischen Beziehung, kann dies meist schon als großer Fortschritt im Übertragungsgeschehen verstanden werden, da hierüber die Möglichkeit entsteht, sich mit der psychischen Seite der Beziehung, z. B. der sicherheitspendenden Funktion des Analytikers, auseinanderzusetzen In unserem heutigen Behandlungsverständnis unterscheiden wir uns deutlich vom früheren Vorgehen, sich mittels Deutungen hauptsächlich auf die unbewussten Verdrängungen, Traumata und Abwehrformationen zu konzentrieren. Heute versuchen wir uns in der analytischen Arbeit auf eine bessere Integration der Ichbereiche sowie eine bessere Integration der widersprüchlichen inneren Objekte, die mit einer Auflösung der Bindung an die verdrängten inneren Objekte einhergeht, zu konzentrieren. Dazu haben die objektbeziehungstheoretischen Ansätze entscheidend beigetragen, da über sie erkannt wurde, dass es über die bewährten analytischen Prinzipien hinaus um das Vermitteln einer inneren Haltung geht, die dem Patienten gestattet, sich gehalten zu fühlen und einen eigenen inneren psychischen Raum zu entwickeln. Erst die Verinnerlichung einer berührenden, aufnehmenden Beziehung ermöglicht die Entwicklung einer Vorstellung von sich selbst als einem Gefühl des ›In-Seiner-Haut-Seins‹. Dass der analytische Prozess so schwierig ist liegt u. a. an der Bewusstmachung der destrukiven inneren Objekte. Kommt es dazu, stellt sich darüber hinaus häufig eine Symptomverschlechterung ein, die als Abwehrversuch gegen die internalisierten Objekte bearbeitet werden muss. Die Chance liegt darin, die Beziehung zum Analytiker als eine ausreichend Sicherheit gebende Beziehung zu erleben.

Wie wir dieses Instrument der Übertragungsbeziehung als spezifische Form der Objektbeziehung zur Erforschung der bewussten und unbewussten Dynamik in der psychoanalytischen Arbeit nutzen und warum ihr gerade in der Arbeit mit Hautkranken ein so großer Wert beigemessen wird, will ich versuchen im klinischen Teil anhand der Fallstudien darzustellen.

Den Theorieteil abschließen möchte ich, wie bereits in der Einleitung erwähnt, indem ich auf die *Bindungstheorie*, als deren Hauptverteter Bowlby gilt, kurz Bezug nehme.

Beide Disziplinen, die Psychoanalyse und die Bindungstheorie, haben gemeinsame Wurzeln. Gerade in jüngster Zeit ist wieder eine Bewegung aufeinander zu festzustellen. In den letzten Jahren herrschte eher die Vorstellung, wegen unüberbrückbarer inhaltlicher Divergenzen keine gemeinsamen Forschungsziele verfolgen zu können, mit der Begründung, dass die Erkenntnisse der Bindungstheorie auf Verhaltensbeobachtungen in experimentellen Studien basieren, die in strukturierten Laborsituationen stattfinden. Zwar beschreitet die Bindungstheorie damit einen vollkommen anderen Weg als die psychoanalytische Methode, deren theoretische Grundannahmen innerhalb einer unstrukturierten Situation die Beziehungsphänomene im Kontext der Übertragungsbeziehung in einen Sinnzusammenhang stellen, doch befassen sich beide Methoden, mit der Erforschung der Persönlichkeitsentwicklung, in Hinblick auf die soziale Umwelt des Kindes. Beiden ist also die Erkenntnis über »die Rolle des bedeutungsvollen Anderen für die Entwicklung der Fähigkeit zur Mentalisierung beim Kind« (Fonagy 2000) ein zentrales Anliegen und beide Wissenskonzepte verfolgen das Ziel, sich mit dem Entwicklungsmodell der Persönlichkeit und deren psychischer Störung zu befassen.

Als grundlegende Arbeit der Bindungstheorie ist Bowlbys Repräsentanzensystem (1969) anzusehen, in dessen Weiterführung die Arbeiten der amerikanischen Bindungsforscherin M. Main (Main, Kaplan u. Cassidy 1985) bekannt geworden sind. Sie führt im Gegensatz zu den Beobachtungen an Kleinkindern, ihre Untersuchungen über die mentalen Strukturen, die die Unterschiede in Bindung und Bindungssicherheit bestimmen, an Erwachsenen durch. Dieser Forschungsdesign-Wechsel von der Säuglingsforschung zur Erwachsenenforschung könnte eine neue Möglichkeit eröffnen, den Dialog zwischen Bindungstheorie und Psychoanalyse (Scheid 2000) wieder aufzunehmen.

Klinisch relevante Modellvorstellungen für die psychoanalytische Behandlung von Hautkranken

Die bisherigen Ausführungen zeigen die Entwicklung der psychoanalytischen Psychosomatik, von der Freud'schen Metapsychologie ausgehend bis hin zu den modernen Theoriekonzepten und Behandlungsansätzen der Objektbeziehungstheorie.

Im Folgenden werden psychoanalytische Ansätze skizziert, in denen die Behandlung hautkranker Analysepatienten dargestellt wird. In diesen psychoanalytischen Therapiekonzepten steht das Übertragungsgeschehen fast immer im Mittelpunkt der Verstehensarbeit am Unbewussten. In der spezifischen Form der Objektbeziehung, die sich als therapeutisches Geschehen im hic et nunc der Übertragungsbeziehung konstituiert, wird der Analytiker in kontrollierter Weise zum erkennenden Subjekt. Dabei entwickeln sich in der Unstrukturiertheit des psychoanalytischen Behandlungssettings regressive Prozesse, die als Nachbildungen bzw. Neuauflagen des internalisierten infantilen Beziehungserlebens auf den Analytiker übertragen werden. Diese im Analytiker hervorgerufenen Gegenübertragungsgefühle werden als das zentrale Instrument der analytischen Methode betrachtet.

An dieser Stelle muss erwähnt werden, dass gerade in jüngster Zeit wieder eine sehr kontrovers geführte Diskussion um Inhalte und Abgrenzung des Übertragungs- und Gegenübertragungsbegriffs geführt wird und es nach wie vor auch hier keine einheitlich psychoanalytische Auffassung gibt.

In der umfangreichen Arbeit von Thomä (1999) sind die Theorievorstellungen zur *Übertragung* von Freud, Deutsch, Heimann, Klein, Segal, Grennson, Wallerstein, Ermann, Green, Kernberg, Sandler, Kächele, Hoffmann, Cremerius, Rotmann und Herold u. v. a. zusammengetragen. Während in den Anfängen die Übertragung i. S. eines »Projektionsschirms« verstanden wurde, auf den die infantilen Beziehungen in der aktuellen Wiederholung übertragen werden, fasst Bohleber (1999) die derzeitigen Übertragungsdefinitionen in einem allgemeinen Konsens als eine »gemeinsame schöpferische Konstruktion von Analytiker und Patient innerhalb der analytischen Beziehung« (S. 815) zusammen. In diesem Denkmodell wird Übertragung nicht nur als eine Wiederbelebung und Wiederholung infantiler alter Beziehungserfahrung aufgefasst, sondern auch als eine neue Erfahrung, die mit dem Sicherheit vermittelnden Objekt entstehen kann.

Der Begriff der *Gegenübertragung*, der nach der historischen Definition ursprünglich die affektiven Reaktionen des Analytikers meinte, erfuhr in den 50er Jahren durch Paula Heimann (1950) die entscheidende Erweiterung dahingehend, dass »alle Gefühlsreaktionen, die der Analytiker seinem Patienten gegenüber erlebt« als sensibles Indiz und notwendiges Instrument zu verstehen seien. Diese im Analytiker wirksam werdenden Gefühle (in der Gegenübertragung) werden im Zuge der therapeutischen Ich-Spaltung als verdaute, gefilterte, quasi gereinigte Gefühle dem Patienten in neuem Licht gezeigt und damit auf dem Hintergrund seiner unbewussten Konfliktkonfiguration einer Bearbeitung zugänglich gemacht.

Ich orientiere mich in meinem Übertragungsverständnis hauptsächlich an Melanie Kleins Konzept »der projektiven Identifizierung« (1946/55) und verstehe Übertragung als eine spezifische Form der Objektbeziehung, die – aus dem inneren Bereich der Beziehungserfahrung stammend – auf die aktuelle psychotherapeutische Beziehung übertragen und in dieser bearbeitbar wird. Das Konzept der projektiven Identifizierung spielt für die Behandlungen in der Psychosomatik eine zentrale Rolle, da die narzisstische Objektbeziehung – als Beziehung zu einem Objekt der »frühgestörten Patienten« – abgespaltene und in das Objekt projizierte Selbstanteile enthält. Ein häufig zu beobachtendes Phänomen dieser Patienten äußert sich in Vorstellungen des psychischen Ungetrenntseins und in Projektionswünschen, in denen die als ›böse‹ empfundenen Selbstanteile in das mütterliche Objekt bzw. dessen Ersatzobjekte projiziert werden. In den Fallbeschreibungen von analytischen Behandlungen mit Hautkranken wird immer wieder bildhaft von »Antennen« dieser Patienten gesprochen, mit denen die Patienten sich auf jede Art der bewussten und unbewussten Äußerungen, Regungen, Impulse und Gefühle des Analytikers einzustellen versuchen.

Die Tatsache, dass psychosomatisch Kranke oftmals kaum in der Lage sind, Gefühle wahrzunehmen bzw. zu artikulieren, macht deutlich, wie notwendig eine konsequente Analyse der Gegenübertragungsreaktionen des Analytikers ist, da sich in diesen Reaktionen die Gefühle des Patienten transportieren und damit ein emotionaler Zugang zu den unbewussten Anteilen des Patienten möglich wird (Gieler u. Detig-Kohler 1994).

Exemplarisch möchte ich als Erstes auf die Falldarstellungen von Dinora Pines (1980) eingehen. In diesen wird sehr eindrucksvoll beschrieben, dass die unbewusste Wahrnehmungseinstellung der Hautkranken darauf abzielt, einen Zustand wechselseitiger narzisstischer Regression herzustellen, der »psychischen Frieden und Einssein« (containment) garantiert und die Phantasie gestattet, mit dem anderen »in einer Haut verbunden zu sein«. In ihrer Arbeit *Das frühe Trauma von Übertragung und Gegenübertragung* (1983) gibt Pines einen Einblick in ihre Erfahrungen mit Hautkranken. Diese seien besonders von der Angst bestimmt, den Therapeuten durch aggressive Gefühle zu kränken. Mit dieser Angst sei zugleich die Phantasie verknüpft, auf die »umhüllende Haut« (containing skin) des Therapeuten nicht verzichten zu können, weil dieser Zustand in der Phantasie der Patienten einer psychischen Desintegration gleichkäme. Pines weist auch auf den Circulus vitiosus der frühen gegenseitigen narzisstischen Enttäuschung hin, in dem die von ihren hautkranken Kindern narzisstisch enttäuschten Mütter nicht in der Lage seien, ihr Kind ausreichend narzisstisch zu bespiegeln, was im Kohut'schen Bild dem »fehlenden Glanz im Auge der Mutter« entspricht. Aus ihren Falldarstellungen wird nachvollziehbar, dass es im analytischen Verlauf oft zu erstarrten Beziehungsprozessen kommt und die Übertragungsbeziehungen als Folge der narzisstischen Beziehungsstörung von höchst verwirrenden Übertragungsprozessen gekennzeichnet sind.

Ich habe in meinem Buch *Hautkrank: Unberührbarkeit aus Abwehr? Psychodynamische Prozesse zwischen Nähe und Distanz* (Detig-Kohler 1989) vergleichbare Gegenübertragungsprozesse beschrieben, aus denen heraus ich mich von dem Gefühl bestimmt fühlte, in meiner eigenen Haut ganz von den Gefühlen der Patienten ›durchdrungen‹ zu werden.

McDougall (1974) spricht aus ihren Erfahrung mit Hautkranken vom »süchtigen Übertragungstyp«, für den der Analytiker zum »Zentrum des

Lebens« i. S. eines wiedererschaffenen Selbstobjekts der frühen Mutter-Kind-Beziehung wird.

King (1978) bezieht sich als Erklärung für die Ursache des Sich-Nicht-Lösen-Könnens auf die innere und äußere Reizschutzfunktion, die die Mutter für das Kind hat. Seiner Ansicht nach wird die Mutter als Instanz erlebt, die neben den innerlichen Funktionen auch in ihrer konkreten, ruhespendenden Funktion als Hauptquelle der Schmerzlinderung verinnerlicht wird.

Ein der Objektbeziehungstheorie verwandter Ansatz ist das historisch wertvolle Konzept, der »allergischen Objektbeziehung« von Marty (1957), der m. E. damit in der Psychosomatik zu wenig Beachtung fand. Marty befasste sich schon damals mit speziellen Phänomenen der Objektbeziehung von Ekzempatienten. In der Rekonstruktion des analytischen Materials seiner Patienten gelangte er zu der Annahme, dass deren Objektbeziehungen von dem fundamentalen Wunsch nach »größtmöglicher Annäherung an das Objekt« bis hin zur Verschmelzung gekennzeichnet seien. Aus den immer wieder auftauchenden regressiven Phantasien stellte er die Hypothese einer pränatalen Fixierung auf, die besagt, dass diese Patienten sich von der Notwendigkeit bestimmt fühlen, das Objekt ›zu beschlagnahmen‹, aus dem unbewussten Wunsch heraus, die Grenzen zwischen sich und dem Objekt aufzuheben. In dieser Fixierung sei der Aneignungswunsch auf der Ebene der primären Identifizierung anzusiedeln.

Bei der historischen Aufarbeitung klinischen Fallmaterials fällt auf, dass in der psychoanalytischen Literatur nur eine verschwindend geringe Anzahl von Behandlungen mit Hautkranken publiziert wurde. Neben wenigen anderen Autoren beschäftigen sich Schur (1955) und Thomä (1980) mit der Frage der Spezifität bei psychosomatischen Erkrankungen am Beispiel der Analyse mit Neurodermitispatienten. Beide stellten fest, dass die Spezifitätshypothese Alexanders (1950) nicht haltbar sei. Schur (1955) beschrieb jedoch gemeinsame Merkmale von Hautkranken die in Folge regressiver Prozesse des Ichs in Erscheinung treten. Bei den neurotischen Symptomen handelt es sich um überwiegend narzisstische und präödipale Triebkomponenten mit starken Konflikten im exhibitionischen Bereich, eindeutig prämorbid, eine Schwäche in den Ich-Funktionen, v. a. hinsichtlich Angst, Aggression und Identifikation, und ein ungewöhnlich hohes Maß an frühkindlichen Traumatisierungen. Aufgrund einer defizitären Libido- und Ich-Entwicklung seien die Objektbeziehungen vorwiegend von narzisstischen und prägenitalen Bedürfnissen bestimmt und durch extreme Ambivalenz gekennzeichnet. Am exemplarischen Fallmaterial, der psychoanalytischen Behandlung einer 22-jährigen Neurodermitispatientin, entwickelt Schur ein psychodynamisches Schema, in dem er den Phänomen der Ich-Regression einen besonders hohen Stellenwert beimisst. In Abgrenzung zu anderen Auffassungen vertritt er die Meinung, dass Widerstände der Patienten nicht als solche gedeutet werden dürften, sondern als »Brücke zu den Sekundärprozessen« zu betrachten seien, da sie von ihrem Stellenwert her den unbewussten Phantasien gleichkämen und als solche zu behandeln seien. Die Beobachtung von besonders vielen angstauslösenden Phantasien (im Gegensatz zum Alexithymie-Verständnis) führt er auf eine Verwischung der Subjekt-Objekt-Grenzen zurück.

Thomä (1980) beschäftigte sich in seiner bekannten 20-jährigen Katamnese eines Neurodermitispatienten mit den Funktionalisierungsmöglichkeiten, die der Patient dem Hautsymptom zubilligt. Am Beispiel der Übertragungsanalyse stellte er exemplarisch dar, wie der Patient seine Hauterkrankung im Dienste zwischenmenschlicher Auseinandersetzung kontrollierend einsetzt. Dabei zeigte er aus dem Bereich der inneren Objekte des Patienten dessen unbewusste Besetzungen der Haut, die die verschiedenen Objektqualitäten bzw. Repräsentanzen für ihn einnehmen konnte. Die Chronifizierung des neurodermitischen Symptoms betrachtet er als Ausdruck einer extremen autoerotischen Regression, bei der die Haut als Ort diente, Affekte und Gefühle abzuführen und zugleich als autoerotisches bzw. autodestruktives Ersatzobjekt fungierte.

Diese beiden Fallstudien weisen bereits auf die Veränderung in der psychosomatischen Sichtweise hin, die sich zu einer stärkeren Gewichtung der Identifizierungsvorgänge verschoben hatte. Diese methodische Öffnung zum interaktionellen Geschehen hin, war mit der Forderung verbunden, spezifische Therapiekonzepte für psychosomatische Patienten zu entwickeln (Schöttler 1981).

Zu den Analytikern, die unter klinischem Blickwinkel systematisch die Beobachtung von Säuglingen einführten, gehörte Esther Bick, eine englische Psychoanalytikerin und Schülerin von Melanie Klein und Bion. Aus dem frühesten entwicklungsgeschichtlichen Kontext des dyadischen Systems von Mutter und Kind entwickelte sie das »Konzept einer psychischen Haut«, in der das Objekt konkretistisch als Haut-Objekt erfahren wird. Die daraus erstellte Hypothese einer »zweiten, muskulären Haut,« (der *second-skin-formation*), ist ein Ergebnis ihrer systematischen Beobachtung von Säuglingen. Sie beschreibt Patienten, die aufgrund eines frühen Mangels im Containing ersatzweise eine Art »zweite Haut« in Form einer muskulären Anspannung oder verbalen Aktivität entwickeln. Dabei geht sie von der These aus, dass sich das Kind in Teilen der Psyche und in seinen Körperteilen, die noch nicht voneinander differenziert sind, mit Hilfe der Haut, als äußere Begrenzung, passiv zusammengehalten fühlt. Das äußere (mütterliche) Objekt wird introjiziert, wenn es die haltende Vorstellung eines Containers vermitteln kann und wird konkretistisch als eine Haut erlebt. Fehlt dieses Objekt, mangelt es dem Kind an der Möglichkeit zur projektiven Identifizierung, sodass das Gefühl des Auseinanderfallens auftaucht. Sie nimmt an, dass der Säugling sich daraufhin eine zweite Haut, die *second-skin-formation*, über eine Art muskulärer Anspannung zulegt, eine Art Prothese aus Muskeln. Diese »Zweithautbindung« soll die normale Abhängigkeit vom haltenden Objekt ersetzen und wird sich als Pseudounabhängigkeit bzw. Pseudoreife äußern.

Interessant ist hierbei auch die Parallele zu Anzieu. Im Konzept von Bick entspricht die erste psychische Haut dem Begriff des Haut-Ichs bei Anzieu, der sein Konzept auf der Bedeutung des Selbst bzw. der Ich-Instanz aufbaut.

Didier Anzieu, ein französischer Analytiker, der als Psychologe lange Zeit in der Dermatologie tätig war, hat sich der Frage nach der Bedeutung der Haut für die Selbst-Entwicklung in einem umfassenden Sinne angenommen. Mit seinem Konzept des *Haut-Ich* (1991), auf der Perspektive der inneren Objektwelt aufbauend, unternimmt er den Versuch, die zentrale Rolle der Haut für die Selbst-Konstituierung theoretisch und klinisch anwendbar, anhand von exemplarischem Fallmaterial, darzulegen. In dieser Idee, die dem »Ich in seinem ursprünglichen Zustand« bei Freud entspricht, sind die verschiedenen analytischen Konzepte – u. a. die Gedanken der Kleinianischen Schule – integriert. Seiner Ansicht nach wird im Kleinianischen Modell die wesentliche Eigenschaft, die die Haut in ihrer Bedeutung als differenzierende Körperoberfläche hat, vernachlässigt, da Klein ihr

Hauptaugenmerk in der Erfahrung mit den Primärobjekten ausschließlich auf die Betonung des Phantasmas der Brust richtete.

Anzieus Verdienst besteht in zweifacher Hinsicht: In der Erkenntnisvermittlung, dass die Haut für die Selbstkonstituierung eine zentrale Rolle spielt und in einer Systematik der psychischen unbewussten Besetzungen der Haut, die sich in der frühkindlichen Entwicklung und Interaktion mit den Primärobjekten herausbilden. In seinen Hypothesen verknüpft er frühe Ich-Funktionen, die mit der Differenzierung von Selbst und Objekt befasst sind, eng mit Körpererfahrungen, und stellt eine Parallele zwischen den Ich-Funktionen und den körperlichen Funktionen der Haut her. Dabei bezieht er sich im Wesentlichen auf die unbewussten Phantasien der inneren Objektwelt und versteht unter der Metapher des »Haut-Ich« ein mentales Bild im Rang einer Phantasie bzw. einer Repräsentanz, in dem die psychischen Inhalte enthalten sind. Das Ich des Kindes benutzt während früher Entwicklungsphasen dieses Bild, um eine Vorstellung von sich selbst zu entwickeln.

Dieses Haut-Ich entwickelt sich über die Phantasie einer gemeinsamen Haut als Grenzfläche und ermöglicht dem Kind, sich als ein Selbst zu verkörpern. Darüber hinaus bewahrt das Haut-Ich als internalisierter Teil der Mutter, der zur psychischen Hülle und Grenzfläche geworden ist, die psychischen Inhalte auf, die zur Internalisierung der tragenden Umwelt und zur innersten Welt der Gedanken, Bilder und Affekte nötig sind. Nach Anzieus Ansicht schafft die sinnliche Erfahrung der Haut einen psychischen intersensoriellen Raum, der die Symbolisierung vorbereitet. In einem wechselseitigen Prozess der Subjekt-Objekt-Trennung kommt es nach Anzieus Vorstellungen zur Bildung einer Art Zwischenfläche, die dazu verhilft, einen psychischen Trennungsprozess zu durchlaufen und die Phantasie der gemeinsamen Haut in die Erkenntnis der getrennten Haut einmünden zu lassen. Das so erreichte Haut-Ich kann vom Kind als eigener Besitz erlebt werden.

In seiner Systematik zwischen den Funktionen der Haut und den neun Ich-Funktionen zieht Anzieu Parallelen, indem er für jede einzelne Funktion, die Art der Entsprechung zwischen dem Organischen und dem Psychischen, sowie die Angstform, die mit der Pathologie dieser Funktion korreliert und die Störungsform des Haut-Ichs, wie sie klinisch in Erscheinung tritt, erstellt. Die Aufgabe der Funktionen besteht darin, in einer Art Barriere als schützende Instanz Filterfunktion zu übernehmen und zur Eingravierung erster Spuren zu dienen. Da diese Annahmen der Hautschutzfunktionen in ihrer klinischen Relevanz zum Verständnis der Übertragungsprozesse aufschlussreich sind, werde ich sie in aller Kürze skizzieren:

1. Halten – Stützfunktion:
D. h., so wie die Haut für Skelett und Muskulatur eine Stützfunktion übernimmt, dient das Haut-Ich dem Zusammenhalt der Psyche.
Von der biologischen Haltefunktion ausgehend, entwickelt sich die psychische Funktion im Zuge der Internalisierung des mütterlichen holdings, als internalisierter Teil der Mutter.
2. Das Bild der Haut als Behälterfunktion i. S. einer Tasche:
Während die Haut die ganze Körperoberfläche bedeckt, entspricht die umfassende Funktion des mütterlichen handlings der psychischen Funktion des Haut-Ich.
3. Reizschutzfunktion:
Während die oberflächliche Schicht der Epidermis den Organismus vor Reizüberflutung schützt, ist das Ich durch den mütterlichen Hilfs-Reizschutz solange geschützt, bis es sich ausreichend auf ein eigenes Haut-Ich stützen kann.
4. Die Individuationsfunktion:
Sie ermöglicht die Auswahl von Bindungs- und Liebesobjekten und verhilft zur Selbstbehauptung als ein Individuum mit eigener Haut. In gleicher Weise übernimmt das Haut-Ich diese Funktion für das Selbst.
5. Die Haut ist eine Oberfläche, in der sich die Sinnesorgane befinden. Das Haut-Ich gilt als die psychische Oberfläche, die über die Funktion der Intersensorialität zur Bildung eines gemeinsamen Sinns führt, der die Symbolisierung vorbereitet.
6. Die Hautlust stellt die Grundlage für die spätere sexuelle Lust dar. Das Haut-Ich stellt die Grundlage der sexuellen Erregung dar, in der Funktion einer Fläche, auf der die erogenen Zonen ihren Platz finden.
7. Die Entsprechung zwischen der Haut als Fläche und dem Haut-Ich in seiner Funktion der libidinösen Wiederaufladung, die zur Erhaltung der inneren energetischen Spannung und ihrer Verteilung auf die psychischen Subsysteme dient.

8. Die Haut liefert mit ihren taktilen Sinnesorganen Informationen über die Außenwelt, (so bildet sich auch soziale Gruppenzugehörigkeit an der Haut ab wie beispielsweise durch Piercing, Tätowierung, Schminke etc.), während das Haut-Ich die Funktion der Einschreibung der taktilen sensorischen Spuren erfüllt.
9. Die Selbstzerstörungsfunktion wird im Sinne einer Analogie zwischen der Auto-Immunreaktion einerseits und der Wendung des Triebes gegen sich selbst als negativ therapeutische Reaktion verstanden.

An dieser Stelle möchte ich, in Hinblick auf die folgende Kasuistik, noch die Beschreibung des *Phantasmas der gemeinsamen Haut* in seiner narzisstischen und masochistischen Variante skizzieren. Diese phantasmatischen, unbewussten Vorstellungen lassen sich aus der Übertragungsanalyse erschließen, als Übersetzung von verinnerlichten, ersehnten, erregenden oder zurückweisenden Teilobjekten, die für das Verständnis der inneren Objekte von großer Bedeutung sind.

Die erste Form des Kontakts mit der Mutter hat mit der Erregung zu tun, die der Säugling durch die Intensität der körperlichen Pflege und den damit verbundenen Funktionen des Reizschutzes gegen die Aggression der Außenwelt erfährt. In der entstehenden narzisstisch besetzten Hülle des Wohlbehagens entsteht die unbewusste Phantasie des Säuglings, dass die Mutter als ein allwissender, narzisstischer Doppelgänger ständig zur Verfügung steht.

Im Gegensatz zu dieser ersten Variante des »narzisstischen Phantasmas der verdoppelten Haut«, steht nach Anzieu die zweite Variante als das »Phantasma der zerrissenen Haut bzw. des enthäuteten Körpers.«

Anzieu präzisiert den Begriff des Phantasmas der gemeinsamen Haut in der masochistischen Variante dahingehend, dass der Säugling diese Form des Kontakts als einen wiederholten traumatischen Wechsel zwischen Überstimulierung und Mangel an Körperkontakt mit dem frühen Primärobjekt erfährt, sofern dieser Wechsel noch in einem sehr frühen Stadium (vor dem Laufenlernen) stattfindet.

Im Zuge der psychischen Entwicklung hatten viele seiner Patienten die Hautkrankheit in ihrer frühen Kindheit als einen realen Angriff auf ihre Haut erlebt, was sich für ihre inneren Objekte in der unbewussten Illusion auswirkte, in einer Hautfusion mit dem mütterlichen Objekt verbunden zu bleiben. Damit war auch die unbewusste Phantasie verknüpft, dass das mütterliche Objekt in der Lage sei, die zerrissene Haut jederzeit wieder in eine gemeinsame Haut umwandeln zu können.

Anzieus Überlegungen sind für das Verständnis der Genese psychosomatischer Symptombildung bei Hautkranken, aber auch zur psychischen Struktur und deren innere Objekte von großem Wert. Sein therapeutischer Ansatz hat sich für die Behandlung der Menschen, die an einer Hautkrankheit und einer psychischen Störung leiden, als schlüssig und klinisch brauchbar erwiesen. Die oftmals sehr persönliche und offene Darlegung der Übertragungs- und Gegenübertragungsprozesse zeigt, dass mangelhaft internalisierte Objektbeziehungen im Patienten mit Hilfe einer gemeinsamen schöpferischen Beziehung in einem ausreichend guten Haut-Ich-Containing überwunden werden können.

Als weiterer Vertreter der jüngeren Analytikergeneration soll noch Ogden (1989/95) genannt werden, der mit der Vorstellung eines »autistisch-berührenden Modus«, neben der paranoid-schizoiden und der depressiven Position der Kleinianischen Schule, ebenfalls zu einer Erweiterung objektbeziehungstheoretischer Modellvorstellungen beitrug. Diese autistisch-berührende Position ist als weitere primitive psychische Organisation zu verstehen. Sie ist von Geburt an wirksam und als sensorisch dominierender Modus vorstellbar, über den sich das Selbstgefühl durch die Sinneswahrnehmung auf der Hautoberfläche bildet.

Weitere Autoren im Deutschen Raum, die in ihren theoretischen Überlegungen die objektpsychologischen und selbstpsychologischen Aspekte einer defizitären Selbstentwicklung bei Hautkranken in den Mittelpunkt ihrer Fallstudien stellen, sind: Gutwinski-Jeggle (1995), Kelleter (1990), Klöß-Rotmann (1992), Küchenhoff (2000), Staehle (1996/7) und A. Werthmann (1998).

Klinischer Teil
Die Haut-Beziehung

Die Beratung:
Zwei Einzellfallstudien

Einzelfallstudie A:

Frau A. mit der Hautkrankheit Neurodermitis und einer frühen Störung
»Es darf nichts nach außen kommen...«

Erstes Gespräch: »Ich kann es nicht ertragen, von anderen nicht akzeptiert zu werden«

Bei der 21-jährigen Frau handelte es sich um eine von der Hautpoliklinik mit der Diagnose »Neurodermitis« überwiesene Patientin. Sie selbst hatte um eine Überweisung in die Psychosomatik gebeten, da ihr Freund, ein Mediziner, ihr geraten hatte, sich mit der »psychischen Seite« ihrer Krankheit zu befassen.

Neben unseren Gesprächen wurde nach dem Prinzip der alternierenden Behandlung die hautärztliche Versorgung in der Poliklinik weitergeführt.

Die erste Begegnung:
Während ich zufällig ins Sekretariat komme, sehe ich eine junge Frau mit einem übergroßen Button, auf dem eine Friedenstaube abgebildet ist. Dieser Anstecker mit seiner auffälligen Größe und den leuchtenden Farben hebt sich überdeutlich von der sonst eher tristen Kleidung ab. Ansonsten ist die Patientin mit einem viel zu großen dunkelblauen Herrenjackett, einer grauen Cordhose und dicken Wanderstiefeln bekleidet.

Noch während ich mir über diesen merkwürdigen Gegensatz Gedanken mache, bemerke ich die glatte, leicht gerötete Haut ihrer Wangen und erinnere mich spontan an die »Rotbäckchen«-Werbung, die ich aus meiner eigenen Kindheit kenne.

Nach dem Ausfüllen der Fragebögen lade ich Frau A. zum Gespräch ein, worauf sie mir irgendwie scheu wirkend ins Zimmer folgt. Die meiner Einladung vorausgehende Begrüßungsszene gestaltete sich in einer auffälligen Art und wiederholt sich später bei der Verabschiedung: Während ich Frau A. meine Hand reichen will, zögert sie und ›schraubt‹ dann auffällig umständlich ihre Hand aus dem viel zu langen Jackenärmel hervor. Als sich schließlich unsere Hände berühren, fühle ich eine rauhe, rissig verschürfte Haut, und es entsteht in mir die Assoziation von Pergamentpapier. Über dieses Gefühl betroffen reagierend, verspüre ich aber gleichzeitig den Wunsch, mich mit dieser Haut zu beschäftigen. Obwohl ich ein deutliches Interesse für sie empfinde, habe ich gleichzeitig auch das Gefühl, von ihr zurückgestoßen zu werden. Mich befällt plötzlich die Angst, Frau A. könnte meine Überlegungen merken, wodurch bei ihr die Phantasie entstehen könnte, dass sie mir wegen ihrer Haut unsympathisch ist.

Ich überlege nun auch, was ihr Zögern wohl zu bedeuten hatte. Wollte sie vielleicht eine Berührung vermeiden, weil sie fürchtete, ein Fremder könnte sich vor ihrer Hand ekeln? Neben all diesen sekundenschnell nacheinander und nebeneinander hervorgerufenen Gedanken und Phantasien wird mir bewusst, dass mich dieses erste Interaktionsmuster irgendwie ›gefangen nimmt‹, woraus ich schließe, dass die Patientin mir unbewusst etwas sehr Wichtiges von sich mitgeteilt haben muss, was ich zu diesem Zeitpunkt aber noch nicht zuordnen kann.

Trotz der Peinlichkeit dieser Anfangsszene, die die Patientin ebenso zu irritieren scheint wie mich, schaut sie mich offen an, und ich bemerke wieder ihre Wangen, die jetzt förmlich ›glühen‹. Ich spüre, dass ich sie mag und bin schon fast davon überzeugt, dass wir miteinander zurechtkommen werden.

Nachdem wir uns gesetzt haben, entsteht zunächst ein Schweigen zwischen uns, bis ich Frau A. bitte zu erzählen, was sie in die Ambulanz geführt hat. Sie antwortet darauf mit einer leisen, durchscheinenden Stimme, dass sie sich nicht vorstellen könne, dass diese Gespräche bei Neurodermitis helfen könnten und dass sie den Gesprächen gegenüber skeptisch sei.

Dann berichtet sie, dass sie seit ihrer Kindheit unter Neurodermitis leide und nun in »mehreren Jahren« ihrer Krankheitsgeschichte zu der Überzeugung gekommen sei, dass »ihre Krankheit« nicht nur »körperlich bedingt« sein könne. Da sie mehr über die Ursachen ihrer Krankheit wissen will, habe sie ihre Eltern befragt, diese könnten sich aber nicht mehr richtig an die Anfänge erinnern. Obwohl die Mutter meine, die Krankheit sei aufgetreten, als sie drei Jahre alt war, vermute sie selbst, dass der Beginn der Krankheit zeitlich mit der Geburt des Bruders zusammengefallen sei, im Alter von 1 1/2 Jahren. Da in der Aszendenz der Familie niemand an Ekzemen erkrankt sei, habe sie sich nun vorgenommen, diese Frage »wirklich zu klären«. Sie sei davon überzeugt, dass ihre Schwierigkeiten im Privatleben in einem direkten Zusammenhang mit der Krankheit stünden und leide darunter, dass sie mit keinem von beidem klarkommt. Sie wisse, dass sich Kindheitsprobleme durchaus körperlich niederschlagen könnten, und hoffe hier im Gespräch »endlich alles zusammenzubringen«. Bei diesem klar formuliertem Anliegen denke ich, dass sie eine motivierte Patientin ist, die unter Leidensdruck steht und große Erwartungen an mich hat. Dabei fällt mir auf, dass sie ihre Hände tief in die Jackentaschen vergraben hat und ich assoziiere geballte Fäuste.

Kommentar: Der Beginn der Kontaktaufnahme von Seiten der Patientin ist durch hohe Erwartungen, die wie eine Art ›Leistungsanforderung‹ wirken, bestimmt.

Um das nachfolgende Schweigen nicht zu lang werden zu lassen, bitte ich Frau A. von den angedeuteten Problemen zu erzählen, was sie bereitwillig tut.

Sie lebe seit einigen Monaten wegen ihres Studiums bei Verwandten, habe aber mittlerweile den Eindruck, für den angestrebten sozialen Beruf nicht geeignet zu sein, da es ihr an der nötigen »Kraft und Lebensfreude« fehle, die man eigentlich in diesem Beruf »weitergeben müsse«. Sie beschreibt sich darüber hinaus als einen Menschen, dem es phasenweise immer wieder sehr schlecht gehe, der depressiv sei und oft »keine Freude am Leben« habe. Es gelinge ihr zwar auch immer wieder, lebhaft zu sein, dies könne sich aber ebenso schlagartig ändern, dann verbreite sie nur noch Freudlosigkeit und Traurigkeit. Ich bemerke, dass es ihr offensichtlich schwerfällt, beide Seiten ›zusammenzubringen‹. Obwohl Frau A. diese Interpretation bestätigt, scheint sie nun plötzlich auch im Zusammensein mit mir freudlos geworden zu sein, da sie ziemlich lange schweigt und dabei sehr traurig wirkt. Da ich dieses Schweigen in der Gegenübertragung allmählich belastend empfinde, frage ich, ob es ihr hier jetzt ähnlich geht wie im Leben draußen und mir fällt auf, dass sie sich schon viele Gedanken über sich gemacht hat.

Frau A. kann mein Angebot aufgreifen und berichtet nun, dass sie im Haushalt ihrer Verwandten mit deren 2 1/2 Jahre jüngeren Tochter lebt. Als »Gegenleistung« versorgt sie die behinderte Verwandte. Zuvor habe sie allein gelebt und während dieser Zeit habe sie freiwillig und ehrenamtlich in einem Altenheim gearbeitet. Während dieser Tätigkeit sei ihre Krankheit besonders stark »ausgebrochen«. Meiner Bemerkung, dass es wohl einen Zusammenhang zwischen der Hautkrankheit und dieser Arbeit gibt, stimmt die Patientin zu. Sie habe sich gedacht, dass das viele Waschen der alten Leute dafür verantwortlich sei. Nach dieser »sozialen Aufgabe« sei sie dann zu den Verwandten gezogen, allerdings habe sie nicht erwartet, dort ein neues »familiäres Verkrümeln in Geborgenheit« zu finden, im Gegenteil, sie hoffte, von den Verwandten »gefordert« zu werden.

Ich bemerke, dass es für sie offenbar eine wichtige Bedeutung hat, vor Anforderungen gestellt zu werden. Frau A. stimmt zu und meint, dies insbesondere auch deshalb, weil sie auf diesem Wege Vertrauen entwickeln könne. Da ihr dies aber grundsätzlich schwerfalle, habe sie mit den Verwandten Probleme und müsse sich »zwingen«, diese an sich »rankommen zu lassen«. Letztlich sei sie aber enttäuscht, weil sich ihre Hoffnungen nicht erfüllt haben. Das wiederum sei nicht ganz so schlimm, da es schließlich für sie wichtiger sei, für die Verwandte zu sorgen, um dadurch das Gefühl entwickeln zu können, »ich bin für etwas gut«. Da die Vertrauensfrage auch zwischen uns eine Rolle spielen wird, sage ich:

»Vielleicht können Sie sich auch nicht vorstellen, dass zwischen uns etwas Vertrauensvolles entstehen kann und Sie erwarten, dass auch ich Anforderungen an Sie stellen werde, die Sie zu erfüllen haben.«

Nach kurzem Nachdenken antwortet die Patientin: »Doch, eigentlich habe ich schon die Vorstellung, von Ihnen gefordert zu werden.«

Kommentar: Frau A. beschreibt am Beispiel mehrerer Beziehungen, wie wichtig es für sie ist, sich für andere aufopfern zu können, was sie unbewusst auch in unsere Beziehung hineinträgt. Im Zusammenhang mit dem bisherigen Material kann das beschriebene Beziehungsmuster als Projektionsmechanismus in Form einer »altruistischen Abtretung« verstanden werden. Vor ihrem familiären Hintergrund betrachtet ist zu vermuten, dass sich die Patientin mit der Geburt des jüngeren Bruders aus der Mutter-Kind-Dyade ›verdrängt‹ fühlte und damit die Befriedigung ihrer Bedürfnisse in Frage gestellt waren. Am Beispiel ihrer sozialen Helfertätigkeit beschreibt sie eine Haltung, aus der heraus sie eigene Versorgungswünsche abtritt, sich also altruistisch um die Bedürfnisbefriedigung anderer bemüht, und sich dabei in der Identifikation mit dem Objekt indirekt die Befriedigung eigener Bedürfnisse gestattet. In dem jetzigen Beziehungsdreieck mit der 2 1/2 Jahre jüngeren Verwandten und deren Mutter scheinen reaktualisierte Gefühle des unbewältigten Geschwisterneids eine Rolle zu spielen.

Im weiteren Verlauf des Gesprächs versucht Frau A. zwischen körperlichen und psychischen Reaktionen einen Zusammenhang herzustellen. Dabei zeigt sie deutlich ihre Ambivalenz gegenüber ihren eigenen Gefühlen und Wünschen: »Wenn ich Kaffee getrunken habe (...), auf der einen Seite regt er mich an und ich habe viel tollere Ideen (...), auf der anderen Seite wird immer auch der Ausschlag stärker.« Sie vermutet, dass nicht verarbeitete Aggressionen sich auf ihrer Haut »niederschlagen«, da sie ihre Haut als ihre körperliche »Schwachstelle« bezeichnet.

Ich überlege, ob Frau A. die symbolische Äußerung ihrer Aggressionen meint und ob sie von ihrer »Schwachstelle« spricht, weil sie eigentlich nicht möchte, dass ihre aggressiven Gefühle sichtbar werden. Diese Überlegungen verbalisierend frage ich, ob sie glaubt, mit ihrer Haut etwas von sich zu zeigen, beispielsweise Schwäche oder Wut.

Da die Patientin mit langem nachdenklichen Schweigen reagiert, spreche ich sie nach einer Weile nochmals darauf an und frage erneut, ob sie sich fürchtet, etwas von sich zu zeigen, z. B. auch mir gegenüber, wo sie doch noch gar nicht weiß, ob sie mir ›trauen‹ kann.

Anscheinend habe ich damit eine verletzliche Stelle getroffen, da sie zu weinen beginnt, schließlich aber schildern kann, wie schwer es ihr fällt, Vertrauen zu entwickeln. Darüber hinaus habe sie auch furchtbare Angst vor Streit, denn sie könne es »nicht ertragen, von anderen nicht akzeptiert zu werden«.

Meine Frage, woher diese Angst kommt, ob sie möglicherweise auf Ablehnungserfahrungen beruht, führt bei der Patientin zu Einfällen über die Mutter. Diese mische sich bis heute in ihr Leben ein, versuche sie immer wieder zu bestimmen und eigentlich hätte sie allen Grund, sich dagegen zur Wehr zu setzen, trotzdem gelinge es ihr nicht, da dies für sie »verboten« sei. Sie »verabscheue« ihre Mutter und habe oft gedacht, »wenn Frau-Sein so ist wie meine Mutter, will ich keine Frau sein«.

Zum Vater übergehend erzählt sie, wie »lieb« sie ihn hat, dass er sich aber bedauerlicherweise »immer gleich zurückgezogen« habe, wenn sie mit ihm in Kontakt kommen wollte.

Während sie über ihre Enttäuschung und ihre Wut spricht, weint sie leise vor sich hin. Angesichts meines Eindrucks, dass sie förmlich in ihrem Herrenjackett ›verschwindet‹, frage ich mich, ob das Hineinverkriechen in (Vaters-)Jacke Schutz für sie bedeutet, wobei mir dies gleichzeitig als ein widersinniger Rückzug erscheint, da von ihr kaum noch etwas zu sehen ist.

Zum manifesten Thema zurückkehrend, frage ich die Patientin, was an der Mutter so ablehnenswürdig sei, woraufhin sie die Mutter als eine »alles bestimmende, hysterische und aufbrausende Person« beschreibt. Das Schlimme sei, dass sie sich ihr gegenüber heute noch so verhalte, sich in alles einmische, ihr keinen eigenen Entscheidungsraum überlasse, nicht einmal bei unwichtigen Dingen wie Kleidung, Frisur oder dergleichen. Besonders fürchte sie sich vor der Unberechenbarkeit und den Aggressionen der Mutter. Der Bruder sei schon genauso »hysterisch«, habe sie früher oft geschlagen, wohingegen sie es nie gewagt habe, zurückzuschlagen.

Im Folgenden finden wir heraus, dass ihre Angst vor Streit und Aggressivität mit der Angst vor vernichtenden Schlägen, denen sie sich immer noch ungeschützt ausgeliefert fühlt, zusammenhängt. Im gleichen Zusammenhang fällt der Patientin ein, dass sie in ihrem Leben oft unter »Orientierungslosigkeit« gelitten habe und dass sie sich in ihrer Familie nur sehr selten verstanden fühlte. In ihrer Familie habe man sich vor allem mit »sachlichen Themen« beschäftigt, beispielsweise »wo der Schrank am besten steht«, dafür aber selten »mit dem Menschen selbst.«

Kommentar: In dieser Phase des Gesprächs berichtete die Patientin von ihren Beziehungsängsten und ihrer Unfähigkeit sich abzugrenzen. Diese Ängste scheinen mit der Erfahrung verbunden zu sein, dass das Einlassen auf einen anderen Menschen unweigerlich zur Folge hat, dass über sie verfügt wird. Diese beschriebenen Beziehungsmuster erinnern an eine vereinnahmende symbiotische Beziehung (wie sie offenbar mit der Mutter bestand), in der immer nur einer bestimmt und dadurch eine reife objektale Auseinandersetzung zwischen zwei Menschen verhindert wird.

Die Beratung: Zwei Einzelfallstudien

Im Folgenden schildert Frau A. Verhaltensweisen, mit denen sie versuchte, sich in ihrer Familie Anerkennung zu verschaffen. Sie habe gelernt, sich stets von der »besten Seite« zu zeigen, um sicher zu gehen, niemanden zu stören oder zu belasten. Das gleiche Muster entwickelte sie auch in der Schule, in der sie die Rolle der »Musterschülerin« übernommen hatte. Der Preis, mit dem sie diese Musterschülerinnen-Mentalität bezahlt, bestand in einer unausgesetzten Kontrolliertheit und Bereitschaft, den Anforderungen anderer zu genügen. Noch während die Anklagen über ihre Familie, in der Regeln statt Gefühle das Miteinander bestimmen, aus ihr »herausfließen«, bekommt sie plötzlich Angst, traut sich selbst nicht mehr und verstrickt sich in Rechtfertigungen. Sie habe früher ein besseres »Lebensgefühl« gehabt, damals sei es ihr auch leichter gefallen, sich mit den Dingen abzufinden. Heute dagegen verstünde sie selbst nicht, warum sie mehr hineininterpretiere als nötig sei. Andererseits habe sie mittlerweile gelernt, die Kontrolle in der »Hand zu behalten«, anstatt wie früher ihrem Gegenüber in die »Hand zu legen«.

Ich verstand diese Reaktion zum einen als Zeichen ihrer Schuldgefühle gegenüber den Eltern und zum anderen als Zeichen ihrer Angst und Zweifel mir gegenüber. Implizit erwartete sie wohl auch von mir und meinen Regeln bestimmt zu werden. Ich verbalisierte diese Gegenübertragungsphantasien und bemerkte, dass sie wohl auch mir gegenüber nicht so recht wisse, ob sie mir trauen könne. Ohne auf diese Frage direkt zu antworten, fragt mich nun die Patientin, gleichsam als Antwort, wie denn eine Zusammenarbeit aussehen würde. Ich erkläre, dass ich im Rahmen dieser Beratung vier weitere Gespräche anbieten könnte. Nachdem sie einen Moment nachgedacht hat, erklärt sie: »Es kann ja schließlich nichts schaden.«

Im weiteren, letzten Teil des Gesprächs wird mir auf einmal bewusst, wie ich der Patientin aktiv, mit bedrängenden Fragen »zu Leibe rücke«: Was sie erwarte, welchen Sinn sie diesen Gesprächen geben wolle und welche Hoffnungen sie damit verbinde. Frau A. reagiert darauf distanziert. Ich habe den Eindruck, dass ihre Zurückweisung auf der Enttäuschung basiert, mich nun doch als jemanden zu erleben, der Anforderungen stellt. Schließlich fragt sie zweifelnd: »Und Sie meinen wirklich, das bringt hier was?«

Kommentar: In der Gegenübertragung hatte ich die Rolle der ›fordernden‹ Mutter übernommen, die auf alle Fälle intellektuelle Leistung erwartet. Meines Erachtens hatte ich mich zu dieser Reaktion verleiten lassen, weil ich mich in dem Gegenübertragungsgefühl wie eine überforderte Mutter gefühlt habe, die den regressiven Erwartungen der Tochter Grenzen setzt. Indem ich betonte, dass es bei unseren Gesprächen um keine Therapie, sondern lediglich um fünf Gespräche im Rahmen einer Beratung gehe, hatte ich Distanz zwischen uns geschaffen. Ich war also diejenige, die sich von den unbewussten Beziehungswünschen der Patientin überfordert gefühlt hatte, dabei war es die Patientin, die sich als diejenige empfand, die sich meinen Forderungen unterwerfen soll. Vielleicht drückte ihre letzte Frage: »Und Sie meinen, es bringt wirklich was?« auch den Zweifel an meiner Kompetenz aus. Sie befürchtete eine Wiederholung der ihr bekannten Beziehungsform, in der ich ihr unbewusstes Beziehungsangebot, auf der Leistungsebene mit ihr zu kommunizieren, nicht durchschaue. Andererseits war sie wohl bisher nur dann zur Beziehungsaufnahme fähig, wenn sie sich – beim Eintritt in die Symbiose – unterwarf. Diese Beziehungsmuster, sich beispielsweise hinter den Forderungen der anderen ›zu verstecken‹ oder die eigenen Wünsche und Bedürfnisse zu verbergen (als gefügige Tochter, als Klassenbeste, als anpassungsfähige Patientin), verstand ich als Hinweis auf eine nur begrenzt gelungene Autonomieentwicklung.

Zweites Gespräch: »Der Weg zurück in die Kindheit ist für mich ziellos und Zeitverschwendung«

Zum zweiten Gespräch kam Frau A. erst 30 Minuten nach der vereinbarten Zeit. Während ich auf sie wartete, wurde ich mir mehr und mehr meiner Unruhe und Enttäuschung bewusst. Als die Patientin dann doch noch kam, gab sie weder eine Erklärung für ihre Verspätung, noch erwähnte sie diese in irgendeiner Form. Darüber war ich so überrascht, dass ich vergaß, ihr zur Begrüßung die Hand zu geben, und als ich mich später daran erinnerte, verstand ich mein Verhalten – ebenso wie ihr Verhalten im Erstgespräch – als einen Distanzierungsversuch, der aus der Gegenübertragung heraus entstanden war. Auf meine Feststellung, dass nun nur noch 20 Minuten Zeit für das Gespräch blieben, reagierte Frau A. bestürzt und beteuerte, ich müsse mich irren. Die Richtigkeit meiner Version vertretend führte dazu, dass sich Frau A. entschuldigte, während ich mich wieder ›versöhnt‹ fühlte. Darauf reagierte Frau A. jedoch deutlich unzufrieden.

Aus diesem Missverständnis heraus fühlte ich mich schließlich wie eine ›böse Mutter‹ und argumentierte innerlich gegen meine Schuldgefühle, die ich wegen meiner zeitlichen Grenzsetzung entwickelt hatte.

Kommentar: Dieses Wechselspiel zwischen Enttäuschung und latenter Aggression war typisch für die Beziehungskonstellation in dieser Sitzung. Dabei ging es vor allem um die ›Schuldfrage‹, denn die Patientin vermittelte im Laufe der verbleibenden Zeit immer wieder ihr Missfallen, irgendwie war alles falsch, was ich tat. Ich spürte, dass die Patientin mich dazu bringen wollte, mich für unsere ›Missverständnisse‹ verantwortlich zu fühlen.

Nach der Eingangsszene ging die Patientin zu einem forschen, kecken Auftreten über und betonte, dass nun ja »leider« nur noch die Hälfte der Zeit übrig bliebe.

In dem darauf folgenden langen Schweigen glaubte ich in der Gegenübertragung von Seiten der Patientin eine trotzige Verweigerung wahrzunehmen. Ich unterbreche schließlich das Schweigen und thematisiere nochmals das ›Missverständnis‹. Daraufhin berichtet Frau A., dass sie sich nach dem letzten Gespräch gefragt habe, »ob das so überhaupt was bringe«, da sie eigentlich damit gerechnet habe, von mir »einen Leitfaden in die Hand gedrückt zu bekommen«. Nachdem sie überlegt habe, nicht mehr zu kommen, habe sie sich schließlich doch entschlossen, die Gespräche weiterzuführen, da sie mit vielen Schwierigkeiten zu kämpfen habe und der Ausschlag immer schlimmer würde. Diesmal wolle sie aber mehr vom »Jetzt« ausgehen, denn »der Weg zurück in die Kindheit« sei für sie »ziellos und Zeitverschwendung«. Während sie ihre Unzufriedenheit und Enttäuschung kundtut, fühle ich mich in der Gegenübertragung wertlos und phantasiere eine schlechte Therapeutin zu sein, der es nicht gelungen ist, ›richtig‹ auf die Patientin einzugehen.

Kommentar: Es gelang mir schließlich, ihr Zuspätkommen und ihr Verhalten aus der Eingangsszene als ihren Versuch zu verstehen, die Beziehung unter Kontrolle zu bekommen. Dabei sollte es in der Umkehr der Rollen so aussehen, als ob ich die Handelnde war, die für das Enttäuschende verantwortlich ist.

Indem wir uns noch eine Weile mit der Bedeutung des Zuspätkommens beschäftigen, betont sie, dass sie normalerweise sehr pünktlich sei, obgleich ihr »diesmal die Verspätung überhaupt nicht peinlich« sei.
In einem neuen Anlauf versucht Frau A. mich wiederum in die Verantwortung zu nehmen, indem sie wissen will, ob ihr Wunsch, vom »Jetzt« auszugehen, in »mein Konzept« passt. Darüber hinaus verlangt sie explizit Auskunft über meine theoretische Orientierung als Therapeutin. Ich zeige, dass ich ihre Frage ernst nehme, gehe aber inhaltlich dazu über, mich mit ihrer Unsicherheit, die meines Erachtens ihrer Frage zugrundeliegt, zu beschäftigen. Dass sie sicherlich herauszufinden versucht, wieviel Eigenes ihr in diesen Gesprächen bleibt und dass sie sich verständlicherweise nicht vorschreiben lassen möchte, worüber sie mit mir sprechen darf.
Nach einigem Zögern beginnt die Patientin dann doch von ihrer inneren Widersprüchlichkeit zu sprechen. Ihr sei klar geworden, dass sie sich meist anders verhalte, als sie eigentlich wolle. So möchte sie beispielsweise auch gerne »schöne Kleider tragen«, kann sich das aber nicht eingestehen. In diesem Zusammenhang sei ihr auch klar geworden, dass sie sich in ihrem Anspruch überfordere, innere Werte höher zu stellen als äußere. Entsprechend ginge es ihr auch mit dem Anspruch »sozial zu sein«, sie versuche zwar, danach zu handeln, zöge sich aber viel lieber zurück und täte lieber etwas für sich selbst.
Während dieser Selbstanklage lächelt die Patientin unaufhörlich, man könnte sogar glauben, sie strahlt mich hocherfreut an. So hatte sie also, während sie von ihrer inneren Widersprüchlichkeit sprach, diesen Gegensatz ganz direkt gezeigt und ich gewann den Eindruck, dass das äußere Bild mit den inneren Gefühlen nicht übereinstimmen kann. Ich teile ihr meinen Eindruck mit. Frau A. kann diesen Denkanstoß zwar aufnehmen, weiß aber nicht so recht, welche Konsequenz sie aus dieser Diskrepanz ziehen soll. Nachdem sie sich entschieden hat, dass sie sich durch meine Beobachtung ernst genommen fühlt, wird ihr klar, dass meistens niemand da ist, von dem sie sich so »bespiegelt« fühlt. Sie habe mit ihrer äußeren Freundlichkeit ihr »unechtes Verhalten« mir gegenüber vertuschen

wollen, da sie das Gefühl hatte, sich vor mir schützen zu müssen, denn sie wisse nicht, ob sie mir »trauen« könne.

Kommentar: Ich bekam den Eindruck, dass die Patientin sich im Umgang mit mir eigene Gefühlsäußerungen verbietet, da dies unweigerlich zu Schuldgefühlen führen würde. Dabei versucht sie auf indirekte Weise herauszufinden, wieviel Autonomie ihr zugestanden wird, ob ich auf ihre Verweigerung, die im Zuspätkommen liegt, mit Rückzug reagiere oder ihr diesen Selbstbehauptungsschritt lassen kann.

Nach der letztgenannten, eher Distanz herstellenden Äußerung, bemüht sich Frau A. dann wieder um Annäherung, was mit meinen in der Gegenübertragung entstandenen Wünschen deutlich korreliert. Der Patientin gelingt es nun, über ihre Beziehungswünsche und die damit verbundene Angst zu sprechen. Sie habe »Angst vor Ausbeutung«, was dazu führe, dass sie nicht »als Frau, sondern als Mensch betrachtet werden« wolle.

Auf meine Vermutung, dass es wohl für sie gefährlich sei, sich als Frau zu zeigen, beginnt Frau A. von ihrem »verkrampften Verhalten zur Sexualität« zu sprechen. Schuldbewusst erklärt sie, dass sich ihre sexuellen Wünsche nicht nur auf Männer, sondern auch auf Frauen richten . Aus Erfahrung wisse sie aber, dass es besonders Frauen schwerfalle, ihr Liebesbedürfnis zu akzeptieren, die meisten bekämen »ganz schöne Schwierigkeiten« damit. Da sie der Gefahr einer Abweisung aber vorbeugen wolle, behalte sie ihre Wünsche lieber für sich. Ich denke, dass die Patientin auch mir gegenüber diese Gefahr phantasiert, indem sie befürchtet, ich könnte mich zurückziehen, falls sie mir ihre ›wahren Gefühle‹ zeigt. Auf meine vorsichtige Bemerkung, dass wir uns auch als zwei Frauen gegenübersitzen, die heute schon etliche Gefühle verkraften mussten, geht Frau A. nicht ein, sondern meint beiläufig, dass dies etwas anderes sei, da sie schließlich mit mehreren Leuten verkehre, denen gegenüber sie »neutral« empfände.

Kommentar: Mit dem ›Liebesgeständnis‹ versucht die Patientin ihre auf mich gerichteten libidinösen Wünsche indirekt zu äußern. Denke ich in diesem Zusammenhang aber an meine Gegenübertragungsgefühle, in denen ich z. T. intensive Nähe assoziierte oder das Glühen meiner eigenen

Wangenhaut wahrnehme, verstehe ich dies als Widerspiegelung der Verschmelzungsphantasien der Patientin und damit ihrer Sehnsucht nach Hautkontakt. Aus diesem Grunde meine ich auch, dass das von ihr angesprochene sexuelle Thema in seiner Bedeutung nicht im Sinne reifer sexueller Wünsche sondern im Sinne von oraler Bedürftigkeit zu verstehen ist.

Zum Abschluss der Stunde nehme ich noch einmal Bezug zu der von ihr beschriebenen »Widersprüchlichkeit«, da sich dieses Thema latent durch die ganze Stunde gezogen hatte. In meinen Überlegungen, dass es sich bei ihren Wünschen inhaltlich um etwas anderes handeln muss als um sexuelle Liebe, sage ich, dass diese Wünsche für sie im Moment wohl nicht statthaft seien. Frau A. fühlt sich dann »richtig verstanden«, fügt aber erklärend hinzu, dass die Missverständnisse in dieser Hinsicht vor allem »von den anderen ausgehen«, die die Erfüllung ihrer Wünsche verhindern würden.

Drittes Gespräch: »Andere empfinden meine kranken Hände als Vorwurf...«

Die Initialszene des dritten Gesprächs gestaltete sich folgendermaßen: Ich höre, im Besprechungszimmer auf die Patientin wartend, dass sie sich zwar im Sekretariat anmeldet, aber nicht wie besprochen zum Besprechungszimmer kommt. Da sie offensichtlich wartet, hole ich sie ab. Diesmal ist sie mit einer selbst gestrickten, grauen Naturfaserweste bekleidet, über der sie einen (wieder) viel zu großen, dunklen Anorak trägt. Mir fällt sofort auf, dass im Gegensatz zu den beiden vorherigen Stunden die Anstecknadel mit der Friedenstaube fehlt, und ich bin gespannt, ob dies etwas zu bedeuten hat.

Zu Anfang der Stunde beschäftigt sich die Patientin mit Themen, in denen es um Anforderungen geht. Hierzu erläutert sie, dass sie sich nach der letzten Stunde Gedanken gemacht habe, wie sie zu sich selbst steht und welche Ansprüche sie an sich stellt. In diesem Zusammenhang sei ihr als ein zentrales Problem bewusst geworden, dass »ich immer wieder in einen Konflikt zwischen irgendwelchen Ansprüchen, die ich mir setze und meinen eigenen Bedürfnissen gerate«. Obgleich sie »manche ihrer Grundsätze« positiv bewerte, befände sie sich »dauernd in einer Außenseiterrolle«, da sie sich wegen dieser Grundsätze anders verhalte als die anderen (z. B. vegetarisch esse). Unter diesem Außenseitertum leide sie aber sehr.

Sie versucht dann am Vergleich der Herkunfts- mit der Gastfamilie ihre Selbstwertproblematik aufzuzeigen: »Zu Hause konnte ich meine Gefühle ausleben«, wohingegen sie bei den Verwandten um ständige Selbstdisziplin ringe und sich ununterbrochen kontrolliere.

Meine Frage, ob die rigide Selbstkontrolle als Ersatz für die Kontrolle der Eltern fungiere, überdenkt Frau A. Dann kommt sie zu dem Schluss, dass es wohl hauptsächlich um die Angst vor Kritik gehe, und weniger um Ge- oder Verbote. Kritik sei für sie mit der Vorstellung verbunden, »die anderen wollen mich nicht mehr«, und bei dieser Vorstellung fühle sie sich, als wenn ihr »der Boden unter den Füßen weggezogen« würde. Zu Hause habe sie es zwar meist geschafft, sich gegenüber der Familie »abzuschotten, um wenig Angriffsfläche zu bieten«, was sie aber in ihrem neuen Lebenszusammenhang nicht mehr hinbekomme.

Kommentar: An dieser Stelle schuf die Patientin einen Zugang zu ihrer Selbstwertproblematik. Bei ihrer Angst vor Kritik musste es sich um eine Art Strafe oder Schuldangst handeln, weshalb sie auch von mir wissen wollte, wie sie bei mir sein sollte, um eine Sicherheit zu entwickeln, aus der heraus sie sich von mir angenommen fühlen konnte. Indirekt versuchte sie herauszufinden, ob sie dafür ihre Bedürfnisse aufgeben musste, damit ihr von mir nicht »der Boden unter den Füßen weggezogen« würde, ob sie sich meinen Ansprüchen unterwerfen müsste oder ihr erlaubt ist, autonom – in ihrem Verständnis also unkontrolliert – zu handeln.

Im Zusammenhang mit ihrer Angst vor Kritik fällt ihr die Arbeit im Altersheim ein, und sie überlegt, mit welchem Bedürfnis diese Tätigkeit zu erklären sei. Sie fragt sich, ob es um eine Tätigkeitswahl aus »dem Bedürfnis nach eigener Befriedigung« geht und meint damit eine Zufriedenheit, die dann entsteht, wenn sie für andere sorgt, oder ob es um ein »eigennütziges Bedürfnis« geht, was dann zuträfe, wenn es nur um ihre eigene Bestätigung ginge. Auf meine Frage, ob sie das Bedürfnis sich helfen zu lassen nicht kennt, kann sie keine rechte Antwort finden. Sie meint schließlich, dass ihr diese Möglichkeit nur »äußerst schwer« zugänglich sei.

In diesem Zusammenhang fällt ihr auch das am Tag zuvor geführte Gespräch mit der Verwandten ein. Darin sei deutlich geworden, dass ihre Hände geradezu ein »Vorwurf« für andere seien und dass sie sich dafür ebenfalls »schuldig fühlen« müsse. Während dieser Schilderung, bei der die Patientin deutlich unruhig wird, zeigt sie erstmals von sich aus ihre Hände vor. Dazu meint sie mit einem traurigen Tonfall, dass der Ausschlag durch das viele Wasser kommt, weil sie die alten Leute waschen muss.

Kommentar: Die Szene, in der die Patientin ihre Hände ›vorzeigt‹, hat in ihrer Konnotation einen anklagenden Charakter, bei dem die Hände in ihrer appellativen Bedeutung eindeutig Kommunikationsfunktion übernehmen. Ich gewinne dabei den Eindruck, dass Frau A. nicht in der Lage ist, direkt um Hilfe zu bitten, sondern dafür ihre Hände ›sprechen‹ lässt, die je nach Situation die Bedeutung eines Lock- oder Abschreckungsmittels (eines Hilferufs oder Vorwurfs) übernehmen.

Ich frage, nachdem Frau A. ihre Krankheit in einen Zusammenhang mit ihrer Tätigkeit gebracht hat, ob die entzündete Haut an ihren Händen ein Vorwurf an die Verwandten sein könnte. Diese Interpretation ignoriert Frau A. indem sie auf meine Bemerkung antwortet, sie müsse sich »schuldig fühlen« wenn die Verwandte eine Thrombose bekäme. Außerdem sei die Verwandte in einer schwierigen Situation, da sie die Vorwürfe der Mutter (der Patientin) fürchte, denn diese erwarte, dass sich ihre Hautkrankheit bessere.

Kommentar: Die Verdrehung in der Beantwortung meiner Frage bestätigte meine Überlegung, dass die Patientin weder eigene Wünsche noch Vorwürfe gegenüber anderen zulassen kann. Als Antwort auf meine Frage übernahm sie die Schuld und richtete die Vorwürfe gegen sich selbst, anstatt gegen die Verwandte, was aus dem latenten Inhalt zu erwarten gewesen wäre. Da die Patientin selbst also nicht vorwurfsvoll (aggressiv) sein darf, verlagert sie ihre Vorwurfshaltung auf andere, so wie sie diese beispielsweise auf die Mutter projiziert. Dieser Modus der Abtretung bzw. Externalisierung ist nötig, um die eigene Aggressivität zu verleugnen.

Die Beratung: Zwei Einzelfallstudien

Nachdem ich diese Beobachtung behutsam verbalisiert habe, weise ich darauf hin, dass sie in ihre Krankheitsüberlegungen meist dritte Personen einbezieht. Auf diese Interpretation hin, in der sie sich mit ihren Abspaltungstendenzen konfrontiert fühlt, versucht Frau A. sich zu rechtfertigen und beteuert, erneut ihre Hände vorzeigend, dass der Ausschlag »von innen käme«, was schließlich auch die Ärzte gesagt hätten. Sie versteht meinen Denkanstoß als Kritik und begründet die Verschlimmerung ihrer Krankheit wiederum nur mit äußeren Gründen, beispielsweise Putzen. Anschließend bedauert sie, ihre Hände leider nicht besser »verstecken« zu können, was letztendlich der Grund dafür sei, dass andere ständig mitbekämen, »wie's mir geht«.

Auf meine Bemerkung, dass die Haut vielleicht doch etwas zum Ausdruck bringt, was sich in ihr abspielt, reagiert Frau A. erneut mit Widerstand, indem sie betont, dass es leider in den wenigsten Fällen einen konkreten Anlass für die kranke Haut gäbe.

Da ich den Eindruck habe, dass es um etwas Wichtiges geht, was Frau A. bis jetzt noch abwehren muss, frage ich direkt, ob es ihr schwerfällt, negative Gefühle zu zeigen. Frau A. bestätigt dies spontan, rationalisiert es aber gleich wieder mit den Worten: »Es besteht meist kein akzeptabler Grund für die Intensität meiner Gefühlsäußerung.«

Kommentar: Während dieser Sequenz fühle ich mich erneut in meinem Eindruck bestätigt, dass Frau A., die symbolträchtig ihre Hände vergräbt, vor allem ihre agressiven Gefühle verstecken muss. Dazu passt dann auch meine Gegenübertragung, in der ich dazu tendierte, mehr von ihr sehen zu wollen und mich nicht mit dem zufrieden zu geben, was sie zeigen will.

Im folgenden Verlauf beschäftigt sich Frau A. mit »geben und nehmen« in Beziehungen. Ihre Einstellung zu diesem Punkt erinnert mich an eine Art »Warenaustausch«, bei dem man »etwas bekommt, wenn man dafür bezahlt«. Diese Konnotation hat die Patientin auf Beziehungen übertragen, in denen sie sich »nur dann mit anderen Menschen verbunden fühlen kann, wenn sie etwas dafür tut«. Außerdem sei nur über diesen Weg das »Recht« erwerbbar, etwas »zurückzubekommen«. In diesem Zusammenhang erinnert sie sich an die Mutter, die niemandem vertraut und fürchtet, einmal andere um etwas bitten zu müssen. Ich stelle fest, dass es sehr anstrengend sein muss, Beziehungen immer auf das Prinzip der Ausgeglichenheit auszutarieren. Daraufhin kann sich Frau A. mit ihrem eigenen Unvermögen, Wünsche zu äußern, konfrontieren, und sie gelangt zu dem Schluss, dass sie sich sehr oft »ungerecht behandelt« fühlt. Aber gerade dann sei sie »total verkrampft« und habe das Gefühl, »es darf nichts nach außen kommen«.

Kommentar: In dieser Passage stellt die Patientin dar, dass sie (ebenso wie ihre Mutter) keine eigenen Wünsche bzw. Ablehnung äußern darf, um ihr »Soll« im Voraus zu erfüllen. Diese Maßnahme dient dem Erwerb eines »Rechts«, das dann zur Erfüllung eigener Wünsche berechtigt.

Nach der Offenlegung dieses manipulativen Beziehungsmodus, bei dem in Form einer stillen Vorwurfshaltung Forderungen eingeklagt werden, erzählt die Patientin von ihrer 2 1/2 Jahre jüngeren Verwandten, die sie als »lebendiges Gegenbeispiel« von sich selbst erlebt. Obwohl ihr die Verwandte intellektuell unterlegen sei, verhalte sie sich im zwischenmenschlichen Bereich wesentlich unkomplizierter als sie. Vor allem habe sie die Gabe, spontan zu äußern, was ihr nicht passe, während sie selbst befürchte, mit Spontaneität andere zu verletzen.

Ihr nächster Einfall bezieht sich auf ihre Rolle als »Pflege«-Tochter und ihr wird klar, dass sie diese Rolle als kränkend erlebt. Andererseits hätten diese eindeutigen Verhältnisse den Vorteil, nicht mehr um die Gunst »werben« zu müssen.

Kommentar: In der Wiederbelebung des unbewussten Rivalitätskonflikts mit dem Bruder, dem sie sich intellektuell ebenfalls überlegen fühlte, emotional aber ausgeliefert, hatte sich die Patientin arrangiert. Sie wollte nicht mehr um die Gunst der (mütterlichen) Zuwendung ›werben‹, sondern gab sich zufrieden, indem sie sich mit der Rolle der Zweiten abfand. Diese neurotische Wahl, in der sie sich freiwillig in die ›Aschenputtelrolle‹ begab, hatte zur Entwicklung des beschriebenen Abwehrmechanismus der altruistischen Abtretung geführt, mit dem sie indirekt an der Zuwendung des ›Rivalen‹ partizipiert. Mittels der analen Abwehr der Unterwerfung war es ihr gelungen, das Rivalisieren mit der Verwandten zu umgehen.

An diesen Punkt überlegt Frau A., ob sie sich sinnvollerweise vielleicht doch mehr mit ihren Beziehungen auseinandersetzen sollte, um sich darüber klar zu werden, welche Rolle ihre Hände in diesem Zusammenhang spielen. Diesen Vorsatz scheint die Patientin nun direkt in unserer Beziehung umsetzen zu wollen, denn sie bittet um einen früheren als den bereits vereinbarten Termin und deutet an, »eventuell die letzte Stunde ausfallen zu lassen«! Ich bin über diese Ankündigung sehr überrascht und habe das Gefühl, mich ihren Anforderungen fügen zu müssen.

Kommentar: Die Analyse der Gegenübertragungsreaktion führt zu der Überlegung, dass die Patientin mich auf die Probe stellen und kontrollieren will. Dabei scheint sie herausfinden zu wollen, ob unsere Beziehung wirklich ›ausgeglichen‹ ist.

Als ich ihren Wünschen entspreche und einen früheren Termin vorschlage, nähert sie sich wieder an, und ihre Ankündigung, die letzte Stunde fallenzulassen, nimmt sie mit folgenden Worten zurück: »Dann bleibe ich hier und fahre erst danach nach Hause.«

Kommentar: Die Überprüfung der Beziehung hinsichtlich seines manipulativen ›Austauschcharakters‹ hatte sich auch zwischen uns entfaltet, indem die Patientin mit »Abbruch« drohte, falls ihre Forderungen nicht erfüllt würden.

Im Nachhinein hatte ich den Eindruck, dass die fehlende Friedenstaube diesmal Ausdruck des inneren Konflikts der Patientin war, in dem es um ihren Kampf um Autonomie ging. Versuche, sich autonom abzugrenzen, sind aus ihren Erfahrungen heraus sowohl mit forderndem Angriff als auch mit manipulativem Übergriff verbunden. In diesem von ihr inszenierten Autonomiekampf begriff ich deshalb das fehlende Friedenssymbol als Signal einer zunehmenden Auseinandersetzungsbereitschaft.

Viertes Gespräch: »(...), dass ich kein Recht habe, traurig zu sein«

Zur Initialszene: Die Patientin steht bereits ein paar Minuten vor Stundenbeginn vor meiner Tür und begrüßt mich mit den Worten: »Heute kann aber keiner sagen, dass ich zu spät komme«. (In der Woche davor war sie knapp fünf Minuten zu spät gekommen). Als erstes fällt mir die heute wieder gut plazierte Friedenstaube auf ihrer Jacke auf.

Durch ihre Terminverschiebung liegen zwischen dem letzten und diesem Gespräch nur drei Tage, worauf die Patientin als erstes Bezug nimmt. In den beiden letzten Tagen sei »viel passiert«, was ihr geholfen habe, »die Zusammenhänge zwischen Hautausschlag und Psychischem besser zu durchschauen«. Ihr sei nämlich klar geworden, dass es nicht die Chemikalien (Putzmittel) seien, die ihre Haut »auslaugen«, sondern dass sie sich innerlich gegen das Putzen sträube.

Nach einer Pause berichtet sie dann voller Stolz, dass sie am Wochenende seit langem wieder mal alleine schwimmen war und es sei – obwohl sie damit gerechnet habe, dass die Haut negativ reagieren würde – keine Verschlechterung eingetreten.

Während ich noch ganz damit beschäftigt bin, ihre Zufriedenheit auf mich wirken zu lassen, beginnt sie detailliert über ein Gespräch mit ihrer Tante zu berichten, in dem ihr mal »wieder richtig klargeworden« sei, wie »undankbar« sie sich verhalte. In diesem Gespräch habe die Tante nicht nachvollziehen können, dass sie »nicht gerne lebe« und dass sie »manchmal sogar überhaupt nicht mehr leben« wolle.

Kommentar: Der Stolz der Patientin über ihren Fortschritt in ihren Abgrenzungsbestrebungen (so wie in der letzten Stunde mir gegenüber) war deutlich. Daneben gab sie aber auch der Reaktion der Verwandten, die beunruhigt auf ihren Lebensverdruss reagiert hatte, eine große Bedeutung. Ihrem Bericht zufolge war es der Tante gelungen, Schuldgefühle in ihr hervorzurufen. Allerdings bleibt der Hintergrund der Vorwurfsbedeutung unklar; versuchte die Patientin vielleicht ihren Verwandten mit ihrem Autonomieversuch in einer versteckten Weise einen Vorwurf zu machen oder brauchte die Patientin die Verwandte als die Vorwurfsvolle, die ihr die Autonomie nicht gestattet? Die Thematisierung von Schuldge-

fühlen hatte wohl auch in Bezug auf mich eine Bedeutung, offenbar fürchtete die Patientin, in dem Separationsversuch der letzten Stunde auch bei mir zu weit gegangen zu sein.

In der weiteren Beschäftigung mit dem Thema Schuld rücken Rechtfertigungstendenzen in den Vordergrund. Schließlich spricht sie von ihren Schamgefühlen und glaubt in diesem Zusammenhang sogar, sich ihrer depressiven Gefühle schämen und meint gar noch, sich diese »verbieten« zu müssen. Ihr sei in dem Gespräch auch klargeworden, dass sie im Vergleich zu ihrer behinderten Verwandten »kein Recht habe, traurig zu sein«, zumal sich diese im Gegensatz zu ihr über deren traurige Situation »niemals beklage«.

Während sie ihre Unzufriedenheit über sich selber kundtut tauchen Erinnerungen an die Kindheit auf, als die Eltern auch nie »begreifen wollten, dass man so sein kann«. Sie habe sich ja auch Mühe gegeben und immer wieder versucht »fröhlich und dankbar« zu sein, aber oft sei ihr dies nicht gelungen. Während sie sich anklagt und bezichtigt, an allem selbst schuld zu sein, weint sie still vor sich hin, so als habe sie auch da nur das Recht, lautlos zu weinen, um mich nicht zu belästigen. Bei ihrem Versuch, selbstquälerisch alle Schuld »auf sich zu laden«, wird ihr bewusst, wie unendlich »unverstanden und allein« sie sich fühlt. Nach einer Weile bekennt sie, dass sie »jetzt, wie schon so oft in solchen Momenten, den Wunsch verspüre, einfach einzuschlafen, um nie wieder aufzuwachen«.

Kommentar: Ich erlebe das Verhalten der Patientin im Gegensatz zu dem geschilderten progressiven Schritt rückläufig. Versucht sie sich erneut zu unterwerfen, klein zu machen bzw. auszulöschen? Das tun, was sie will, scheint in ihrem Erleben schuldbesetzt und mit selbstquälerischen Tendenzen verbunden.

Im weiteren Verlauf schildert Frau A., wie eingeschränkt sie sich erlebt, wie »wenig Raum ihr bleibt« und dass sie keine Möglichkeit sieht, »sich mehr Raum zu nehmen«. Dafür seien aber die äußeren Lebensumstände verantwortlich, da ihr bei den Verwandten jede Möglichkeit fehle, sich »zurückzuziehen«. Daraus resultiere auch, dass sie sich ständig kontrolliert und beobachtet fühlt. Meinen Versuch, die äußere Lebenssituation auf ihren inneren Raum zu beziehen, entkräftet sie mit der Rationalisierung, dass die Verwandte ein »Recht« habe, in ihr Privatleben einzudringen«, da dies umgekehrt (wegen der Behinderung) auch nicht zu vermeiden sei. Dafür, dass ich mich mit dieser Erklärung nicht zufriedengebe, ist Frau A. dankbar. Als ich frage, ob es in dieser Familie vielleicht »gefährlich« sei, einen eigenen Raum zu beanspruchen, fühlt sich Frau A. sichtlich verstanden. Sie traut sich nun über ihre Distanzierungswünsche zu sprechen, betont aber auch, dass sie sich bei diesen Wünschen »nicht wohlfühlt«. Das Bedürfnis, »etwas Eigenes für sich zu haben« möchte sie nicht äußern, weil sie glaubt, dass ihr dies nicht zusteht.

Kommentar: In dieser Sequenz wird die Abgrenzungsproblematik der Patientin erneut deutlich. In ihrer Phantasie befürchtet sie Vergeltung für Separationswünsche (was sie in der Realität unbewusst immer wieder konstelliert). Eine Wiederannäherung wäre dann nur unter großer Anstrengung realisierbar. Jeder Separationsversuch (ihren eigenen Platz zu beanspruchen) ist von schweren Schuldgefühlen begleitet und birgt die Gefahr der Zerstörung, da die Patientin diese Versuche als ein Vorgehen erlebt, das gegen den anderen gerichtet ist. In diesem Sinne kann sowohl das stundenlange Gespräch mit der Verwandten als auch die überpünktliche Einhaltung des Gesprächstermins bei mir als ein Wiedergutmachungsversuch verstanden werden, der für sie notwendig ist, um sich von ihren Schuldgefühlen zu befreien, wozu sie ein schuldentlastendes Objekt braucht.

Während sie noch über Abgrenzung nachdenkt, entwickelt sie die Phantasie, von den Verwandten mit »Mitleid« bedacht zu werden, weil sie sich mit ihren Separationsversuchen »außerhalb« der Gastfamilie stellen würde. Mitleid wäre für sie gleichbedeutend mit einem Vorwurf.

Kommentar: Mit ihren Autonomiewünschen gerät sie in den Konflikt, die Beziehung auf's Spiel zu setzen. Die ihr zur Verfügung stehende Lösung dieses Problems liegt im Modus der Unterwerfung, mit dem sie sich in ihrem Erleben aber unweigerlich wieder in die Abhängigkeit begibt und damit den Verlust der Selbstachtung riskiert.

Ziemlich verzweifelt bittet Frau A. mich an dieser Stelle um einen konkreten Rat. Sie wisse einfach nicht, wie sie es »anders anfangen« solle und ob ich ihr vielleicht helfen könne, ihre »eigenen Gefühle offen zu zeigen«. Ihr Einfall, etwas »von innen auszudrücken«, was sie beispielsweise im Gitarrenspiel kann, erscheint ihr auch eine Möglichkeit. Mein Hinweis, dass sie gerade ganz allein eine Möglichkeit nannte, mit der sie sich gut fühlen kann, und dass ihre Selbstbehauptungsversuche am Wochenende und in der vergangenen Stunde zu ihrer Zufriedenheit beigetragen haben, machen ihr Mut, sich ihren Bedürfnissen zu stellen. Während sie gerade noch appellativ um Stütze bat, entdeckte sie nun, dass eigene Handlungen (Gitarrenspielen, Termine verändern) ihr ermöglichen, »sich besser zu fühlen«. Als Frau A. dann aus sich heraus die letzte Stunde anspricht, und erklärt, dass sie diese auf alle Fälle wahrnehmen möchte, weil »es mir noch viel bringen könnte«, wird mir deutlich, dass diese letzte Intervention wichtig war, damit sich Frau A. in ihren Selbstbehauptungsversuchen akzeptiert fühlen konnte.

Kommentar: Durch ihre Entscheidung, auf die letzte Stunde nicht verzichten zu wollen, fühlte ich mich in der Gegenübertragung aufgewertet. Gleichzeitig erlebte ich diese narzisstische Aufwertung aber auch als Versuch, mögliche Trennungsgefühle, die mit dem bevorstehenden Ende verbunden sind, abzuwehren.

Frau A. kommt dann von sich aus auf die Trennung zu sprechen. Sie erklärt, dass Trennungen bei ihr mit depressiven Gefühlen verknüpft seien, weshalb sie nach Möglichkeiten sucht, diese »zu vermeiden, damit ich nicht noch stärker in die Traurigkeit verfalle«. Meine Bemerkung, dass Trennungen zum Leben gehören und nicht zu vermeiden sind, führt zu einem langen Schweigen.

Als ich aber auch Verständnis für ihre verlockende Vorstellung, mit Eltern und Freunden beisammen zu sein, anstatt hier her zu kommen, zeige, fühlt sich Frau A. in ihrem Zwiespalt respektiert. Nochmals wägt sie ab, und mehr zu sich selbst sprechend erklärt sie leise, dass es in unserer Begegnung gerade nicht um »Leistung, sondern um eine gefühlsmäßige Erfahrung« ginge und »dass letzten Endes Gefühle wichtiger sind als Zahlenwerte«. Zwischen uns sei zwar Vieles nicht greifbar geworden«, trotzdem fühle sie sich von den Gesprächen beeindruckt, und – immer noch mit sich selbst sprechend – fallen ihr Möglichkeiten ein, durch die sie sich besser fühlen könnte (z. B. eine Ernährungsumstellung).

Kommentar: An dieser Stelle bekam ich den Eindruck, dass die Patientin bis zum Schluss bzw. besonders am Schluss, als es um die Trennung ging, die Kontrolle behalten musste (Zahlenangaben, aber auch Essen, sind kontrollierbar). Die anstehende Loslösung schien sie zu beunruhigen, und es blieb unklar, ob ihr Aufwertungsversuch, wie bereits am Ende der ersten Stunde, durch einen Entwertungsversuch aufgehoben werden sollte. In ihren Phantasien (verändertes Essverhalten) versuchte sie wohl einen ›eigenen Weg‹ auszukundschaften, der aber wieder von ihrem ursprünglichen Misstrauen mir gegenüber geprägt war.

Fünftes Gespräch: »Vielleicht bin ich ja schon ein ganzer Mensch, wenn ich traurig sein kann«

Zum letzten Gespräch kommt die Patientin ca. sieben Minuten zu spät, sie wirkt freudig beschwingt, demonstriert ihre gute Laune und ist diesmal wieder ohne Friedenstaube. Als Erklärung für ihre Verspätung erzählt sie, dass ihre Cousine bei den Schulaufgaben Hilfe gebraucht habe, deshalb sei es heute etwas später geworden. Dass sie dem Zuspätkommen aber auch noch eine Selbstbehauptungsbedeutung verleiht, zeigen ihre folgenden Worte: »Es ist mir nämlich wichtiger, gebraucht zu werden, als pünktlich zu sein!« Darüber hinaus gehe es ihr im Moment ausgezeichnet und sie wisse gar nicht, weshalb sie heute überhaupt noch einmal hier sei. Sie verspüre heute auch mal wieder » die totale Abwehr« und habe »keinerlei Motivation« für ein Gespräch. Währenddessen strahlt sie mich an, woraufhin ich die Assoziation eines verschmitzt grinsenden Spitzbuben, der etwas im Schilde führt, entwickle.

Kommentar: Diese Eingangsszene erinnerte sofort an die letzte Stunde, und ich fühlte mich in meiner Vermutung bestätigt. Es sollte wohl der Anschein entstehen, dass die ›Abschiedsgefühle‹ in der letzten Stunde genügend bearbeitet worden sind. Gleichzeitig vermittelt sie mit ihrem Verhalten, dass es ihr –im Gegensatz zu mir– mehr um den Menschen geht als um *die Regeln, dies alles in einer freundlich verpackten Art, aus der man kaum einen aggressiven Impuls ableiten konnte.*

Bald darauf knüpft Frau A. dann von sich aus an die Themen der vorherigen Stunde an, indem sie erklärt, sich jetzt »nicht mehr so ängstlich und ziellos« wie vor den Gesprächen zu fühlen. Außerdem habe sie nicht mehr das Gefühl, »ständig gefordert zu werden« und müsse sich nicht dauernd »rechtfertigen«.

An den Auftakt der Stunde denkend frage ich, ob sich nicht doch zwischen uns etwas Ähnliches abspielt wie zwischen ihr und der Verwandten, indem sie z. B. heute zwischen meinen Anforderungen und denen der Verwandten im Konflikt stand. Frau A. meint dazu abwehrend, sie wäge in solchen Konfliktsituationen zugunsten des »Wichtigeren« ab und entscheide danach, bei wem sie sich gerade am »wohlsten fühle«.

Über ihr selbstbewusstes Auftreten erstaunt, stelle ich fest, dass sie sich dann mindestens heute in der Helferrolle wohler fühlt als in ihrer Rolle mir gegenüber. Frau A. bejaht diese Überlegung und äußert in deutlich unzufriedenem Ton: »Eigentlich weiß ich auch gar nicht, was ich heute noch hier soll«.

Kommentar: Spätestens an dieser Stelle wurde deutlich, dass Frau A. sich mir gegenüber offen aggressiv abgrenzte. Sie gab zu verstehen, dass sie sich auf nichts einlassen würde, was sie nicht selbst wolle.

Sie besinnt sich dann auf ihre Leistungsfähigkeit und erklärt, dass sie in diesen Gesprächen immer wieder das Bedürfnis habe, »effektiv zu arbeiten« und alles andere für »Zeitverschwendung« hält. Ein Gefühl des Gekränktseins wahrnehmend, frage ich, ob ihre Unzufriedenheit damit zusammenhängt, dass sie aus unserer Arbeit lieber etwas »Handfestes« mitnehmen möchte.

Nach langer Überlegung antwortet Frau A., dass sie im Moment stark das Gefühl habe, »sich selbst im Wege zu stehen«. Sie möchte in solchen Momenten am liebsten etwas Gezieltes tun, dass sei aber nicht möglich, da sie durch zu viele Einflüsse und Gefühle beeinträchtigt sei. Dies erlebe sie auch in Situationen, in denen sie etwas »Bestimmtes« vorhabe und mit ganzem Herzen« dabei sei oder in Situationen, »wo etwas ganz Bestimmtes« anstehe. Im Moment ginge es ihr auch so, sie spüre, dass sie alles tue, um etwas Wichtiges »im Herzen zuzudecken«; so sei es immer bei Dingen, die sie »im Moment noch nicht verarbeitet« habe.

Als ich bemerke, dass es jetzt aber noch möglich sei, diese »verdeckten Gefühle« zu betrachten, berichtet Frau A. zögernd, dass für sie »in diese Gespräche ziemlich alles reingeflossen« sei, mehr als sonst bei den Menschen, denen sie vertraue. Mit Freunden »arbeite« sie auch oft an einem bestimmten Problem, diskutiere oder unternehme etwas mit ihnen gemeinsam, aber meist, ohne dabei die eigenen Bedürfnisse einbringen zu können. Hier sei es anders gewesen, weil sie das Gefühl hatte, »hier kommt's wirklich mal auf dich selber an«. Auf meine Frage, wie sie das erlebt hat, dass es um sie selbst ging, antwortet sie: »Das war gut für mich«, denn hier musste sie kein »schlechtes Gewissen« haben. Dann überlegt sie, wie sie davon »ein Stück in den Alltag mitnehmen kann«. Ihr fällt ein, dass Umsetzungsversuche ihr möglicherweise als »egoistisch« ausgelegt werden könnten und dass sie keine Lust habe, jedem zu erklären, was sie wolle. Bilanzierend versucht sie dann schließlich, sich »Wichtiges« aus den Gesprächen ins Gedächtnis zurückzurufen. Besonders habe sie der Punkt beschäftigt, als sie bemerkte, dass sie keine »Abgrenzungsmöglichkeiten« besitze und dass diese wohl die Voraussetzung dafür seien, um immer wieder neu mit Menschen intensiv zusammensein zu können. Außerdem sei ihr bewusst geworden, dass sie sich Rückzugsmöglichkeiten schaffen müsse, da ihre »Umgebung von sich aus nichts tut«.

Kommentar: An ihren Ausführungen konnte ich ablesen, dass es ihr wohl doch gelungen war, sich in unserer Beziehung einen Platz zu erobern und dass sie diesen in anderen Beziehungen nun auch zu beanspruchen gedenkt.

Als ich Frau A. frage, ob der Versuch, selbst etwas »in die Hand zu nehmen« von ihr auch als Leistungsanforderung erlebt wird, erklärt sie, dass sich in diesem Punkt das Gleichgewicht verschoben habe, da es nun um Anforderungen ginge, die sie an sich selbst stellt. Sie glaubt auch, sich nicht mehr so wie früher verstellen zu müssen und möchte so sein dürfen, wie sie sich fühlt, z. B. »im Moment nicht ganz so traurig wie sonst«.

Mein Angebot, diese Gefühle im Rahmen unserer Beziehung zu betrachten, wehrt Frau A. kategorisch ab, offensichtlich möchte sie lieber noch eine Weile bei den Beziehungen »draußen« bleiben.

Kommentar: Wieder gestattet sich die Patientin, mir gegenüber selbstbehauptend aufzutreten. Mittlerweile kann sie sich abgrenzen, ohne Schuldgefühle entwickeln zu müssen. Ich fühle mich dadurch entlastet und habe im Vergleich zu den vorigen Stunden in der Gegenübertragung das Gefühl, mehr Raum für mich beanspruchen zu können.

Als Frau A. dann auf einmal sagt: »Draußen fühle ich mich wohl, aber was hier ist, klammere ich aus«, kann ich sie gut verstehen, da ich mich in der Gegenübertragung auch lieber um die Trennungsgefühle drücken würde. Nach einer Weile des Nachdenkens drückt sie sogar ihren Ärger darüber aus, dass sie mit ihren Gedanken immer wieder nach draußen geht, anstatt »hierzusein, um das Hier intensiv zu erleben«.

Ich fühle mich in der Gegenübertragung in die Verantwortung genommen und sage, dass es sicher schwer ist, sich den Trennungsgefühlen zu stellen, wenn sie gerade noch das Gefühl hatte, die Traurigkeit besser »im Griff« zu haben.

Der folgende letzte Teil der Sitzung ist durch ein gemeinsames Schweigen gekennzeichnet, das sie sporadisch durch Einfälle aus ihrer Kindheit unterbricht. In einem Einfall erinnert sie sich an Gefühle von früher, als sie sich ausschließlich über andere definierte und diese für sie wie ein »Spiegel« waren. Sie dagegen habe sich lediglich als »Spiegelbild« i. S. eines Abbildes ihrer Umgebung erlebt und habe stets Angst gehabt, von den anderen als »Nichts« betrachtet zu werden.

Während dieser Assoziationen verspüre ich in der Gegenübertragung ein großes Anlehnungsbedürfnis von Seiten der Patientin und fühle mich einen Moment lang versucht, ihr weitere Gespräche anzubieten. Die Idee, real auf diese Wünsche zu reagieren, verwerfe ich zwar gleich wieder, frage sie aber, ob sie glaubt, dass ein »Nichts« Gefühle wie beispielsweise Trauer empfinden könne. Mit dieser Bemerkung scheint es mir auch gelungen zu sein, die Patientin aus ihrer depressiven Stimmung herauszuholen, da sie mehr zu sich selbst sprechend überlegt: »Vielleicht ist ja ein ›Nichts‹ doch etwas, wenn es traurig ist. Vielleicht bin ich schon ein ganzer Mensch, wenn ich traurig sein kann.«

Kommentar: Dieser in der Gegenübertragung hauchdünn zwischen uns gespannte Faden spiegelt den inneren Dialog der Patientin wieder. Mein

Schwanken in der Gegenübertragung, ihr doch lieber weitere Stunden anzubieten, verstand ich als Ausdruck ihrer Unsicherheit, in der sie sich und mich fragte, ob sie es wagen konnte, in ihren eigenen Spiegel zu schauen, also sie selbst zu sein, ohne mich dadurch zu zerstören. In ihrem bisherigen Leben waren Selbstbehauptungsversuche mit der Vorstellung von Unterwerfung oder Zerstörung verbunden. Nach diesem Muster würde auch ich zu einem »Nichts«, wenn sie es wagte, sich von mir abzugrenzen. Andererseits verspürte sie deutlich den Wunsch, ein Selbst sein zu dürfen, anstatt sich weiter hinter dem Spiegelbild anderer »verstecken« zu müssen. Dieses Vorhaben machte ihr aber auch Angst, denn es hätte ja tatsächlich sein können, dass sie sich wie ein »Nichts« fühlt, falls ihre Vorstellung zugetroffen wäre und sie sich von mir abgelehnt gefühlt hätte. Es ging also am Schluss unserer Begegnung darum, ob sie sich von mir widergespiegelt erleben konnte, ohne dass sie sich oder ich mich entwertet fühlen musste.

Im weiteren Verlauf überlegte sie, ob ihr die Haut vielleicht eine Möglichkeit bietet, ihre Gefühle – wie beispielsweise Traurigkeit – zu äußern. Sie lehnt diese These ab mit der Begründung, dass ihre Haut nichts anderes ausdrückt als die Haut eines jeden Menschen. Andererseits überlegt sie, dass ihre Haut vielleicht doch etwas ausdrückt, was man beispielsweise mit der Leistung eines Musikers vergleichen könnte. Ich erinnere an ihre Hände, und sie konstatiert, dass Hände schließlich auch etwas »zum Vorzeigen« sind, kann sich aber nur schwer vorstellen, was sie damit sagen möchte. Ich verweise auf ihre Rolle in der Familie und ihr Abhängigkeitsproblem, worauf sie antwortet: »Ich weiß eben leider nicht so genau, was ich eigentlich will.« Sie wisse zwar, was vernünftig und gut wäre, sei sich aber noch nicht sicher, ob sie eine Trennung durchstehen könnte.

Um diese Ambivalenz geht es wohl, und ich sage, dass eine Trennung von der (Ersatz-)Familie sicher Zeit braucht und mit Trennungsarbeit – wie hier zwischen uns – verbunden ist.

Abschließend erklärt Frau A., dass sie sich durch die Gespräche nun auch andere Wege vorstellen könne, die »vielleicht für mich besser wären«.

Auswertung des Übertragungsgeschehens und der Psychodynamik

Die nun folgende Auswertung und Analyse des dargestellten Beratungsverlaufs wird sich am objektbeziehungstheoretischen Konzept der Psychoanalyse und dabei im Besonderen an der inneren Welt der Objekte orientieren. Diese psychoanalytischen Modellvorstellungen zur kindlichen Entwicklung besagen, dass der Mensch für seine Entwicklung einen Rahmen braucht, in dem Kontinuität gewährleistet ist und der eine schützende Interaktion mit dem Primärobjekt (meist der Mutter) gestattet. Die Erfahrungen dieser ersten Beziehung, die idealerweise eine optimale Regulierung von Nähe und Distanz bieten sollte, legen den Grundstock für alle weiteren Beziehungen und bestimmen die Möglichkeiten zur Autonomie, aus der heraus sich das Kind später als ganze, integrierte Person anderen Personen zuwenden kann. Findet aber keine ausreichende narzisstische Begleitung dieser Prozesse statt, bedeutet dies für das Kind, dass es im Zustand der Symbiose bzw. der aufgespaltenen (archaisch bösen oder idealisierten) Teilobjektbeziehungen verhaftet bleibt. Gerade bei psychosomatischen Patienten wird von derartigen fehlgelaufenen Entwicklungsprozessen ausgegangen, bei denen entweder eine totale symbiotische Abhängigkeit oder aber eine vorzeitige Autonomieentwicklung die Folge ist. Die ständige Suche nach Ersatzobjekten, die aus einer unaufgelösten Mutter-Kind-Symbiose resultiert, spiegelt sich in den realen Beziehungskonstellationen wieder.

Da es in dieser Studie um die Frage geht, ob mit diesem Konzept vergleichbare interaktionelle Phänomene in der therapeutischen Arbeitsbeziehung beobachtbar sind, bot sich zu deren phänomenologischer Beschreibung und Überprüfung eine strukturierende Einteilung des Beratungsverlaufs in drei Phasen an. Hierbei kristallisierten sich für die drei Phasen der Beratung folgende Beziehungsphänomene heraus:

Anfangsphase (Erstinterview):
Widerstand und Angst vor symbiotischen Verschmelzungswünschen.

Mittlere Phase (umfasst das 2. und 3. Gespräch):
Autonomieversuche:

Abgrenzung und Selbstbehauptung, was sich vor allem in Form einer Ambivalenz im Nähe-Distanz-Verhalten zeigte.

Abschlussphase (umfasst das 4. und 5. Gespräch):
Trennungserleben: Bearbeiten der realistischen Begrenzung dieses Settings.

In der Anfangsphase der Beratung: Widerstand und Angst
Im Folgenden wird am Beispiel von Frau A. die Entwicklung der therapeutischen Arbeitsbeziehung im Kontext der Übertragung analysiert.

Frau A. übermittelte bereits im ersten Moment der Begegnung die Botschaft, nur dann zu einer Interaktion bereit zu sein, wenn sie sich in ihren ›Grenzen‹ akzeptiert fühlen kann. Das erste Signal in dieser Richtung kam in der Art ihrer Begrüßung zum Ausdruck. Der Signalcharakter der rauhen und aufgerissenen Haut ihrer Hand führte neben ihrem gleichzeitig geäußerten Distanzierungsversuch bei mir zu einem Interesse; die Ahnung, dass es sich bei dieser Symptomatik um eine innere Verletzung handeln müsste, führte in meiner Gegenübertragung zu dem Wunsch, mit ihr in ›Berührung‹ zu kommen. Meine Abwehrreaktion – das Erschrecken über die verschorfte Haut ihrer Hand – interpretierte ich noch im gleichen Moment als unmittelbaren Ausdruck ihrer Angst (Rückzug). Beides, sowohl das Zurückweichen von ihrer Seite als auch mein Wunsch, sie näher kennenlernen zu wollen, gehörte in dieser Initialszene zusammen.

Obwohl aus der Körperhaltung der Patientin direkt abzulesen war, dass sie sich in der Begegnung mit mir bedroht fühlte, präsentierte sie sich im Gespräch in ihrer gewohnten ›Musterschülerinnen-Mentalität‹. Die damit verbundene Leistungsebene half ihr, den Zustand des Sich-Ausgeliefert-Fühlens zu ertragen, indem sie sich zunehmend darüber stabilisierte, dass sie Informationen ›lieferte‹. Gleichzeitig forderte sie aber auch in ihrer Hilflosigkeit und Anspruchshaltung eine Aktivität von mir, die ich in der Gegenübertragung als bedrängend erlebte. Ich spürte ihr Verlangen, für sie die Verantwortung zu übernehmen und ihr zu sagen, was sie tun sollte, um mit ihren Lebensproblemen besser zurecht zu kommen. Ihr Verhalten, das ich im direkten Kontakt als Ausdruck von Verletzlichkeit interpretierte, »steckte« mich regelrecht an; ich sprach äußerst vorsichtig und leise, so wie man sich gegenüber einem empfindsamen kranken Kind verhält.

Die Beratung: Zwei Einzelfallstudien

Der manifeste Gesprächsinhalt bezog sich auf Themen, die in ihrem latenten unbewussten Gehalt auf Wünsche der oralen (symbiotische Beziehungswünsche in Form von Versorgen und Versorgtwerden) sowie der analen Triebstufe (Leistung, Separations- und Individuationswünsche) schließen ließen. Die aufkommenden Phantasien der Patientin wurden in die analytische Beziehung durch Assoziationen eingebracht, in denen es vor allem um Unterwerfung und Abgrenzung ging. In der Auseinandersetzung mit dem manifesten Thema beschäftigte sie sich in verschiedener Form immer wieder mit dem Problem des Vertrauens. Dieses führte im interaktionellen Geschehen allmählich zum zentralen unbewussten Konfliktthema – einem deutlich identifizierbaren Separations-Individuations-Konflikt.

Da Frau A. aus ihrer inneren Objektwelt heraus offenbar nur Beziehungen kennt, in denen einer über den anderen bestimmt, befand sie sich auch mir gegenüber im Konflikt: Entweder auf Kosten ihrer Autonomie eine Beziehung zu mir aufzunehmen oder auf eine solche um den Preis der Selbstachtung zu verzichten. Die Angst vor der Wiederholung einer symbiotisch ›verschlingenden‹ Beziehung schien ihr buchstäblich ›auf die Haut geschrieben‹, indem das anfängliche ›Glühen‹ der Wangen sich im Laufe des Gesprächs allmählich über das ganze Gesicht ausbreitete. Als unmittelbaren Ausdruck eines Unberührbarkeitswiderstandes verstand ich ihre anfangs vermittelte Berührungsangst.

Daneben konnte mich die Patientin trotz ihrer Ambivalenz für sich gewinnen, in dem sie über ihre äußere ›Beschädigung‹ (das Symptom), aber auch ihre emotionale Empfindsamkeit, meine Aufmerksamkeit erregte. Sie selbst akzeptierte ihre emotionale Bedürftigkeit nur schwer, da sie eigene regressive Bedürfnisse als kränkend erlebte und Vorsichtsmaßnahmen entwickelt hatte, ihre Angst vor Selbstverlust so gut wie möglich zu verbergen.

In meiner Gegenübertragung hatte sich eine ähnliche Ambivalenz entwickelt, ich fühlte mich einerseits von ihr ›angenommen‹, andererseits ›abgelehnt‹, und verspürte dabei gleichzeitig den Wunsch, mich aktiv zu nähern. Die Versuche in dieser Richtung hatten aber Schuldgefühle zur Folge, denn ich fürchtete, ihr zu sehr ›auf die Pelle‹ zu rücken. Aus dieser doppeldeutigen Empfindung heraus, die ich zu diesem Zeitpunkt noch nicht einordnen konnte, entwickelte ich zunächst die Idee, gut mit ihr zusammenarbeiten zu können, kurz darauf aber die Vorstellung von einer aussichtslosen und unbefriedigenden Perspektive. Beide Phantasien wechselten sich im Laufe des Gesprächs mehrmals ab. Während dieser gegensätzlichen Empfindungen behielt jedoch meine Hoffnung, die Patientin zu erreichen, die Oberhand, diese wurde immer wieder durch den Widerstand der Patientin und deren Anspruchshaltung in Frage gestellt. Dabei spürte ich mehr und mehr, dass ich in die Position der ›Starken‹ gedrängt werden sollte und dass die Patientin an mich die Anforderung stellte, für sie ›die Beste‹ zu sein. Nur auf diesem Hintergrund ist mein Verhalten vor allem gegen Ende des Gesprächs zu verstehen, in dem ich mir unter Zuhilfenahme von Leistungsansprüchen Distanz zur Patientin verschaffte. Ich bediente mich dabei auf der kognitiven Ebene des Leistungsmodus, den die Patientin zu Anfang der Stunde eingeführt hatte. Meine Distanz schaffende Reaktion analysierte ich schließlich als Ausdruck ihrer Hilflosigkeit; darin musste es um eine Hilflosigkeit gehen, die entsteht, wenn man sich den Anforderungen der Objekte (Introjekte) ohnmächtig ausgesetzt fühlt. Ihr unbewusstes Beziehungsangebot sollte mich dazu verführen, eine perfekte symbiotische Mutter (›die Beste‹) zu werden.

Dieses Interaktionsverhalten hatte sich bereits in der ersten Stunde zwischen uns entwickelt, indem die Patientin eine Beziehungsdynamik konstellierte, in der Angebote narzisstischer Idealisierung gegenüber Entwertung und Angebote von Nähe gegenüber Distanz miteinander abwechselten.

In der Abschlussszene wiederholte sich das Muster des Anfangs, indem die Patientin erst dann am Sinn der Gespräche zu zweifeln begann, als sie der Beratung bereits zugestimmt hatte. Ein solcher Versuch des Ungeschehen-Machens, indem auf einen Annäherungs- ein Distanzierungsversuch folgt, mit dem die Patientin glaubte, ihre Wünsche und Bedürfnisse wiederum unkenntlich machen zu können, wiederholte sich im Verlauf der Stunden mehrfach.

Ähnlich widersprüchlich gestaltete sich dann auch in der Gegenübertragung meine Annäherung: Genau in dem Augenblick, als es der Patientin gelungen war, Nähe herzustellen, thematisierte ich die ›Grenzen‹ des Settings. Oder als die Patientin von ihrer ›schwachen Stelle‹ sprach, waren wir wohl unbewusst zu der Übereinstimmung gekommen, dass ich für sie die Abwehr übernehmen sollte, indem ich das anklingende psychische Problem auf das Körperliche verschob, um es auf der kognitiven Ebene abhandeln zu können. Ich verstand später, dass die Patientin in der therapeutischen Arbeitsbeziehung eine Beziehungsform konstelliert hatte, die dazu dienen sollte, Kontrolle über die Annäherungsversuche zu behalten.

Als mir bei der Verabschiedung noch einmal ihr ›flammendes Gesicht‹ auffiel, spürte ich meine eigene ›brennende‹ Haut und den Wunsch nach Entlastung, da dieses Gespräch von einer enormen inneren Anspannung begleitet war. Diese Gegenübertragungsreaktion verstand ich als Ausdruck einer sich während der ganzen Stunde nicht verändernden Hab-Acht-Stellung, in der die über dem Gespräch schwebende Gefahr eines Abbruchs, aber auch die Möglichkeit einer Beziehung, im Auge behalten werden sollte. Später begriff ich diese Gegenübertragungsgefühle als Ausdruck der Gratwanderung der Patientin, bei der aus der Welt ihrer inneren Repräsentanzen heraus Abhängigkeitsängste gegenüber Abhängigkeitswünschen ›in Schach gehalten‹ werden mussten. Da aber beide Gefühlsqualitäten ständig präsent waren und Beachtung verlangten, mussten Widerstände mobilisiert werden, die das Ganze unter Kontrolle hielten. Typisch für diese Beziehungsaufnahme war auch mein Zweifel am Ende des ersten Gesprächs, der meine Unsicherheit ausdrückte, ob sich die Patientin auf das Beratungsangebot einlassen könnte.

In der mittleren Phase der Beratung: Autonomieversuche

Der im ersten Gespräch deutlich werdende Widerstand, der sich vor allem in Form von Misstrauen äußerte, zeigte sich auch in der mittleren Beratungsphase. Nachdem sie mit 30 Minuten Verspätung zum zweiten Gespräch gekommen war, versuchte sie ein Bild von sich zu erwecken, in dem sie einem nichtverschuldeten Missverständnis zum Opfer gefallen sei, dem sie sich machtlos ausgeliefert gefühlt habe. In der realen Beziehung verhielt sie sich dagegen ›kämpferisch‹.

Der psychoanalytische Dialog in diesem Gespräch konstellierte sich in einer interessanten Weise: Keine von uns reichte der anderen zur Begrüßung die Hand, und Rechtfertigungstendenzen für das Zuspätkommen beherrschten die manifeste Gesprächssituation. In der aktuellen Objektbeziehung hatte sich durch den realen Konflikt eine Schuldthematik Geltung verschafft, die an die Mobilisierung unbewusster Schuldgefühle und Kontrolltendenzen der analen Phase erinnerte. Die Patientin, die die Grenzen des therapeutischen Arbeitsbündnisses auszutesten versuchte, klagte mich an, womit sie zum Ausdruck brachte, dass sie sich im vorherigen Gespräch nicht genügend ›gefüttert‹ gefühlt habe. Ihre Enttäuschung verbalisierend machte sie deutlich, dass sie in ihrer magischen Erwartungshaltung unbefriedigt geblieben war und deshalb mit Rückzugstendenzen drohte. Da das ihr bekannte Verhaltensmuster, sich hinter den Bedürfnissen der anderen zu verbergen, in unserer Begegnung nicht gegriffen hatte, sagte sie mir indirekt den Kampf an. Mich in meiner Regelsetzung provozierend, überprüfte sie gleichzeitig meine Verläßlichkeit und Stabilität.

Neben dieser progressiven Bewegung wagte sie aber auch libidinöse Wünsche in Form einer ›Liebeserklärung‹, die dem Ziel dienen sollte, meine Grenzen zu erforschen. Von diesem Themenwechsel überrumpelt, fühlte ich mich in gewisser Weise aber auch affiziert. Diesen Umschwung ihrer Gefühle hatte die Patientin offenbar selbst als bedrohlich erlebt, denn sie sprach von ›gefährlichen‹ Gefühlen, die sie Frauen gegenüber empfindet. Diese Offenbarung hatte in meiner Gegenübertragung zu einem deutlichen Beziehungswunsch geführt. Später verstand ich, dass diese zwischen Selbstbehauptung und Liebensangeboten wechselnden Beziehungsmuster dazu gedient hatten, Nähe herzustellen. Sie wollte auf diese Weise herausfinden, ob sie mir ›näherkommen‹ konnte, ohne sich unterwerfen zu müssen. Diese auf mich übertragenen Ängste und Wünsche hatten in der Gegenübertragung zu einer Verunsicherung geführt, da ihre manipulativen und beherrschenden Tendenzen ganz im Gegensatz zu den ›gierigen‹ und grenzenlosen Versorgungswünschen standen. Mit dieser Form eines uneinlösbaren Beziehungswunsches war auch eine enorme Beziehungsangst verbunden, die wiederum von dem Wunsch nach Abgrenzung begleitet wurde. Als sie beispielsweise von ihrer Liebe zu Frauen sprach, bekamen diese Wünsche etwas ›Gefährliches‹, da in ihrer Vorstellung Beziehungswünsche wegen der Angst vor manipulativer Vereinnahmung unerfüllbar bleiben müssen.

In unserer Beziehung zeigte sich dieses Muster darin, dass sich die Patientin in ihren Schuldgefühlen ›gefangen‹ fühlte, woraufhin sie ein Mittel finden musste, um diesem Dilemma zu entkommen. So ›kämpfte‹ sie immer wieder neu um ihren Platz, während ich gedanklich zu strukturieren versuchte. Im Nachhinein meine ich, dass aber gerade die

Unstrukturiertheit der Patientin half, ihre Haltung gegenüber dem Beratungsangebot zu verändern, indem sie mit ihren Gefühlen und Wünschen in Kontakt kam. Sie brauchte nun nicht mehr nur über Gefühle sprechen, sondern konnte sich diese zugestehen. Zwar hatte sie zu ihren regressiven unbewussten Bedürfnissen nur einen symbolisierenden Zugang gefunden, als sie ihre ausgetrockneten, aufgeplatzten Hände ›vorzeigte‹, aber immerhin gelang es ihr, diese Gefühle in der Gegenübertragung zu transportieren. Meine Reaktion auf die an mich abgetretenen Verschmelzungswünsche äußerte sich szenisch darin, dass sich Klang und Art meiner Stimme änderte und ich beruhigend wie mit einem Säugling sprach. Interessanterweise fühlte ich mich aber gerade in diesem Moment, als sie sozusagen ›hautnah‹ bei mir angekommen war, regelrecht von ihr ›belauert‹. Dieses auffällige widersprüchliche Gegenübertragungserleben verstand ich später als eine Absicherung der Patientin, jederzeit eine Art ›Gegenbeziehung‹ herstellen zu können, da ihre Autonomie in Momenten großer Nähe besonders gefährdet war. Vermutlich erwartete sie unbewusst, als sich die Beziehung intensivierte, doch noch von mir dominiert zu werden.

Die bis gegen Ende nur peripher vorhandenen aggressiven Anteile der Patientin äußerten sich darin, dass die Patientin wie aus heiterem Himmel mit ›Abbruch‹ drohte, falls die beiden letzten Termine nicht nach ihren Vorstellungen verschoben würden. Während ich noch überlegte und für mich die Notwendigkeit dieser Terminverschiebung hinterfragte, kam mir die Idee, dass dieser Versuch, eine ›Antibeziehung‹ zu gestalten, möglicherweise die einzige Möglichkeit für die Patientin war, ›heil‹ aus der Symbiose hervorzutreten. Wahrscheinlich hoffte sie, mittels dieses Selbstbehauptungsschrittes der latent befürchteten Vereinnahmung zu entgehen und damit ihre Selbstkontrolle zurückzugewinnen.

Der Beziehungsmodus dieser beiden Stunden erinnert an eine Symbiose auf der analen Ebene. Zwischen der Patientin und mir war ein Machtkampf entstanden, in dem sie mit ihrem Selbstbehauptungsversuch Schuldgefühle erzeugte, wodurch sie erneut das Bild konstellierte, sich als die bedürfnislos Funktionierende darzustellen.

Rückblickend hatte ich den Eindruck, dass sich die Patientin erst wirklich für die Beratung entscheiden konnte, nachdem sie sich wiederholt davon überzeugt hatte, die Bedingungen der Beziehung mitbestimmen zu können. Vermutlich war die Erfahrung der Inbesitznahme der Beziehung durch sie, im Gegensatz zu der unbewussten Angst der Inbesitznahme durch ein omnipotentes Objekt, letztlich für die Fortführung des Arbeitsbündnisses ausschlaggebend.

In der Abschlussphase: Trennungserleben
Am Ende der vierten Stunde hatte die Patientin sich zu separieren versucht, indem sie das Ende der Beratung bestimmen wollte. Erst nachdem sie sich auch in diesen Abgrenzungsbedürfnissen akzeptiert fühlen konnte, war sie in der Lage, sich ihren Autonomiewünschen zuzuwenden. Da der vorausgegangene Individuationsversuch gegenüber den Verwandten (allein Schwimmen zu gehen) mit starken Schuldgefühlen und Strafbedürfnissen verbunden war, konnte sie sich kaum vorstellen, dass sie von mir in ihren Autonomiebestrebungen narzisstisch begleitet werden könnte. Die Auseinandersetzung mit dem Thema des ›Nicht-Alleinsein-Könnens‹ erweckte in mir den Eindruck, dass sie sich den Wunsch des ›Alleinsein-Wollens‹ nicht gestattet. Sie war eher bereit, die Grenzen zwischen sich und den Personen unklar zu halten, als sich in ihren Autonomiebestrebungen eindeutig zu zeigen, vermutlich um eine wirkliche Nähe zwischen sich und den anderen zu vermeiden. Gegenüber den Verwandten war es ihr nicht gelungen, sich schuldfrei zu behaupten; nun versuchte sie sich mir gegenüber mit Hilfe eines dritten Objekts (erst den Eltern, dann den Verwandten) in ihren Autonomiewünschen zu behaupten. Meine Gegenübertragungsgefühle waren ambivalenter Natur; einerseits freute ich mich über diesen Schritt, andererseits fühlte ich mich mit ihrer Abwertung konfrontiert, die ich als Ausdruck ihrer Selbstwertproblematik verstand.

Am Ende der Begegnung war die Patientin dann doch in der Lage, genau diese Selbstwertgefühle zu thematisieren, indem sie die Angst beschrieb, sich wie ein ›Nichts‹ zu erleben, das ohne den ›Spiegel‹ des anderen keinen Wert besitzt. Unter dem Druck der Trennung hatten wir uns wohl unbewusst auf eine gegenseitige narzisstische Bestätigung geeinigt, zumal das Durcharbeiten früherer Trennungsschmerzen aufgrund der begrenzten Beratungssituation nicht ausreichend möglich gewesen wäre. Dennoch konnte sie diesen offenbar wesentlich größeren Selbstwertkonflikt aussprechen, in der Vorstellung, den anderen auszulöschen, wenn sie es wagt, sich abzugrenzen. Es war klar, dass sie phantasierte, auch mich zu ›zerstören‹ – zu einem ›Nichts‹ zu machen –, falls sie es riskieren würde, in ihren eigenen Spiegel zu schauen.

Das Dilemma bestand aber auch darin, dass sie in ihrer Phantasie selbst zu einem ›Nichts‹ würde, wenn sie dieses Wagnis nicht riskierte. Demzufolge ging es in dieser letzten Begegnung um die Frage, ob es aus der Gegenübertragung heraus gelingen könnte, die Patientin empathisch widerzuspiegeln ohne sich selbst entwertet zu fühlen. Der Patientin gelang es schließlich, mit dem Vergleich zwischen der kreativen Leistung eines Musikers und ihrer eigenen schöpferischen Leistung auf die positive Seite ihres Selbstwertempfindens zu wechseln. Da sie sich auch in ihren Abgrenzungsversuchen (Zuspätkommen, offene Verweigerung gegenüber angesprochenen Themen) respektiert fühlte, war sie in der Lage, diese schuldfrei zu erleben. Die gegenseitige narzisstische Aufwertung diente sicherlich dazu, die depressiven Gefühle abzuwehren, die mit dem Ende der Beratung zusammenhingen. Die Atmosphäre am Ende war durch gegenseitige Akzeptanz und das Gefühl einer guten gemeinsamen Erfahrung bestimmt.

Auch mein Angebot, mich erneut aufsuchen zu können, falls sie Hilfe braucht, stimmte die Patientin zufrieden und als ich ihr meine Visitenkarte gab, vermittelte sie den Eindruck, nun doch nicht mit ›leeren Händen‹ gehen zu müssen. Ganz offensichtlich nahm sie es positiv auf, dass es nun in ihrer eigenen ›Hand‹ lag, mich (bei Bedarf) benutzen zu können.

Aus einem katamnestischen Telefongespräch ein Jahr später ging hervor, dass die Patientin auch reale Entwicklungsschritte gemacht hatte. Sie war in eine andere Stadt gezogen und hatte sogar ihr Studienfach gewechselt. Von der Verwandten erfuhr ich in diesem Telefongespräch, dass die Patientin kurz nach der Beratung, »die ja nichts genutzt hatte«, durch eine Diät (!) zur Beschwerdefreiheit gekommen sei. Damit war nach Ansicht der Verwandten der ›Beweis‹ erbracht, dass es sich bei der Krankheit der Patientin um nichts ›Psychisches‹ gehandelt habe.

Zusammenfassende Diskussion

Als charakteristischer Beziehungsmodus zwischen der Patientin und mir hatte sich ein hochambivalentes Nähe-Distanz-Verhalten entwickelt, das durch konkrete Berührungsängste von Seiten der Patientin zum Ausdruck gebracht wurde.

Der zentrale unbewusste Konflikt der Patientin konnte als Separations- und Individuationskonflikt diagnostiziert werden.

Die Übertragungsbeziehung entfaltete sich rasch und nahm eine erstaunliche Intensität an.

In der Gegenübertragungsbeziehung zeichnete sich ein Wiederherstellungsversuch symbiotischer Modalität (Verschmelzungswünsche) ab; dieser sollte mittels analer Abwehrmechanismen vermieden werden. Der letzte Krankheitsausbruch stand real und innerpsychisch im Zusammenhang mit der Trennung vom Elternhaus; eine räumliche Trennung hatte zwar stattgefunden, korrespondierte aber noch nicht mit einer reifen, emotional verarbeiteten inneren Ablösung.

Daneben weist die Somatisierung mit den Symptomen einer Neurodermitis einen regelhaften Zusammenhang mit der Beziehungsstörung der Patientin auf, sodass Intensität und Abwehrnotwendigkeit von aktuellen und biographisch zurückverfolgbaren Konflikten durch die Körperstörung exazerbiert wird.

Der zentrale unbewusste Konflikt der Patientin, ein Separations-Individuations-Konflikt ist psychodynamisch für das Krankheitsgeschehen wesentlich, da er in der Reaktivierung aktueller Autonomieversuche erneut zum Krankheitsausbruch geführt hatte. Vom unbewussten Wiederholungszwang einer früh gestörten Beziehung zum Primärobjekt ausgehend, projiziert die Patientin neurotische Tendenzen ihrer Beziehungsproblematik auf die Haut, wobei in der Überdeterminiertheit der Hände und deren Symbolgehalt unterschiedliche Bedürfnisse verschiedener Triebentwicklungsphasen repräsentiert sind. Es handelt sich dabei sowohl um regressive als auch um progressive Strebungen, die die Patientin nach ihrem Bedeutungsinhalt schuldhaft verarbeitet.

Im Kontext der Übertragungsbeziehung stand die aufgeplatzte, verletzte Haut für Zärtlichkeits- und Anlehnungsbedürfnisse libidinöser Art. Der damit verbundene Appellcharakter symbolisierte die tiefen regressiven Wünsche der Patientin, mit anderen Menschen in ›Berührung‹ zu kommen. Diese Wünsche waren in der Gegenübertragung als ›Sog in die Symbiose‹ spürbar geworden. Da diese Bedürftigkeit für die Patientin jedoch mit enormen Schuldgefühlen verbunden ist, symbolisieren die Hände neben ihrem regressiven Bedeutungsgehalt auch progressive Bestrebungen der analen Phase, die wiederum zur Abwehr der aggressiven Impulse dienen. Sie ›opfert‹ sich zwar für andere auf, richtet die Hände aber zugleich unbewusst in einer fordernden Vorwurfshaltung gegen die Umwelt.

Dieser Versuch, als Ausdruck verdrängter aggressiver Impulse, Ansprüche indirekt einzuklagen, dient der Realisierung eigener Wünsche und Bedürfnisse, die für die Patientin in Form autonomer *Handl*ungen, mit denen sie sich als Subjekt abgrenzen würde, nicht statthaft sind. Als Konfliktlösungsversuch wählt die Patientin den Modus des Helfens, da sie hier in genuiner Weise eigene progressive Strebungen realisieren, zugleich aber auch ihre regressiven Bedürfnisse partizipierend befriedigen kann. Obwohl die Patientin in ihrer psychosexuellen Entwicklung Teilautonomie erreicht hat, scheint sie noch sehr von oralen Triebwünschen bestimmt zu sein und versucht diese (»gierigen«) Wünsche mittels analer Abwehrmodalitäten unter Kontrolle zu halten.

Mit Hilfe ihres Haut-Symptoms, sozusagen ihrer ureigenen produktiven Leistung, gelingt es ihr schließlich doch, Aufmerksamkeit und Zuwendung zu erlangen: was sie selbst nicht auszusprechen wagt, sagen ihre Hände. Da es sich bei dieser Lösung aber nur um eine Pseudolösung handelt, bei der sich die Objekte manipuliert fühlen, bleibt die Befriedigung auf einer erzwungenen narzisstischen Ebene.

Neben den beschriebenen oralen und analen Mustern und Fixierungspunkten zeigten sich im Kontext der Beratung nur ganz am Rande ödipale Themen. Diese Beobachtung wird als weitere Bestätigung für die ursächlich prä-ödipale Fixierung und deren pathologische Beziehungsmuster, die sich im aktuellen Beziehungs-und Körpersymptom darstellen, gewertet.

Einzelfallstudie B:

Frau B. mit der Hautkrankheit chronische Urtikaria und einer Borderline-Störung

»Wenn meine Quaddeln kommen, werd' ich rasend!«

Erstes Gespräch: »Ich hab' mir nie was von meiner Mutter sagen lassen, weil ich wusste, dass das nichts bringt!«

Die 21-jährige Patientin wurde aus der Hautpoliklinik mit der Diagnose »chronische Urtikaria« überwiesen.
Die erste Begegnung:
Die Patientin ist einige Zeit nach dem vereinbarten Gesprächstermin noch nicht eingetroffen und begegnet mir schließlich in Begleitung einer jungen Frau auf dem Flur, als ich gerade dabei bin, in ein anderes Zimmer zu gehen. Ich spreche sie an und will ihr zur Begrüßung die Hand reichen. Darauf reagiert Frau B. achtlos, und ich entnehme ihrer Mimik einen nicht zu übersehenden Widerwillen gegen diese Geste. Ich bin verwundert, fühle mich auch ein wenig verunsichert, und es stellt sich spontan die Phantasie ein, dass man bei dieser Patientin ›Berührung‹ wohl eher vermeiden sollte.

In diesem Moment fällt mein Blick auf ihre dicke, schwarze Herrenlederjacke, die mit vielen Silberschnallen und Nieten besetzt ist und ich assoziiere Gewalt. Daneben bemerke ich neben dem hochgeschlossenen beigefarbenen Pullover ein silberfarbenes, mit Namen beschriftetes Amulett. Ich phantasiere dazu eine Erkennungsmarke und mir fällt ein, dass ein solcher Namensanhänger entweder von kleinen Kindern oder von Hunden getragen wird, um im Notfall sicherzustellen, wo sie ›hingehören‹. Zu dieser merkwürdigen Assoziation passt dann aber wieder gar nicht ihre Frisur, eine in's Gesicht fallende Tolle, die sie mehrmals mit einer ruckartigen Bewegung nach hinten schnickt. Mir fallen hierzu Frauen der upper class ein, wie sie beispielsweise in amerikanischen Fernsehserien vorkommen. Während dieser sekundenschnell ablaufenden

Gedanken frage ich mich, wie diese ›Rockerbraut-Phantasie‹ zu dem Kinderamulett und der Femme fatale-Phantasie passt, bzw. wie dies alles zusammengehört.

Kommentar: Bereits in der Initialszene entwickelt sich eine Interaktion zwischen uns, aus deren unbewusstem Kommunikationsmuster ich mich zu einem Distanz herstellenden Beziehungsverhalten veranlasst fühle. Ihr Verhalten und ihr Auftreten erzeugen neben einer Fülle von Assoziationen ein Gegenübertragungsgefühl von Vorsicht, wodurch ich mich bereits in der ersten Szene in meinem Wunsch, sie näher kennenlernen zu wollen, ›gebremst‹ fühle.

Als mich Frau B. dann zum ersten Mal direkt anschaut, was während des ganzen Gesprächs nur sehr selten vorkommt, nehme ich den zutiefst resigniert wirkenden Ausdruck ihrer Augen wahr, der durch tiefe Ringe um die Augen herum noch unterstrichen wird. Während des ganzen Erstgesprächs verharrt Frau B. in einer geduckten Körperhaltung, indem sie mit gesenktem Kopf nach unten schaut und damit ihrem Gegenüber die Möglichkeit eines Augenkontakts entzieht.

Dabei entsteht in mir die Assoziation eines irgendwie gedemütigten und gestraften Kindes, das angstvoll unter sich blickt. Weiter bemerke ich, dass sie ununterbrochen an den Fragebögen ›herumfingert‹. Dabei fällt mir auf, dass sie einen ungewöhnlichen breiten Ehering trägt und sehr gepflegte Hände hat.

Wie bei allen Patienten eröffne ich das Gespräch, indem ich sie über das Tonband aufkläre, verbunden mit der Bitte, das Gespräch aufzeichnen zu dürfen. Sie nickt und fragt dann: »Was ist das hier überhaupt für ein Gespräch?« Ich bin etwas erstaunt über ihre Frage und sage ihr das. Als Frau B. daraufhin aber schweigt, bemühe ich mich, in ›gezähmtem‹ Tonfall auf sie einzugehen, indem ich erkläre, dass es ihr vielleicht leichter fällt darüber zu sprechen, warum sie in die Ambulanz gekommen ist. Ihre Antwort fällt knapp und patzig aus, sie sei nur deshalb gekommen, weil der Arzt sie »geschickt« habe und weil es »keine andere Möglichkeit mehr« für sie gäbe. Da selbst Spritzen erfolglos geblieben seien, sei der behandelnde Arzt schließlich auf die Idee gekommen, dass ihre Krankheit »seelische Ursachen« habe. Diese Vermutung könne sie aber nicht teilen und wehre sich bis heute, dies zu glauben. Nachdem sie sich dem Vorschlag des Arztes lange »quergestellt« habe, fühlte sie sich am Schluss doch sehr von ihm »gedrängt« und nun sei sie hier, weil sie ihre Quaddeln endlich loswerden wolle.

Kommentar: Diese Patientin zeigt das typische Verhalten der sogenannten ›geschickten‹ Patienten. Dem Gespräch gegenüber verhält sie sich offen ablehnend, vermittelt gleichzeitig aber auch eine enorme Anspruchshaltung. Ihre hohen Erwartungen, die sich in ihren ›Rettungsphantasien‹ abbilden, erklären ihre Angst. Vor einem solchen mit Allmacht ausgestatteten Objekt muss man sich gleichzeitig auch schützen. Würde sich ihre Hoffnung erfüllen und ich wäre wirklich die ›letzte Rettung‹, würde ich möglicherweise sehr wichtig für sie werden. Aber gerade das muss sie vermeiden. Ihre ablehnende Haltung und die daraus resultierende Gegenübertragungsreaktion, ihr nicht ›zu nahe zu treten‹, lassen auf die Abwehrbewegung, nicht ›berührt‹ werden zu wollen, schließen.

Nachdem ich dem Informationswunsch von Frau B. entsprochen habe, ihr den inhaltlichen und zeitlichen Rahmen des Gesprächs zu beschreiben, ›faucht‹ sie mich an und fragt, was ich mir eigentlich denke. Schließlich habe sie heute noch etwas anderes vor, außerdem warte ihre Freundin vor der Tür. Sie wolle wissen, wie lange das hier eigentlich dauern soll, ob sie etwa jede Woche kommen soll und dass sie nicht glaubt, »dass hier durchführen zu können«. Auf diesen erneuten Distanzierungsversuch hin verspüre ich nun auch einen Widerstand.

Die nachfolgende Kontaktsuche gestaltet sich für uns beide äußerst schwierig. Ich stelle mir vor, ihre Ablehnung eingrenzen zu können, indem ich besonders vorsichtig auf sie eingehe. Dass sie die Gespräche gar nicht will, kann nicht sein; ein Teil von ihr muss die Gespräche gewollt haben, sonst wäre sie nicht gekommen. Ich versuche sie zum Sprechen zu bewegen, indem ich ihr erkläre, dass ich sie nicht zum Gespräch zwingen wollte und dass wir nur miteinander arbeiten könnten, wenn sie dazu bereit sei.

Nach einer neuen Schweigepause, in der ich meinen Ärger spüre, fordere ich sie auf: »Aber wenn Sie doch schon gekommen sind, könnten wir wenigstens versuchen, etwas miteinander anzufangen.«

Dieses Angebot führt dazu, dass Frau B. aufgeregt aufspringt, unruhig im Raum hin- und herläuft und schließlich sagt: »Ja, das sehe ich ein!« Nachdem sie sich wieder gesetzt hat, kommt es erneut zu einem schwer zu ertragenden Schweigen. Während ich diese Situation in der Gegenübertragung belastend und feindselig empfinde, unterbricht Frau B. diese endlich mit der Frage: »Wie meinten Sie denn das?« Ich betone, dass sie selbst entscheiden könne, ob sie mit mir sprechen wolle. Daraufhin herrscht sie mich an: »Ich bin ja schließlich nicht gewöhnt, über mich zu sprechen, außerdem kriege ich sowieso nur schwer Vertrauen.«

Kommentar: In ihrem Verhalten (Zuspätkommen, Skepsis, Verstärkung mitbringen) zeichnen sich große Widerstände ab. Dazu gehört auch ihre Schwierigkeit, mit mir Blickkontakt aufzunehmen und ihr Bewegungsdrang. Die enorme Spannung, die ›in der Luft liegt‹, verstehe ich im Zusammenhang mit meinen Gegenübertragungsreaktionen als sehr dichte Szene, indem sich ein Nähe-Distanz-Konflikt konstelliert, bei dem Nähewünsche mittels Aggressivität abgewehrt werden. Ein Beispiel dafür ist die Szene, in der die Patientin auf mein Angebot, ›etwas miteinander zu machen‹, verbal zustimmend reagiert, ihre Aktion (Aufspringen) aber ihren Distanzierungswunsch verrät. Ihre nächste Frage, wie ich das meine, bringt erneut ihren Wunsch nach Nähe zum Ausdruck. Anderseits fühlt sie sich wohl aber durch die Möglichkeit ihrer eigenen Entscheidung in eine Sackgasse gedrängt, da es wirklich zu einer Beziehung zwischen uns kommen könnte.

An dieser Stelle überlege ich zum ersten Mal, ob diese Gespräche für die Patientin verkraftbar seien, was gleichzeitig zu Schuldgefühlen bei mir führt, so, als ob ich dieser jungen Frau nicht zutrauen würde, intellektuell dazu fähig zu sein.

In der Supervision wird mir bewusst, dass die Patientin es an dieser Stelle bereits geschafft hat, eine schlechte Prognose von mir zu bekommen: die sich einerseits in einer Abwehr i. S. einer Rationalisierung niederschlägt (sind die Gespräche nicht das Richtige für sie, würde ich sie ›loswerden‹). Anderseits fühle ich mich schuldig, sie nicht genügend zu halten, weil sie mich dazu bringt, ihr zu sagen, dass sie jederzeit gehen kann. Ob das auch der Grund war, weshalb sie ›Verstärkung‹ mitgebracht hatte? Wenn sie nämlich unbewusst phantasierte, dass sie sowieso nicht ›gehalten‹ würde, war es sicher leichter zu ertragen, sich von jemand ›aufgefangen‹ zu fühlen.

Mit der Erklärung, es nicht gewöhnt zu sein, über sich zu sprechen, fühlte ich mich wieder etwas versöhnt, und ich versuchte ihr erneut bei der Überwindung ihrer Unsicherheit zu helfen, indem ich sie darum bat, über ihre Krankheit zu berichten. An diese Möglichkeit klammerte ich mich wie an einen letzten Strohhalm, in der Hoffnung, dass Frau B. ihn vielleicht als ›Brücke‹ zu mir akzeptieren könnte. So war es auch, denn Frau B. berichtete, zwar immer noch unwillig, aber immerhin, dass sie seit einem Jahr unter »Nesselsucht« leide und dass es darüber nicht viel zu erzählen gäbe, außer: »Sie geht mir auf den Geist, das ist alles!« Auf mein Nachfragen, was sie damit meint, spricht sie seltsam unbeteiligt vom »Jucken« und von der Tatsache, dass ihr ganzer Körper von Quaddeln übersät sei. Die einzige Stelle ihres Körpers, die verschont bliebe, sei ihr Gesicht.

Aus der Gegenübertragung heraus habe ich wieder etwas Hoffnung.

Bei näherem Hinsehen stelle ich fest, dass Frau B. durch ihre Kleidung (Rollkragenpullover) tatsächlich nichts von ihren Quaddeln ›verrät‹, da ausser ihrem Gesicht und ihren Händen nichts von ihrer Haut zu sehen ist.

Als ich nach dem ersten Krankheitsausbruch frage, antwortet Frau B. erstmals etwas ausführlicher: »Das war letztes Jahr im Oktober, freitags nachts.« Sie könne sich deshalb so genau erinnern, da sie an diesem Abend mit ihrem Mann und dessen Arbeitskollegen ausgewesen sei. Die »Placken« habe sie aber erst danach entdeckt, und einige Stunden später seien sie auch schon wieder verschwunden gewesen. Erst einen Monat später, sonntags nachts im November, sei die Krankheit dann richtig schlimm »zurückgekommen« und an ihrer Haut sei »nichts mehr normal gewesen«.

Kommentar: Die Patientin nennt einen zeitlichen Zusammenhang für den Krankheitsbeginn. Beide Male trat der Urtikaria-Schub nachts und am Wochenende auf. Emotionale Zusammenhänge scheint sie nicht zu sehen.

Meine Frage nach ihrer Beziehung zu dem Arbeitskollegen ihres Mannes scheint ihr etwas peinlich zu sein. Sie hüstelt und erklärt verlegen, dass es darüber nichts zu berichten gäbe und dass sie sich sowieso nicht mehr mit diesem Arbeitskollegen treffe, da ihr Mann die Arbeitsstelle gewechselt habe. Außerdem fände sie dies »ganz normal«.

Kommentar: In Verbindung mit der Frage nach dem Kollegen fällt mir erneut ihre geduckte Körperhaltung auf. Ich frage mich, ob diese Treffen mit dem Arbeitskollegen möglicherweise Wünsche oder Ängste in der Patientin mobilisiert haben könnten, die mit dem Krankheitsausbruch in Zusammenhang stehen.

Nach einer Weile bemerke ich, dass sich zwischen uns eine Art Frage-Antwort-Spiel entwickelt hat. Unsere Interaktion sieht so aus, dass ich versuche, fragend Hilfestellung zu leisten, während Frau B. nur das Notwendigste, meist nur ein Wort oder eine Gegenfrage, (her-)gibt. Die Thematisierung dieses Spielchens führt dazu, dass Frau B. erneut loswettert. Sie habe schließlich kein Vertrauen zu mir und müsse vorsichtig sein, was sie sagt. Außerdem habe sie dem Ambulanzarzt bereits angekündigt, dass sie nur dann bereit sei, etwas über sich zu sagen, wenn sie zu mir Vertrauen entwickeln könnte. Mit dieser therapeutisch negativen Reaktion konfrontiert, kämpfe ich verstärkt um sie. Ich zeige Verständnis, dass es so schwer für sie ist und frage, ob sie überhaupt irgendeine Möglichkeit sieht, wie ich ihr Vertrauen gewinnen könnte. Aber auch darauf kann die Patientin nicht eingehen, im Gegenteil, ich habe das Gefühl, dass sie immer hartnäckiger ihre Ablehnung demonstriert. Es scheint aussichtslos und ich fühle mich schließlich in der Gegenübertragung immer schlechter, weil ich den Eindruck habe, dass meine Aktivität dafür verantwortlich ist, dass es zu keinem Austausch kommt. Dann schweigen wir beide vor uns hin. Plötzlich taucht Frau B. aus dem Schweigen auf und sagt, dass es für ihr Schweigen eine ganz einfache Erklärung gäbe, dass sie nämlich schon zu oft enttäuscht worden sei.

Während sie das erklärt, wirkt sie unruhig, fast gehetzt. Ihre resigniert und enttäuscht wirkenden Augen führen in meiner Gegenübertragung zu Mitleid, und in der folgenden langen Schweigepause, die mir jetzt nicht mehr so aggressiv aufgeladen vorkommt, entsteht die Assoziation eines im

Käfig gefangenen Tieres, das sich erschöpft in sein Schicksal fügt, weil die Flucht misslungen ist. Allmählich spüre ich ihre große Hilflosigkeit in der Gegenübertragung und betone, dass ich nicht beabsichtige, sie ›einzusperren‹, aber dass ich auch nicht wüsste, wie ich ihr die Situation erleichtern könnte. Wieder greife ich nach einem Strohalm, indem ich sie frage, ob ich ihr Fragen stellen soll. Da ich wieder ohne Antwort bleibe, versuche ich es ein letztes Mal und bitte sie zu erzählen, was ihr gerade einfällt. Da auch dieser Vorschlag ohne Resonanz bleibt, bin ich nun überzeugt, keinen Kontakt zu ihr herstellen zu können.

In der Unzufriedenheit über mein Versagen schweigen wir ›gegeneinander‹ und ich empfinde Leere und vollkommene Resignation. Unerwarteterweise spricht Frau B. dann doch und sagt: »Gut, ich erzähle, soviel ich Lust habe, und dann, den Rest, okay, dann ist eben Ende!« Sehr überrascht über diese Veränderung, die ich nicht mehr erwartet habe, pendele ich in der Gegenübertragung zu dem fast euphorischen Gefühl, es ›geschafft‹ zu haben. Meinem Eindruck nach, hat Frau B. dies unbewusst gespürt und erklärt: »Eigentlich weiß ich gar nicht, worüber ich erzählen könnte« und bittet mich, ihr doch lieber Fragen zu stellen, damit es »wenigstens irgendeinen Maßstab« gibt, an dem sie sich orientieren kann.

Kommentar: In der zuletzt beschriebenen Phase wurde deutlich, mit welch quälendem Modus die Patientin Beziehungen erlebt und unbewusst gestaltet, und hierbei Gefühle der Enttäuschung eine große Rolle spielen. Ihre Enttäuschungserfahrungen scheinen die Aktualität neuer Beziehungen so zu bestimmen, dass sie sich erst aggressiv abgrenzen muss (Ablehnung provozieren, bis ich sie innerlich bereits aufgegeben hatte), um sich dann annähern zu können (ich sollte ihr helfen, ›einen Maßstab zu finden, der möglicherweise zu einer neuen Erfahrung führt). In dieser beschriebenen Kontaktaufnahme konstelliert die Patientin eine Beziehungsform, aus der heraus der andere aktiv/aggressiv wird, was ihr ermöglicht, sich dagegen aufzulehnen. Die Interaktion ist durch Zurückweisung bestimmt, in der sie die einst erlebte Zurückweisung projektiv im anderen unterzubringen versucht. Erst im Zuge dieses trennenden Modus verspürte sie, dass sie ihre eigenen Beziehungsansprüche nicht einlösen konnte (sie will gefragt werden).

Die Ambivalenz in der Gegenübertragung war als Ausdruck der abgewehrten Nähewünsche der Patientin zu verstehen: das, was ihr Angst macht, die Beziehung zum Objekt wird andererseits auch von ihr gesucht. Da sie selbst ihre Nähewünsche aber nicht akzeptieren kann, drängt sie den anderen in die Rolle desjenigen, der sie ›halten‹ soll. Meine Gegenübertragungsgefühle, buchstäblich ›verzweifelt‹ um die Beziehung kämpfend, entsprechen ihrem Unvermögen, den anderen nicht erreichen zu können.

Offenbar war Frau B. erst über meine Resignation in der Lage, über ihre erlittenen Enttäuschungen zu sprechen. So betonte sie, ihr Elternhaus abgeschrieben zu haben und dass es darüber nichts mehr zu sagen gäbe. Dennoch folgen in einem langen Redefluss Klagen über die Eltern. Sogar ihr Mann wisse nur wenig von ihrer Familie, »da sie schließlich nicht jedem davon erzähle«. In ihren Anklagen schildert sie, dass sie in »ziemlich miesen Verhältnissen aufgewachsen« sei, da die Mutter, eine Alkoholikerin, oft tagelang verschwunden war. Kam sie – meist alkoholisiert – zurück, gab es Streit mit dem Stiefvater, was grundsätzlich in körperlicher Gewalt endete.

Während Frau B. von ihrer Mutter berichtet, spricht sie von dieser nicht als Person, sondern von der fehlenden Mutterliebe. Zum Beispiel: »Wenn das Mutterliebe sein soll« anstatt »wenn das eine Mutter sein soll«. An dieser Stelle des Berichts verändert sich auch ihre Stimme, und der bisher trotzig-wütende Tonfall versiegt zu einem kläglichen Stammeln, bei dem sie mehr zu sich selbst sagt: »Ich weiß nicht, ich würd's – glaub' ich – nicht machen. Ich würd' lieber (...) zusammenbleiben mit den Kindern.«

Kommentar: Während die Anklagen förmlich aus der Patientin herausfließen, wird mir klar, dass sie im Grunde unendlich viel sagen möchte. Gleichzeitig fürchtet sie aber auch, dass am Schluss nur noch Gefühle der Verzweiflung und Resignation bleiben. Als die Patientin anstatt von der Mutter beziehungslos von der fehlenden Mutterliebe sprach, hatte ich die Phantasie eines verlassenen Kindes, das auf Zuwendung wartend diese Hoffnungen aufgegeben und sich in einem depressiven Rückzg auf sich selbst zurückgezogen hat. Ich spüre ihre tiefe innere Verletzung und bekomme eine Ahnung davon, warum sie sich nicht ›berühren‹ lassen kann: Sie befürchtet Verlassenheitsgefühle und Enttäuschung noch einmal erleben zu müssen. Als ich sie so kläglich und hilflos da sitzen sehe, wird mir aus der Gegenübertragung heraus ›klar‹, dass alles, was ich ihr geben könnte, nie gut genug wäre.

Danach berichtet Frau B. in einem schleppenden Tonfall von ihren Vätern, dem leiblichen Vater, den sie nicht kennt und dem Stiefvater, mit dem sie sich nie verstanden hat. In ihrer Familie habe es einfach keinen Zusammenhalt gegeben, »jeder hat grad gemacht, was er wollte«. Als sie von der Oma, von der sie und ihr ein Jahr jüngerer Stiefbruder großgezogen wurden, erzählt, habe ich einen kurzen Moment das Gefühl, sie lebendiger zu erleben. Gleich darauf erklärt sie unvermittelt, dass diese Oma »vor drei Jahren unter mysteriösen Umständen gestorben« sei. An dieser Stelle fällt es mir schwer, ihr zu folgen, sie spricht unklar, die Satzfolge gerät durcheinander, und ich kann nicht mehr nachvollziehen, was sie eigentlich meint. Als sie nach einer Weile von Anfällen der Großmutter spricht, wird es wieder konkreter. Beim ersten Anfall habe sie die Großmutter ins Bett gebracht, da die Mutter »mal wieder angeheitert gewesen« sei. Später sei die Großmutter ins Krankenhaus gekommen, und bei einem zweiten Anfall, wieder zu Hause, habe sie »auf einmal schräg auf dem Boden gelegen« und sei gestorben. Weil ich nicht nachvollziehen kann, ob es um die Realität geht oder um die Phantasie der Patientin, frage ich danach, worauf Frau B. keine Antwort gibt und nur bruchstückhaft unzusammenhängende Worte vor sich hinmurmelt. In dieser Szene, in der sie nicht mal mehr ganze Sätze formulieren kann, habe ich wieder den Eindruck, dass es um etwas sehr Unverständliches und Bedrohliches für die Patientin gehen muss, was ganz im Dunkeln liegt und wohl auch bleiben soll. Das Einzige, was ich verstanden habe ist, dass die Großmutter offenbar die einzige konstante Bezugsperson im Leben der Patientin war.

Kommentar: Die krankheitsbedingt erklärbaren aber für die Patientin nicht nachvollziehbaren mysteriösen Todesumstände der Großmutter führen auch in meiner Gegenübertragung zu Verwirrung. Aus ihrem Bericht gelingt es mir weder, die bewusste, geschweige denn die unbewusste Bedeutung, die dieses Ereignis für sie gehabt haben muss, zu erfassen. Ich kann mich also nur auf meine Gegenübertragung beziehen, in der erschreckende Mordphantasien entstanden sind, auf die ich sogleich mit Schuldgefühlen reagierte.

Nach dieser unklar bleibenden Sequenz fährt die Patientin fort und berichtet klar über ihren Stiefbruder, und dass sie wegen ihres schlechten Verhältnisses zur Familie »mit 13 heimlich von zu Hause abgehauen« sei.

Danach habe sie zwei Jahre bei Pflegeeltern gewohnt, bei denen es ebenfalls ununterbrochen Streit gegeben habe, vor allem zwischen ihr, der alkoholabhängigen Pflegemutter und deren Tochter. An ihrem 16. Geburtstag sei es dann zu einer Schlägerei zwischen ihr und der Pflegemutter gekommen, und danach sei sie wiederum »heimlich« zu den nächsten Pflegeeltern »abgehauen«. Anlass für die Schlägerei sei der »Vertrauensbruch« der Pflegemutter gewesen, die ihr »nachspioniert« habe. Zu diesem Zeitpunkt sei ihr klargeworden, dass sie niemandem vertrauen dürfe und dass sie »alleine durch muss«.

Auch die zweiten Pflegeeltern hätten ihr kein Zuhause bieten können, da die Atmosphäre wiederum durch Alkoholprobleme und Eifersucht getrübt gewesen sei. Zudem hätten alle unter der Gewalttätigkeit des Pflegevaters gelitten. Als die Beziehung zur Pflegemutter für sie unerträglich geworden sei, habe sie dieser Prügel angedroht. Allerdings sei ihr im Nachhinein klargeworden, dass sich dies nicht gelohnt hätte, »weil an dieser Frau nicht mehr viel dran war«.

Als sich die Patientin nach dem Bericht zurücklehnt, spüre ich ihre innere Erschöpfung und Verbitterung. Ich sage nur, dass es schwer sein muss, sich im Leben so durch*schlagen* zu müssen und noch ehe ich weiterreden kann antwortet Frau B. schon wieder etwas schnippisch, dass ihr schließlich nichts anderes übriggeblieben sei und sie »eigentlich schon immer auf ihrer eigenen Meinung bestanden« habe, egal, was passiert sei. Ergänzend fügt sie hinzu: »Ich habe mir nie was von meiner Mutter sagen lassen, weil ich wusste, dass das nichts bringt!«

Kommentar: Während der Schilderung dieser gewaltvollen biographischen Erlebnisse wirkt die Patientin völlig affektlos und erst am Schluss wird ihre Erschöpfung deutlich. Stattdessen fühlte ich mich in der Gegenübertragung förmlich erschlagen.« Ich verstehe ihr Verhalten mir gegenüber nun als Projektion. Sie entwertet mich, wie sie die Mütter bekämpft hatte, dadurch musste nicht mehr sie die Hilflosigkeit spüren, sondern ich. Die Ersatzmütter, die sie teilweise selbst ausgewählt hatte, waren immer Alkoholikerinnen, so wie die leibliche Mutter. Es ist deshalb anzunehmen, dass sie sich an diesen Frauen anstelle der leiblichen Mutter rächen wollte, indem sie ›zurückschlug‹. In der Selbstbestrafung für ihre mörderische Wut scheint neben dem Rachemoment auch die unbewusste Wiederholung der Objektwahl zu liegen. Sie wählt Objekte, von denen sie unbewusst erspürt, dass sie sich immer wieder verraten fühlen wird. Auf diese Art und Weise wird sie nie die Erfahrung machen, dass ihr Vertrauen nicht missbraucht wird. Ihre gewaltigen Mordphantasien hält sie durch rigide archaische Abwehrmechanismen unter Kontrolle.

Frau B. berichtet danach weiter, dass ihr Mann ihr »viel geholfen« habe und dass sie mit ihm »heimlich« in eine eigene Wohnung gezogen sei. Während sie dies berichtet, bemerkt sie: »Ich habe eigentlich fast alles heimlich gemacht.«

Kommentar: Während ich überlege, welche Bedeutung der Begriff »heimlich« für die Patientin hat, fällt mir ein, dass sie immer dann, wenn sie von einem Objektwechsel sprach (von der Mutter zur Pflegemutter, von der ersten Pflegemutter zur zweiten, von der zweiten Pflegemutter zum Ehemann), diesen Begriff benutzte. Denkt sie vielleicht auch an ein heimliches Verschwinden aus der Beratung? Vielleicht vermutet sie ja auch, dass niemand merkt, wenn sie weg ist oder meint, man fragt nicht danach. Bisher scheint sie das auch so erlebt zu haben, da es ihr nach ihrer Legende trotz ihrer Minderjährigkeit gelungen ist, ihre realen Beziehungen (Ersatzfamilien) nach ihren Wünschen zu wechseln. Es könnte demnach sein, dass sie mit dem Wechsel der Objekte eigene Größenphantasien verknüpft, die ihr bestätigen, dass sie jederzeit gehen kann, d. h., dass sie sich unbewusst immer wieder ihre Unabhängigkeit beweisen will.

Als das Gespräch dem Ende zugeht, versuche ich zum Abschluss noch einmal meinen Eindruck zusammenzufassen.

Kaum begonnen, unterbricht Frau B. mitten im Satz mit den Worten: »Das ist im Moment wohl meine Sache.« Ich könnte zwar meine Meinung äußern, sollte aber nicht glauben, dass sie sich davon beeinflussen lassen würde. Ich bin überrascht über ihre aggressive Reaktion und stelle fest, dass sie offenbar meinen Rekapitualitionsversuch wie eine Manipulation erlebt. Da sie nicht antwortet, greife ich den Gedanken nochmals auf und sage, dass ich, nachdem ich ein wenig über ihr Leben weiß, verstehe, dass sie genau überprüfen muss, was andere mit ihr vorhaben. Daraufhin antwortet Frau B.: »Das habe ich eigentlich vorausgesetzt, dass das für sie selbstverständlich ist.« Nach einer kurzen Pause fügt sie relativ unvermittelt hinzu: »... ich will Ihnen eins sagen, ich hab's eigentlich schon geschafft, nur mein Bruder nicht. Der war also schon zu abhängig gewesen von meiner Oma, hat auch alles gekriegt.«

Kommentar: Ich verstand ihre Abgrenzung als Versuch einer Absicherung mir gegenüber. Sie wollte mir zeigen, dass alles, worüber sie mit mir spricht, ihre Sache bleibt. Am Beispiel des Bruders wurde auch der Hintergrund für dieses Verhalten deutlich; offenbar befürchtete sie, etwas zu ›kriegen‹ (so wie der Bruder von der Oma), dafür aber nicht mehr von mir loszukommen.

Auf meine anschließende Frage, ob sie einen zweiten Gesprächstermin mit mir vereinbaren möchte, antwortet sie: »Ich weiss es nicht, ich kann's Ihnen nicht sagen.« Ich schlage deshalb einen zweiten Gesprächstermin vor und bitte sie, die Sekretärin anzurufen, falls sie es sich doch noch anders überlegt. Als ich noch die drei weiteren Beratungsgespräche in Aussicht stelle, reagiert Frau B. mit einem neuerlichen Wutausbruch. Gereizt stellt sie fest: »Ja hören Sie mal, (...) was ist denn nach den vier Gesprächen? Sie werden doch nicht glauben, dass meine Quaddeln dann weg sind?« Meine Antwort: »Nein, davon gehe ich nicht aus«, kommt mir selbst ungenügend und wie eine Verteidigung vor.

Kommentar: Ich hatte die Patientin mit ihren unrealistischen Erwartungen, die sich bereits in ihren Rettungsphantasien am Anfang der Stunde zeigten (»Sie sind die letzte Möglichkeit«) konfrontiert, indem ich die zeitliche Begrenzung der Beratung verbalisierte. In ihrer Einstellung mir gegenüber ließen sich deutlich zwei gegensätzliche Strebungen ablesen, einerseits setzt sie in mich große Hoffnungen im Sinne eines idealisierten Objekts, andererseits musste sie am Schluss alles wieder in Frage stellen (zerstören), weil sie sich in ihren Erwartungen enttäuscht fühlte.

Aus dieser unbewussten Enttäuschung heraus agierte Frau B. in einem trotzigen Tonfall: »Ich werde die Fragebögen aber nicht ausfüllen!« Mich spontan über diese Provokation ärgernd, erkläre ich den Sinn der Fragebögen und bestehe auch noch auf dem Ausfüllen als Bedingung der Beratung.

Da diese Interaktion ungeheuer schnell vonstatten ging, immer undurchsichtiger wurde und ich mich immer tiefer verstrickt fühlte, bat ich Frau B., auf alle Fälle die Sekretärin anzurufen, unabhängig davon, wofür sie sich letztlich entscheiden würde. Daraufhin flüchtete sie regelrecht, ohne mir die Hand zu geben oder irgendein Wort des Abschieds zu sagen, aus dem Zimmer. In diesem Moment, als sie die Tür deutlich hörbar zuschlug, überkam mich spontan eine Erleichterung, aber gleichzeitig auch eine große Unzufriedenheit. Ich ärgerte mich vor allem, dass ich mich gerade am Ende so tief in die Dynamik verstricken ließ und nicht merkte, dass mich die Patientin mit ihrer Inszenierung erneut bedrängte, sie zu halten. Ich hatte das Empfinden, versagt zu haben, da ich es nicht geschafft hatte, ihr Vertrauen zu gewinnen und war fest überzeugt, dass sie nicht wiederkommen würde.

Kommentar: Die in der Abschlussszene sich erneut zuspitzende Situation, in der ich mich in die Abwehrreaktion der Patientin involvieren ließ, verstand ich zu diesem Zeitpunkt als Ausdruck ihrer Enttäuschung. Natürlich konnte sie mit dem Wenigen nicht zufrieden sein, da sie mit der Hoffnung ›Alles oder Nichts‹ gekommen war. Aus ihrer Frustration heraus versuchte sie die Kontrolle über die Situation zurückzugewinnen, indem sie einen Machtkampf (»ich fülle die Bögen aber nicht aus«) inszenierte, über den sie ihre Enttäuschung ausdrücken konnte.

Zweites Gespräch: »Es kotzt mich ganz einfach an, immer meine Lebensgeschichte vorzutragen«

Bevor dieses zweite Gespräch stattfand, gestaltete die Patientin folgende Situation: Sie war, ohne vereinbarungsgemäß den zweiten Termin telefonisch zu bestätigen, wiedergekommen und hatte eine Weile vergebens auf mich gewartet. Schließlich gelang es ihr, die Sekretärin zu überzeugen, mich (zu Hause) anzurufen, um ihr zu beweisen, dass ich den Termin »verschlafen« hätte.

Ich hatte mich am Abend zuvor nochmals davon überzeugt, dass Frau B. sich weder gemeldet noch abgesagt hatte und befand mich deshalb zu diesem Zeitpunkt auch nicht in der Klinik. Als die Sekretärin dem Drängen der Patientin nachgab, erreichte sie mich tatsächlich zu Hause. Über den Anruf sehr erstaunt, bat ich sie, die Patientin zu einem neuen Gesprächstermin (eine Woche später zur gleichen Zeit) einzuladen.

Diesen Termin hielt Frau B. dann ein. Auf meine Begrüßungsgeste reagierte sie Verachtung ausdrückend zurückweisend. Diese Reaktion hatte nicht wie im Erstgespräch die Qualität einer Berührungsscheu, sondern trug ganz offensichtlich die Züge einer trotzigen Verweigerung. Als sich schon die Initialszene derart zwiespältig gestaltete, verspürte ich bereits an diesem Punkt den Wunsch, mich vor ihrem Vorgehen zu schützen. Noch während ich mit ihrer Ignoranz beschäftigt war, passierte etwas Außergewöhnliches: Obwohl ich ihr mit einer einladenden Handbewegung einen Platz anbot, bewegte sie sich zum Fenster, blieb dort demonstrativ stehen und schaute, die Arme aufgestützt, in die entgegengesetzte Richtung, so als ob sie gerade nicht gekommen wäre, um mit mir Kontakt aufzunehmen. Ihr Verhalten überrascht mich und in meinem Versuch, mich irgendwie zu orientieren, spüre ich, dass sich in der Gegenübertragung das Gefühl von etwas sehr Gefährlichem breitmacht. Die Phantasie, ob sie vielleicht schon ›sprungbereit‹ am Fenster steht, erscheint mir aber auch wieder so absurd, dass ich mich wie schon im ersten Gespräch zu Ruhe und Gelassenheit ermahne.

Die Patientin setzt sich nicht, auch nicht, nachdem sie zu sprechen begonnen hat, sondern behält bis zum Schluss des Gesprächs (also 50 Minuten) diese Position bei: Sie steht wirklich mit aufgestützten Ellenbogen am Fenster und schaut – zumindest im ersten Teil des Gesprächs – demonstrativ gelangweilt aus dem Fenster. Entgegen jeder rationalen Überlegung entscheide ich mich – aus der Gegenübertragung heraus – dafür, dieses Verhalten nicht anzusprechen, obwohl mir das aus der späteren distanzierten Perspektive heraus völlig unverständlich erscheint. Aber zum damaligen Zeitpunkt war das Gefühl einer Gefahr bestimmend, indem ich spürte, dass es um etwas geht, was noch nicht angesprochen werden durfte.

Kommentar: Ihre abwehrende Haltung verstehe ich als Reaktion auf das nicht zustandegekommene Gespräch in der Woche davor. Vermutlich versucht sie darüber ihre Kränkung auszugleichen. Je mehr sie zeigt, dass sie meinen Anforderungen entspricht, (sie hätte ja auch gar nicht kommen müssen), desto mehr muss sie Distanz demonstrieren. Es ist aus der Gegenübertragung heraus deutlich zu spüren, dass es um eine Bedrohung geht und dass es im Moment besser ist, Berührungen v. a. in Form von Konfrontation zu vermeiden, wozu sie mich aber verführen möchte. In unserem Umgang vermeiden wir diese, indem sie mir den Blick- und Körperkontakt verweigert, und ich es nicht wage, ihr provozierendes Verhalten zu verbalisieren.

Nach anfänglichem Schweigen kommt Frau B. vom Fenster her ein Stück auf mich zu und reicht mir wortlos einen verschlossenen Briefumschlag. Ich nehme ihn dankend an und frage, ob es die Fragebögen sind und ob sie damit zurechtgekommen sei. Wieder ans Fenster zurückgekehrt antwortet Frau B.: »Ich finde das sowieso bekloppt!« Ich bemerke eine neue Unsicherheit, weil ich nicht so recht weiß, was ich mit dem verschlossenen Umschlag anfangen soll. Einerseits habe ich ihr ›Entgegenkommen‹ in der Gegenübertragung wie ein Geschenk erlebt, mit dem sie mir ihr Einverständnis für das Arbeitsbündnis zeigt, andererseits fühle ich mich durch ihr Verhalten aber veranlasst, den Umschlag zu öffnen. Diesem drängenden Gegenübertragungsimpuls steht wiederum das Gegenübertragungsgefühl, den Umschlag besser verschlossen zu lassen, entgegen. Ich entschließe mich dann doch nach einigem Zögern, den Umschlag vor ihren Augen zu öffnen und entwickle dabei ganz stark das Gefühl, ihr nachzuspionieren. Dabei fällt mir sofort ins Auge, dass viele Fragen nicht beantwortet sind, was ich anspreche und Frau B. bitte, die Antworten nachzutragen.

Darauf reagiert die Patientin sichtlich unruhig und versucht, mich in einen Disput über den Unsinn dieser Fragen zu verwickeln. Ich sage, dass wir darüber sprechen könnten, aber es schon wichtig wäre, wenn sie die restlichen Fragen beantworten würde. Sie lässt sich murrend darauf ein und gibt mir die Bögen mit den Worten zurück: »So, sind Sie jetzt zufrieden?« Mich dafür bedankend, versuche ich ihre Abwehr zu thematisieren. Daraufhin antwortet Frau B., jetzt aber schon etwas weicher im Ton »Ja, ganz einfach, weil ich erst einmal darüber nachdenken muss, ...ich kann eigentlich nur sagen, dass man sehr vorsichtig sein muss, da kann man sich also echt sehr schnell verraten!«

Kommentar: In dieser Situation fühle ich mich von der Patientin in die Rolle der fordernden Mutter (Ersatzmutter) gebracht, indem sie mich mit dem verschlossenen Umschlag zum ›Nachspionieren‹ drängt. Daneben verspüre ich auch den Wunsch, sie für ihre Mühe zu belohnen, was mir verbal nicht gelingt, da Frau B. meinen Dank nicht annimmt und meine Phantasie von etwas Gefährlichem einen großen Raum einnimmt.

An dieser Stelle fällt mir das Fiasko (Terminmissverständnis) der vorigen Woche ein, als ich mich selbst so fühlte, als würde mir die Patientin nachspionieren. Da dieses Thema bis jetzt noch nicht angesprochen wurde, versuche ich es zu thematisieren. Die folgende Interaktion zeigt, dass es der Patientin nur darum geht, eine Bestätigung ihrer Version zu bekommen. Darüber hinaus äußert sie die Phantasie, ich sei in der Klinik gewesen (sie wusste anscheinend nicht, dass die Sekretärin bei mir zu Hause angerufen hatte), hätte mich aber verleugnen lassen, um nicht mit ihr sprechen zu müssen Diese mit Vehemenz vorgetragene Überzeugung erschreckt mich ebenso wie die Tatsache, dass sie mir logisch nachzuweisen versucht, ich hätte den Denkfehler bei der Terminbesprechung gemacht. Um der Verwirrung Herr zu werden, entscheide ich mich aus der Situation heraus für eine reale Erklärung und sage, dass ich nur zu bestimmten Zeiten und bestimmten Terminen im Hause sei. Da ich mich aber wiederum zu dieser Rechtfertigung gedrängt fühlte, empfinde ich nun auch noch Inkompetenz und entwickle den starken Wunsch, etwas zu tun, um dieser fürchterlichen ›Rangelei‹ endlich ein Ende zu setzen. Ich lenke ein und erkläre, dass vielleicht jeder etwas anderes verstanden hat und dass ich froh sei, dass sie trotzdem heute gekommen sei.

Kommentar: Wieder hatte sich eine Art Verwirrspiel zwischen uns konstelliert aus dem heraus ich mich gedrängt fühlte, die Realität deutlich zu machen, statt ihren Vorwurf stehen zu lassen oder gar zu deuten. Ich befand mich in der Gegenübertragung in einem Dilemma. Einerseits war ich aus dem Druck der Untersuchung heraus auf ihre Mitarbeit angewiesen, andererseits wollte ich sie aber auch in ihrer rigiden Abwehrstruktur akzeptieren. Dabei versuchte ich ihr überhöhtes Misstrauen, das sich in den Verratphantasien äußerte, durch Beweise meiner Vertrauenswürdigkeit (reale Erklärungen) zu beschwichtigen.

Nach einer Schweigephase sagt Frau B.: »Irgendwo interessiert's mich schon, sonst wär' ich ja nicht hier.« Als sie nach einer weiteren Schweigepause regelrecht verstummt, formuliere ich, dass es zwischen uns etwas geben muss, was sehr schwer in Worte zu fassen ist. Da Frau B. auf diese Interpretation wieder nicht antwortet und sich stattdessen konfrontativ mit den Dingen ›draußen‹ beschäftigt (konstant aus dem Fenster schaut), versuche ich es noch einmal. Ich sage, dass sie sich offensichtlich nicht vorstellen kann, was sie in der begrenzten Zeit mit mir anfangen könnte. Damit habe ich sie erreicht, denn sie fragt: »Was läuft dann eigentlich ab, wenn das dreimal jetzt rum ist, also vorbei ist. Greift man da wieder zurück, also es könnte ja doch organisch sein oder was dann?«

Meine Vermutung, dass sie sich mit der Frage beschäftigt, ob es sich überhaupt lohnt, sich auf diese kurze Begegnung einzulassen war zutreffend. Mich wieder auf die reale Ebene beziehend erkläre ich, dass fünf Stunden sicher wenig seien, aber vielleicht für den Anfang auch genug, um sich den seelischen Bedingungen ihrer Krankheit zuzuwenden.

Im weiteren Verlauf klammern wir uns beide an der Realität fest und sprechen in einer eher abstrakten Weise über Vor- und Nachteile von Kontakten, Beziehungen und Freundschaften.

Um wieder einen Bezug zu ihr zu finden, frage ich, ob sie sich vorstellen kann, etwas über sich selber zu erfahren, etwas, was sie mitnehmen könnte. Sie bejaht dies und ergänzt: »Es kotzt mich ganz einfach an... immer meine Lebensgeschichte vorzutragen... genauso bei den Ärzten, die haben ja auch andauernd gewechselt.« Diese Erklärung scheint mit soviel kränkenden Erinnerungen verbunden zu sein, dass sie – sich erneut verweigernd – in einem langen Schweigen verstummt.

Kommentar: Der manifeste Inhalt ›sich mit so wenig zufriedengeben müssen, obwohl so große Erwartungen da sind‹ unterstreicht den Wunsch der Patientin nach Beziehung, aber auch ihre Angst vor Enttäuschung, die sie aus der Erfahrung mit den ›wechselnden Müttern‹ kennt. Unser Festklammern an der Realität verstehe ich als Abwehr aufkommender regressiver Bedürfnisse, die sie offenbar in einen schweren inneren Konflikt führen. Einerseits möchte sie sich auf die Beziehung zu mir einlassen, andererseits befürchtet sie aber, von mir verraten zu werden.

Meinen vorsichtigen Vorschlag, über ihr Misstrauen zu sprechen, kann sie aufnehmen, indem sie von ihrem 21-jährigen Mann, der als Sicherheitsbeamter tätig ist, berichtet. Sie verabscheue diesen Beruf in dem er seine »Haut zu Markte trägt«, wovon er letztlich nichts hat. Außerdem hätten sie »keine sehr gute Ehe«, da es oft Streit gäbe. Als ich sie zu ermuntern versuche, darüber mehr zu sagen, weist sie mich mit den Worten: »Können Sie mir sagen, was besser ist?« zurück. Nach einer Weile berichtet sie dann aber doch, dass sie sich schon vor einem Jahr scheiden lassen wollte. In dieser Ehe könnte sie nie »alleine« sein, da ihr Mann dieses Bedürfnis nicht kenne. Heute sei sie allerdings froh, die Scheidung nicht eingereicht zu haben, da sie diesen »Tick« wahrscheinlich bereut hätte. Ihr ginge das alles immer noch »auf den Wecker« und sie würde verrückt, weil er ständig um sie herum sei. Sie fühle sich dadurch eingeengt: »Ich benötige ja schließlich auch mal'n bisschen Freiheit.«

Kommentar: Für mich taucht an diesem Punkt die Frage auf, ob es eine Verbindung zwischen dem Krankheitsausbruch und dem Trennungswunsch der Patientin gibt, da beides ein Jahr zurückliegt.

Mein Versuch, über die Möglichkeit eines solchen inneren Zusammenhangs nachzudenken, wird von Frau B. strikt abgewehrt. Im gleichen Moment wird sie aber sichtbar unruhig und aufgeregt und läuft schließlich im Raum hin und her. Wieder an's Fenster zurückgekehrt, beginnt sie von »ihren Quaddeln« zu sprechen und sagt: »Wenn die Quaddeln kommen, dann werd' ich rasend.« Sie sei dann total stinkig und wütend, aber das sei ihre Sache, denn »da kann mein Mann auch nichts dazu, wenn ich meine Quaddeln hab' und ich reg' mich auf...«. Weitergehend berichtet sie, dass ihr jeden Morgen schlecht« sei und dass sie seit vier bis fünf Monaten jeden Morgen »brechen« müsse. Meine Frage, ob sie möglicherweise schwanger sei, verneint sie eindeutig, und wir überlegen gemeinsam, warum sie innerlich ›rasen‹ muss. Sie erklärt, dass immer dann, wenn die Quaddeln kommen, ihr niemand »zu nahe kommen« dürfe, sonst würde sie rasend vor Wut. Die Überlegungen nach einem Zusammenhang zwischen ihren Quaddeln und der fehlenden Möglichkeit, sich genügend Raum zu nehmen, blockt Frau B. ab. Alle weiteren Versuche, die Krankheit im Zusammenhang mit ihren Gefühlen zu betrachten, scheitern, da sie verstärkt Widerstände mobilisiert. Mir bleibt nur noch die Deutung, dass ich den Eindruck habe, sie befürchte, dass ich ihr nun auch noch ihre Quaddeln (ihren Raum?) nehmen wolle.

Kommentar: Ich denke, dass ihr Körpersymptom Ausdruck verdrängter Separationswünsche ist, denn im Symptom scheint für sie die Möglichkeit zu liegen, sich Distanz zu verschaffen (sie hat dann einen Grund, sich zurückzunehmen). Andererseits lösen diese Separationswünsche aber auch Ängste vor dem Verlassenwerden aus, ebenso wie Schuldgefühle wegen ihrer Wut auf das Objekt reaktiviert werden, z. B. auf ihren Mann, von dem sie sich so abhängig fühlt.

Im letzten Teil des Gesprächs berichtet Frau B. von ihrem Arbeitsplatz, an dem sie seit drei Jahren eine sogenannte ›Feuerwehrfunktion‹ ausübt, indem »ich die Fehler der anderen ausbügele«.

Dort ginge es ihr viel besser als in der vorangegangenen Lehre, wo sie sich anfangs zwar gut mit dem Chefehepaar verstanden habe, sich später aber von der Frau, »einer linken Kuh«, bei deren Mann (ihrem Chef) verpetzt gefühlt habe. Wegen dem »Knatsch«, der dann zwischen ihnen entstanden sei, habe sie die Lehre abgebrochen.

Nach dieser Schilderung, in der es wiederum um einen Vertrauensbruch ging, möchte sie unvermittelt wissen, ob ich beim nächsten Mal schon die Auswertung der Fragebögen vorliegen habe. Anstatt die dazugehörige unbewusste Frage deutend aufzugreifen (dass sie sich vielleicht auch ›verraten‹ fühlt, wenn ich die Antworten kenne), erkläre ich auf der realen Ebene, dass ich den genauen Zeitpunkt der Auswertung noch nicht kenne.

Bei der anschließenden Terminplanung einigen wir uns diesmal ohne größeres »Gerangel« auf einen neuen Termin, und zu meinem großen Erstaunen reicht mir die Patientin von sich aus zum Abschied die Hand. In dieser Szene fühle ich mich in der Gegenübertragung sehr betroffen, fast gerührt und ich habe das Gefühl, dass es sich gelohnt hat, durchzuhalten.

Kommentar: Obwohl ich gegen Ende des Gesprächs schon den Eindruck gewonnen hatte, dass ›etwas Gutes‹ zwischen uns entstanden war, hatte ich doch keinesfalls mit einer derartigen ›Berührung‹ gerechnet. Ich war sicher, dass diese Geste Vertrauen signalisierte und Zeichen ihrer Dankbarkeit war, was mir bei dieser Patientin bis dahin kaum vorstellbar war.

Das vereinbarte dritte Gespräch kam nicht mehr zustande, da Frau B. nicht wiederkam und auch keine Nachricht übermittelte.

Meine Nachfrage in der dermatologischen Klinik blieb ebenfalls ergebnislos, da sich die Patientin auch dort nicht mehr gemeldet hatte.

Kommentar: Ich vermutete deshalb, dass unsere Begegnung in der Patientin Abhängigkeitswünsche mobilisiert hatte, die sie mittels eines ›Beziehungsabbruchs‹ unter Kontrolle bringen musste. Im Nachhinein fragte ich mich, ob sie sich innerlich (›heimlich‹, wie bei den anderen Objekten) nicht längst im zweiten Gespräch entschieden hatte, den Kontakt abzubrechen. Mir fiel weiterhin ein, dass beim dritten Gespräch nichts Reales mehr zwischen uns gestanden hätte, was vorgeschoben werden könnte (z. B. die Fragebögen), sondern dass es wirklich um sie selbst gegangen wäre und sie sich mit ihren Beziehungswünschen hätte auseinandersetzen müssen. Vielleicht war sie auch symptomfrei geworden und verhielt sich so, wie ich es oft bei psychosomatischen Patienten erlebt habe, die dann den Kontakt abbrechen.

Auswertung des Übertragungsgeschehens und der Psychodynamik

Bevor ich mit den Ausführungen zum Übertragungsgeschehen und zur Psychodynamik beginne, möchte ich die Beweggründe darstellen und kritisch beleuchten, die dazu führten, dieses Fallbeispiel exemplarisch auszuwählen. Gerade bei dieser Patientin ging ich in das Gespräch mit der Vorstellung von einer Diagnose, die gute prognostische Voraussetzungen bietet. Die Urtikaria ist historisch in der psychosomatischen ebenso wie in der dermatologischen Literatur gewissermaßen das Paradebeispiel für die psychosomatische Hauterkrankung, i. S. einer »Dermatose, bei der das Körpersymptom als somatisches Äquivalent anzusehen ist, wobei ein relativ unstrukturiertes psychisches Geschehen z. B. in Form unstrukturierter Phantasien einen körperlichen Ausdruck findet«. Dies bedeutet, »dass es sich bei diesem Körpersymptom um den körperlichen Ausdruck eines unbewussten Konflikts handelt, welcher mittels der psychoanalytischen Methode idealerweise erfolgversprechend zu behandeln ist (Rechenberger 1979). Rechenberger erklärt, dass gerade bei dieser Hauterkrankung das Erkennen und Bearbeiten der krankheitsauslösenden Situation fast immer zum Abklingen der Symptomatik führt.

Obwohl also bei dieser Erkrankung eine gute ›theoretische‹ Prognose bestand, gestaltete sich die therapeutische Beziehung gerade in diesem Fall besonders schwierig. Als Ursache sehe ich neben den Beziehungsschwierigkeiten der Patientin auch die Realität des Settings, insbesondere dessen zeitliche Begrenzung.

Ich habe aber gerade dieses Fallbeispiel ausgewählt, um einerseits einen Einblick in die konflikthafte Übertragungsbeziehung zu ermöglichen, andererseits aber auch mögliche technische Schwierigkeiten dieses Settings darzustellen. Was an diesem Fallbeispiel weiterhin exemplarisch darstellenswert ist, ist die Tatsache, dass es sich um eine ›geschickte‹ Patientin handelt. Dabei trägt die Möglichkeit, eigene Behandlungswünsche an den überweisenden Arzt abzutreten, auch dazu bei, dass es der Therapeut, gerade am Anfang der Arbeitsbeziehung, mit besonders hartnäckigen Widerstandsformen zu tun bekommt, z. B. Delegation der eigenen Verantwortung, Verweigerung eines therapeutischen Arbeitsbündnisses, etc. Mit diesen besonderen Widerstandsphänomenen müssen sich Psychotherapeuten in der Arbeit mit psychosomatischen Patienten abfinden, wodurch die Begegnung für beide Seiten erhebliche Frustrationen mit sich bringen kann, und der Versuch des Unterdrucksetzens meist als Ausdruck von Hilflosigkeit verstanden werden muss.

An diesem Fallbeispiel lassen sich Widerstände und Frustrationen veranschaulichen, die durch die Tatsache des »Geschickt-Fühlens« noch verstärkt würden. Jeder Psychotherapeut kennt diese negativen und schwer handhabbaren Situationen, in denen das rigide Abwehrverhalten der Patienten respektiert werden muss, da es zur Aufrechterhaltung des psychischen Gleichgewichts dient. Die negative Übertragungsbeziehung, die sich bei dieser Patientin von Anfang an entwickelt hatte, ist für die Darstellung m. E. sehr aufschlussreich, weil sie zeigen kann, wie schnell mit einer so gestörten Patientin eine agierende Ebene erreicht wird, auch wenn man sich wirklich bemüht, das technische Vorgehen dem Patienten anzupassen. Die technischen und methodischen Schwierigkeiten in diesem Fall sollen im Rahmen der nun folgenden Analyse des Übertragungsgeschehens diskutiert werden.

Erstes Gespräch: Widerstand und Angst
In der Initialszene stellte sich die Patientin als eine Person dar, die szenisch zum Ausdruck brachte, dass Kontakte nicht wirklich gesucht, sondern eher vermieden werden sollen. Dieser Eindruck wurde sowohl durch ihr reales Auftreten als auch durch den Symbolcharakter ihrer Kleidung (die mit Nieten beschlagene Herrenlederjacke) hervorgerufen. Ich erlebte die durch ihr Erscheinen in den ersten Sekunden der Begegnung provozierte Gegenübertragungsreaktion als Signal, ihr nicht ›zu nahe zu treten‹. Daneben gab es aber auch das Namenskettchen, das die Phantasie des heimatlosen Kindes forcierte, und es gab die Phantasie der reichen Lady aus besseren Kreisen.

Über diese ersten wechselnden und konträren Gegenübertragungsphantasien hinaus, ließ die Ausstrahlung der Patientin eine gewisse Angriffshaltung erwarten. Diese hatte erst einmal mit der für sie unbekannten Gesprächssituation zu tun, die für sie beängstigend und aggressionsfördernd wirkte. Vor allem ihre Beherrschtheit fiel auf, wieviel sie sich abverlangen musste, um es mit mir in einem Raum auszuhalten. Als Ausdruck der inneren Anspannung begriff ich ihre (geduckte) Körperhaltung und ihr impulsives Verhalten, als sie beispielsweise aufsprang, als wolle sie aus dem Zimmer flüchten; außerdem behielt sie während des ganzen Gesprächs ihre dicke Jacke an. Zunächst versuchte sie zwar die Beherrschung zurückzugewinnen, was ihr anscheinend nicht gleich gelang, aber auch später, als ihr Bemühen um eine Kommunikation spürbar geworden war, wirkten die Widerstände gegen die Interaktion mit mir so stark, dass Ablehnung und Verweigerung gegen das Beziehungsangebot stets im Vordergrund standen.

Den quälenden Modus, der für sie mit der Beziehungsaufnahme verbunden war, übertrug sie auf mich. In der Assoziation des im Käfig gefangenen Tieres, das aufgegeben hat, wird die Intensität des Widerstandes gegen die Beziehungsaufnahme deutlich. Der Versuch, ihre Freiheitswünsche zu verbalisieren, indem ich daran dachte, dass sie ihren Widerständen zum Trotz ›angekommen‹ war, führte auch zu keiner ausreichenden Beruhigung.

Die von der Patientin konstellierte Interaktion gestaltete sich – bildlich gesprochen – im Verlauf der Gespräche folgendermaßen: Obwohl die Patientin mich beschimpfte und auf mein Beziehungsangebot ablehnend reagierte, versuchte ich sie zu beruhigen (wie eine Mutter ihr aufgebrachtes Kind). Das Paradoxe und auch das Spezielle dieser therapeutischen Arbeitsbeziehung war das Nichterkennen der negativen Übertragungsreaktion, indem sich eine Kontaktform etablierte, in der die Patientin immer ablehnender und aggressiver reagierte, während ich immer intensiver versuchte, etwas für sie zu tun. Stattdessen erreichte ich mit meinen Versuchen und Angeboten bei ihr das Gegenteil, da sie sich von meinen stützend gemeinten Maßnahmen (Frage nach ihrer Krankengeschichte, Anteilnahme) erst recht bedroht und angegriffen fühlte und sich zu verteidigen begann. Ihre Widerstände steigerten sich immer weiter, indem sie sich von mir abgrenzte, misstrauisch reagierte, sich missverstanden fühlte und mich zurückwies. Ich dagegen fühlte mich aus der Gegenübertragung heraus förmlich gedrängt, ihr mein Bemühen nahezubringen und ihr Vertrauen zu gewinnen.

In diesem dichten, sich extrem schnell aufschaukelnden Klima entwickelte sich ein ständiges Oszillieren, in der Gegenübertragung zwischen Kränkungsempfindungen einerseits und Hoffnungen andererseits.

Darüber hinaus fühlte ich mich auch körperlich immer unwohler, ich wurde immer unruhiger und angespannter und begann mich am Kopf zu kratzen. Da ich diese Gefühle situativ aber verleugnete, agierte ich über Aktivität, sprach mehr als sonst, versuchte noch geduldiger und behutsamer auf sie einzugehen und zwang mich selbst zur Ruhe. Endlich begriff ich, dass trotz all dieser Bemühungen die Hoffnung auf eine Beziehung zum Scheitern verurteilt war, was ich in der Gegenübertragung als vollkommene Hilflosigkeit erlebte. In diesem Moment meiner vermeintlichen Inkompetenz fiel mir auch auf, dass mein Ärger über das stoische Verhalten der Patientin verschwunden war, dafür aber das Gefühl völliger Leere vorherrschte.

Erst jetzt wurde mir bewusst, wie sehr wir schon miteinander verstrickt waren, und was das zwischen uns entstandene Beziehungsmuster bedeutete. Meine Rolle in der Übertragungsbeziehung bestand darin, der Patientin ›hinterherzurennen‹, damit sie sich mehr und mehr verschließen und zurückziehen konnte. Ab diesem Moment war ich davon überzeugt, dass diese Patientin niemals zu erreichen sein würde. Es schien nichts zu geben, was die Leere zwischen uns verändern könnte. Ich nehme an, dass mir dies unbewusst auch schon vorher klar war und dass mein Sprechen nur ein Versuch war, diese Erkenntnis abzuwehren.

Unverhofft begann die Patientin genau in dieser Situation, in der ich sie innerlich praktisch aufgegeben hatte, zu sprechen, und bekundete ihre Bereitschaft, doch etwas von sich einzubringen. Dieser Versuch war gleichfalls zum Scheitern verurteilt, da sie nicht wusste, worüber sie sprechen könnte. Nun war sie sich ihrer Leere bewusst geworden, weshalb sie mich bat, ihr einen Maßstab zu geben, an dem sie sich orientieren könne. Nach dieser Bitte stellte ich wiederum ein ungewöhnliches Verhalten auf meiner Seite fest. Ich ging real auf ihren Wunsch ein, anstatt deutend damit umzugehen und machte ihr den Vorschlag, über ihr Symptom zu sprechen. Im Nachhinein verstand ich dies als meinen Wunsch, etwas zu finden, an dem wir uns festhalten konnten. Außerdem wollte ich ihr Beziehungsangebot honorieren. Es zeigte sich aber, dass die Patientin auch nur begrenzt in der Lage war, über ihre Hautkrankheit zu sprechen. Ich besann mich und tat das, was ich in anderen Behandlungen an dieser Stelle auch getan hätte, nämlich die Hilflosigkeit benennen. Mit diesem Angebot fühlte sich Frau B. wahrscheinlich verstanden, gleichzeitig aber auch gekränkt und begann erneut, mich zu entwerten. Nun spielte sich das gleiche Beziehungsmuster von vorne ab, ihre Angriffe führten in meiner Gegenübertragung zu erneuter Resignation und ich entwickelte wiederum die Vorstellung, von dieser Patientin niemals akzeptiert zu werden. Genau in diesem Moment, als ich in der Gegenübertragung meine Enttäuschung wahrnahm, tauchte Frau B. erneut auf. In ihrem schrankenlosen Klagen über die Mutter und die Herkunftsfamilie, wirkte Frau B. abwechselnd hasserfüllt und verzweifelt und ich begann allmählich das Ausmaß der Enttäuschung dieser Frau zu erfassen. Aus ihrer inneren Objektwelt heraus vermittelte sie, wie tief betrogen und alleingelassen sie sich fühlte, welchen unerträglichen Verletzungen sie in ihrer Kindheit ausgesetzt war und dass ihr tiefes Misstrauen auf den Mangel an ›wirklicher Mutterliebe‹ zurückzuführen sei. Während ihrer Klagen über die Mutter begann sie zu flüstern, so als wollte sie es selbst nicht hören. Ich bemerkte erneut ihr Amulett und überlegte, ob für diese Frau, die in ihrem Leben eigentlich nie wusste, wer und wo ihre Heimat (die Mutter) war, ihr Namensschild ein Symbol dafür war, sich nie mehr als das kleine heimatlose Mädchen fühlen zu müssen.

Bei all den deprimierenden Gedanken und Gefühlen, die im Zusammenhang mit ihrem Bericht entstanden, versuchte ich meine Anteilnahme auszudrücken, indem ich über das Unerträgliche sprach, was sie ausgehalten hatte. Ich sagte ihr auch, dass ich nun besser verstehen könnte, weshalb sie mir gegenüber so argwöhnisch sei. Ich verstand, dass sie auch in mir eine Repräsentantin der frustrierenden Mutter (wie alle Frauenfiguren in ihrer Lebensgeschichte) gesehen hatte und vermutlich versuchte, mit dem einzigen Modus, der ihr zur Verfügung stand, einen Machtkampf zu inszenieren, in der Hoffnung, als Siegerin hervorzugehen.

Ihre Objektwahl (ihrer Legendenbildung zu Folge hatte sie sich zweimal Ersatzmütter gesucht, die ebenfalls wie die leibliche Mutter Alkoholikerinnen waren) wird von einer unbewussten Rachephantasie gegenüber der Mutter geleitet. Dabei brachten ihre ›heimlichen‹ Beziehungsabbrüche ihr immer wieder den Gewinn, als ›Siegerin‹ aus dem Kampf hervorzutreten. Zum Beweis ihrer Autonomie löst sie die Beziehungen. So erwartete sie auch in unserer Beziehung, dass sie mir meine Niederlage vor Augen führen würde, weil sie mir ihr Vertrauen verweigerte und mich zu derjenigen machte, die es nicht wert war, etwas zu geben (bzw. von mir anzunehmen), weshalb sie mich ›verlassen‹ würde. Vermutlich resultieren aus der fehlenden Kontinuität der infantilen Objekte in der Welt ihrer inneren Objekte destruktive Gewalt- und Mordphantasien.

Für ihre mörderische Wut bestraft sich Frau B., dem Wiederholungszwang folgend, mit der unbewussten Wiederholung der Objektwahl, die neben ihrer Omnipotenz aber auch bedeutet, nie eine vertrauensvolle Beziehung finden zu dürfen. Selbst die Beziehung zur Großmutter, von der anzunehmen ist, dass sie das einzige konstante Bezugsobjekt ihrer infantilen Entwicklung war, bekam in ihrem Erleben etwas Feindliches.

Am Beispiel des Bruders demonstriert sie ihren Triumph, denn er hatte für diese Beziehung zur Großmutter mit leidvollen Gefühlen ›gezahlt‹, da er sich nicht – wie Frau B. – rechtzeitig von ihr distanzierte. Mit ihren Unabhängigkeitsvorstellungen scheinen Phantasien verknüpft zu sein, die die Gefahr in sich bergen, in einer vertrauensvollen Beziehung Sklave der eigenen Abhängigkeitswünsche zu werden. Auf dem Hintergrund ihrer

Objektbeziehungserfahrungen dürfen solche Wünsche gar nicht erst bewusst werden, denn die damit verbundenen reaktivierten Enttäuschungsgefühle muss sie unter allen Umständen vermeiden. Die Befürchtung, von den eigenen libidinös und archaisch geprägten Gefühlen überflutet zu werden, ist in ihrem Fall sicher nicht ganz unbegründet und bedarf einer langjährigen, Sicherheit spendenden therapeutischen Beziehung.

Zu der Frage, welche Abwehrmechanismen die Patientin mir gegenüber einsetzt, ist an erster Stelle die Spaltung zu nennen. Ich empfand die Projektion ihrer abgespaltenen Gefühle in der Gegenübertragung als gewaltigen Druck, mich zum »bösen Objekt« zu machen. Mittels des vielen Sprechens versuchte ich mich vor dieser archaischen Zuweisung zu schützen, obwohl es mir natürlich nicht gelingen konnte, da ich aus der negativen Übertragung heraus bereits so verstrickt war, dass ich mich wie ein ›böses Objekt‹ fühlte, das sich schuldig gemacht hatte. An dieser Stelle der therapeutischen Beziehung war ich durch den Druck der projektiven Identifizierung der Patientin nicht mehr in der Lage, die therapeutische Ich-Spaltung zu leisten. Ich reagierte (agierte) aus der Gegenübertragung heraus: versuchte besonders empathisch auf die Patientin einzugehen und glaubte, mich als ›gutes Objekt‹ anbieten zu können, was in Wirklichkeit aber der Versuch war, mich vor ihrer immensen Wut und Destruktion zu schützen. Dass aber gerade dieser Verstehensversuch der Patientin besondere Angst machte, da eben aufgrund ihrer unbewussten Beziehungsdynamik nichts Gutes zwischen uns entstehen durfte, wurde mir erst später in der Aufarbeitung klar. Sie musste unbewusst v. a. fürchten, ihre schizoid-paranoide Abwehr nicht mehr aufrechterhalten zu können, was wahrscheinlich zu einem Zusammenbruch ihrer rigiden Abwehrstruktur geführt hätte.

Schauen wir uns daneben ihre am Schluss des Gesprächs gezeigte Enttäuschung an, verstehen wir, dass auf der einen Seite die immense Wut steht, und auf der anderen die immensen Beziehungswünsche. Das begrenzte Angebot dieser fünfstündigen Beratung musste ihr im Vergleich zu ihrem ›grenzenlosen‹ Nachholbedürfnis wertlos erscheinen. Die damit in Zusammenhang stehende Ankündigung, die Fragebögen nicht auszufüllen, war wohl ein weiterer Versuch, ihre Wünsche und unsere Realität unter Kontrolle zu bekommen.

Später überlegte ich, weshalb ich ausgerechnet dieser so wenig belastbaren Patientin zugemutet habe, wegen des Termins vorher anzurufen. Ich konnte mir diese Reaktion, die ich heute als ›Mitagieren‹ bezeichnen würde, nur so erklären, dass es eine der wenigen Möglichkeiten für mich war, auf dem Akzeptieren meiner Grenzen zu bestehen, da ich wohl wahrgenommen hatte, dass es nach ihrem inneren Erleben nur ›Alles oder Nichts‹ gab. Durch die Konfrontation mit den Regeln erhoffte ich eine Entlastung ihrer grandiosen Erwartungshaltung.

Die nach diesem Gespräch in der Gegenübertragung verbleibenden Gefühle der Zerschlagenheit und Erschöpfung waren vermutlich Ausdruck des inneren Kampfes, der sich in der Patientin zwischen Annahme und Ablehnung, Verschmelzungswünschen und Vermeidungstendenzen abgespielt hatte. Diese gegensätzlichen Strebungen spielten sich in der Beziehungsdynamik immer wieder ab, beispielsweise als ich doch noch Hoffnung schöpfte, reagierte die Patientin mit Entwertung, oder als ich sie innerlich fast aufgegeben hatte, stellte sie plötzlich eine sehr ›intime‹, vertrauensvolle Situation her, indem sie von ihrer Herkunftsfamilie sprach, von der sie selbst ihrem Mann bisher wenig erzählt hatte. Das vorwiegend ambivalente Übertragungsklima und das ›Flucht‹-Verhalten am Ende ließen dann auch in der Übertragung die Überzeugung entstehen, dass diese Patientin sicher nicht mehr wiederkommen würde.

Nach der Analyse des Gesprächsverlauf möchte ich mich nochmals der spezifischen Übertragungsreaktion der ›Hilflosigkeit‹ zuwenden, da diesem Phänomen in dieser Beziehung eine ganz besondere Bedeutung zukommt. Ich hatte aufzuzeigen versucht, dass die Patientin mit Hilfe analer Abwehrmodalitäten wie Verweigerung oder Identifizierung mit dem Angreifer versuchte, eine vertrauensvolle Beziehung zwischen uns zu vermeiden. Dass aber gerade dieses abwehrende Verhalten bei mir dazu führte, mit symbiotisierenden Mitteln eine Beziehung zu ihr herzustellen, erinnert an maligne symbiotische Beziehungsmuster. Diese Interaktion ist als Widerspiegelung ihrer Anstrengung zu verstehen, eine Beziehung zum Primärobjekt zu schaffen. Dass es aus dem Übertragungsgeschehen heraus zu keiner ›guten Symbiose‹ hätte kommen können, bestätigte die Patientin in der Erwartung, die sie auf mich projiziert hatte. In der aktuellen Begegnung mit der Patientin fühlte ich mich völlig hilflos und kämpfte um sie; mehr und mehr die Unmöglichkeit erkennend, geriet ich in einen hoffnungslosen Zustand, in dem ich sie schließlich innerlich aufgab. Dieser Circulus vitiosus spiegelt meines Erachtens das wider, was die Patientin als kleines Kind in ihren vergeblichen Beziehungsversuchen gefühlt haben muss. In den Untersuchungen von Spitz und Bowlby wird dieser Vorgang beschrieben, in dem das Kind sich seiner Resignation und Depression mehr und mehr überlassen fühlt. Frau B.s unbewusste Inszenierung erklärt sich aus einem solchen Geschehen, über das die Beziehungspartner dieser Frau erleben, welch unerträglichen Erfahrungen sie als kleines Kind ausgeliefert war. Als Konsequenz ihres Schmerzes und ihrer Enttäuschung wählte sie damals die Identifizierung mit dem Aggressor, was ihr unbewusst ermöglichen sollte, selbst diejenige zu werden, die unerreichbar und damit ›unberührbar‹ wird.

Ihr paranoid-schizoides Abwehrverhalten diente dazu, mich zur ›Bösen‹ zu machen, um damit ihre Angst vor der Wiederbelebung eigener, nicht zu ertragender infantiler Verletzung zu vermeiden. Auf der einen Seite hatte die Patientin grandiose Hoffnungen in mich gesetzt (ich war die ›letzte Möglichkeit‹), und ich fühlte mich mittels der in der Gegenübertragung erzeugten Größenphantasie in die Rolle gebracht, sie halten zu können. Gleichzeitig demonstrierte sie permanent meine Unfähigkeit, die mich aus der Gegenübertragung heraus fühlen ließ, dass es auch mir nicht gelingen würde, sie zu erreichen (ihr Vertrauen zu gewinnen). Der Preis für diese Form des Triumphes (Rache an der Mutter) liegt hier in der Unerreichbarkeit einer vertrauensvollen Beziehung.

Zweites Gespräch: Autonomieversuche
Die Inszenierung der Patientin im Vorfeld des zweiten Gesprächs lässt auf eine tiefgehende Manipulationsangst schließen. Interessanterweise inszenierte sie unbewusst in der Nichteinhaltung der vereinbarten Regel (der 2. Termin wurde von ihr nicht telefonisch bestätigt) eine Situation, die es ihr erlaubte, sich als ›Hintergangene‹ (bestätigt) zu fühlen. Sie selbst versuchte zwar, sich über die Vereinbarung hinwegzusetzen, entwickelte aber die Phantasie, ich wollte nichts mit ihr zu tun haben. Ihre Vorstellung, ich hätte mich verleugnen lassen, da ich zum Zeitpunkt ihrer Anwesenheit in der Klinik gewesen sei, ist Ausdruck ihrer paranoiden Abwehrvorstellung. So hatte sie unbewusst in unserer Beziehung eine Wiederholungssituation geschaffen, in der sie sich gemäß ihren infantilen Objekterfahrun-

gen als die ›Vernachlässigte‹ fühlt. Vermutlich verstand sie meine Bitte, den Termin telefonisch zu bestätigen bzw. abzusagen, bereits als manipulativen Eingriff in ihren Freiraum. Indem sie eine dritte Person dazwischenschaltete (es gelang ihr, die Sekretärin zu überreden, mich anzurufen), wendete sie ihre Manipulationsangst in eine Projektion um und war damit in der Lage, diese Angst zu beherrschen. Die aus diesem vermeintlichen Vertrauensbruch entstandene Kränkung brachte sie im zweiten Gespräch in Form eines offen abweisenden Verhaltens (sie verweigerte meine zur Begrüßung gereichte Hand) zum Ausdruck. Vor allem spiegelte sich in ihrer Haltung mir gegenüber ein gewisser Trotz wider, der in der Verweigerung des Setzens und mich Anschauens charakterisiert war. Möglicherweise sollte dieses distanzhaltende Muster ihr Unbeteiligtsein und ihre Unbeeinflussbarkeit kundtun.

Das zentrale Beziehungsgeschehen dieser zweiten Stunde zeichnete sich also bereits in der Initialszene ab. Schon hier entwickelten sich die widerstreitenden psychischen Qualitäten in der Gegenübertragung, aus der heraus ich mich bereits im ersten Moment in die Verletztheit der Patientin einbezogen fühlte und in Erwartung weiterer Kränkung das Bedürfnis nach Schutz aufkam. Auch die nächste Interaktion, in der sich die Patientin entgegen meiner einladenden Geste demonstrativ ans Fenster stellte und hinausschaute, verdeutlichte, dass sie sich von mir abwendet, während sich der Gesprächspartner einem üblicherweise zuwendet. Durch die Gegenübertragungsphantasie des Gefährlichen fühlte ich mich blockiert, konnte das auffällige Verhalten nicht ansprechen und war bereit, wie gegen Wände zu reden, mit der Vorstellung, Schlimmeres zu vermeiden.

Erst später – aus der Analyse dieser Gegenübertragungsreaktion – wurde mir das Nicht-Ansprechen-Dürfen klarer.

Meine ›Schonhaltung‹ war durch das Gegenübertragungsbild ›sprungbereit am Fenster stehend‹ herausgefordert worden. In diesem Bild wurde soviel von ihren unbewussten Gewalt- und Todesphantasien wachgerufen, dass ich mich in der Abwehr dieser bedrohlichen Vorstellungen auf alles einließ. In der Patientin dagegen war wohl die unbewusste Angst mobilisiert worden, dass ihre Nähewünsche womöglich von mir erkannt werden könnten, weshalb sie umso größere körperliche Distanz schaffen musste, je näher sie mir innerlich kam (sich gedanklich mit mir beschäftigte). Vielleicht ging es aber auch um Omnipotenz- bzw. omnipotente Machtphantasien, die sie für sich behalten musste, um sie nicht gegen mich wenden zu müssen, so wie sie ihre Manipulationsangst projektiv gegen mich gerichtet hatte. Diese kam einerseits in der Demonstration ihres Desinteresses und andererseits durch die hochgradige Emotionalisierung, die in der dichten Anfangsszene zwischen uns entstanden war, zum Ausdruck.

Aus der Beobachtung der Gegenübertragungsentwicklung heraus meine ich, dass in der Wiederholung ihres Kontrollverhaltens auch ein Stück Aggressionsbefriedigung enthalten war, indem sie sich sowohl gegen das Setting ›stellte‹ als auch meinte, mich ›erwischt‹ zu haben, während ich auf meinen Schuldgefühlen ›sitzenblieb‹. Letztendlich bestand der Sinn des Schonens wohl hauptsächlich in der Vermeidung des ›Anfassens‹ dieser Themen mit der Möglichkeit des Agierens. Die Schonhaltung hatte darüber hinaus auch noch die Funktion, ihre regressiven Bedürfnisse ›zugedeckt‹ zu lassen, schließlich schonte nicht nur ich sie, sondern sie schonte auch mich, denn wer weiß, welche schmerzlichen und unerträglichen Gefühle, aus der malignen Symbiose herrührend, aufgetaucht wären. Im Nachhinein verstand ich ihre Vermeidungshaltung als Anpassungsleistung, sie war nötig, um uns beide vor großem ›Schmerz‹ zu schützen.

Betrachtet man den weiteren Übertragungsverlauf, zeigte sich auch in der Sequenz, in der ich mich unter Schuldgefühlen geradezu ›gedrängt‹ fühlte, die Fragebögen zu ›kontrollieren‹ ihre Abwehrstrategie. Der damit wieder aufflammende Machtkampf erlaubte der Patientin sich an der Realität ›festzuklammern‹. Ich verstand diese Inszenierung als Verführungsversuch und als Ausdruck ihrer Enttäuschung, dass ich mich, aus der Übertragung heraus, dazu verleiten ließ, ihr nachzuspionieren. Trotz aller Strukturierungsversuche gelang es mir danach kaum noch, von der realen Ebene wegzukommen und zur Thematisierung der unbewussten Bedeutung ihres Kontrollverhaltens zu wechseln. Im Gegenteil, ich fühlte mich in der Gegenübertragung (ähnlich wie im ersten Gespräch) wie in einem Strudel ›gefangen‹ und bekam den Eindruck, dass es auf Gedeih und Verderb darum geht, wer zum ›Verlierer‹ wird. In dieser Situation, in der ich mich erneut in einen aussichtslosen Kampf verwickelt fühlte, kam ich wieder an einen Punkt, wo ich mich als inkompetente Versagerin erlebte, die unfähig war, diese quälende Interaktion zu verhindern. Während ich mich ständig um Freundlichkeit bemühte, wurde ich endlich in der Gegenübertragung meines Ärgers gewahr und entdeckte, dass ich der Patientin auch etwas verheimlichte, nämlich meine negativen Gefühle, die sie in mir hervorrief. Ich begriff, dass ich mich der Patientin gegenüber unaufrichtig verhielt und mich irgendwie verpflichtet fühlte, ihr besonders viel Verständnis entgegen zu bringen. Unser charakteristisches unbewusstes Arrangement hatte sich wieder hergestellt, ich war diejenige, die die Patientin ›halten‹ sollte, während sie immer cooler deutlich machte, dass ihr an der Beziehung mit mir nicht gelegen war.

An dieser Stelle möchte ich auf dieses charakteristische Beziehungsgeschehen, das die Voraussetzung für den Abbruch darstellt und bei anderen Patienten dieser Patientengruppe in ähnlicher Weise zu beobachten war, noch genauer eingehen. Für diese Patienten gilt, dass sie aus einem unbewussten Nähe-Distanz-Konflikt heraus alles tun, um Berührung zu vermeiden, während der Therapeut (wie am Fallbeispiel dargestellt) aus der Übertragung heraus die Funktion zugeteilt bekommt, alles zu tun, um den Patienten zu erreichen (›zu berühren‹). In diesem Sinne ist auch die Verstrickung der gerade beschriebenen Szene mit der Patientin Frau B. zu sehen. Anstatt meine aggressiven Gegenübertragungsreaktionen als Ausdruck der aktualisierten Gefühle der Patientin zu deuten, glaubte ich im Zuge der psychodynamischen Austauschprozesse die Patientin schonen zu müssen, ihr – anstelle sie mit ihrem Verhalten zu konfrontieren – Hilfe und Stütze anbieten zu müssen.

Ein weiteres typisches Merkmal dieser projektiven Identifizierungen ist in den mir gegenüber geäußerten grandiosen Wünschen und Phantasien der Patientin enthalten, die ich in der Gegenübertragung als Insuffizienzgefühle wahrgenommen hatte. Selbst im Nachhinein, während der Aufarbeitung des Materials, ertappte ich mich immer wieder bei solchen Größen- bzw. Versagerphantasien, wie etwa dem Gedanken: hätte ich nur eine einzige ›gelungene‹ Deutung geben können, hätte ich der Patientin wirklich helfen können.

Dass Frau B. über ihre geheimen Scheidungsabsichten sprechen konnte, zeigt aber auch, das sich ihre Abwehrhaltung gelockert hat. Dagegen war mein Versuch, zwischen ihren Separationswünschen und ihrer Krankheit eine Verbindung herzustellen, schon wieder zuviel ›Berührung‹ für sie. Ihr Aufspringen und Hin- und Herrennen sollte wohl symbolisch glaubhaft machen, dass die Einsicht in diese Zusammenhänge nicht zu ertragen gewesen wäre. Ihre bisherige Strategie lag darin, sich von der einen ›bad mother‹ zur anderen zu flüchten, vielleicht befürchtete sie auch, ich könnte durch das Ansprechen dieser Zusammenhänge ihre Pseudolösungsversuche zerstören. Erst nachdem sie aufgesprungen war, sich also vor meinem vermeintlichen Manipulationsübergriff gerettet hatte, gelang es ihr, über ihre Separationswünsche zu sprechen. Dabei wurde ihr bewusst, dass sie diese Wünsche kaum an den ›Mann‹ bringen kann, weil sie sich wie in der Übertragungsbeziehung sowohl von ihren Separationswünschen als auch ihren regressiven Bedürfnissen geängstigt fühlte. Hätte sie sich mit diesen Wünschen weiter auseinandergesetzt, wäre sie wahrscheinlich am Ende der letzten Stunde zu dem Ergebnis gekommen, sich mit wenig zufriedengeben zu müssen. Deshalb versuchte sie lieber, die Bedingungen zu verändern (Settingsänderung, Scheidungsabsicht), anstatt sich mit der eigenen Frustration zu konfrontieren. Immerhin wurde ihr aber an dieser Stelle bewusst, dass nicht nur der andere, sondern sie selbst Verantwortung übernehmen muss, um letztlich in Beziehungen profitieren zu können.

Dass auch sie zu einer gewissen Anpassung fähig war, vermittelte sie, als sie von ihrem Arbeitsplatz sprach.

Gegen Ende des Gesprächs hatte sich zwischen uns eine ruhige und als respektvoll zu bezeichnende Atmosphäre eingestellt, die sie am Schluss aber nochmals in infrage stellen musste. Am Beispiel des Vertrauensbruchs der früheren Chefin äußerte sie indirekt auch mir gegenüber ein Misstrauensvotum. Die Frage nach der Auswertung der Fragebögen entsprang wohl eigentlich ihrer Sorge, etwas von ihren verborgenen Wünschen und negativen Gefühlen zu verraten, weil sie sich nach wie vor nicht sicher war, ob sie mir trauen konnte. Nach einer unerwartet problemlosen Terminvereinbarung, bei der ich mich in meinen Grenzsetzungen plötzlich akzeptiert fühlte, hatte ich in der Gegenübertragung ein fast mütterliches Gefühl für sie, und ich stellte mir vor, dass es zu einer ›heimlichen‹ Verbindung zwischen uns gekommen war. Als mir die Patientin zu meiner großen Überraschung zum Abschied sogar die Hand reichte, fühlte ich mich wirklich berührt. Diese sonst so normal erscheinende zwischenmenschliche Geste bekam in der Begegnung mit dieser Frau die Bedeutung eines unvergesslichen Vertrauensbeweises, der mir zeigte, dass es zu einer inneren Berührung gekommen war.

Da die Patientin dann aber zum nächsten Termin nicht mehr kam und auch über die dermatologische Abteilung nichts in Erfahrung zu bringen war, versuchten wir in der Supervision herauszufinden, was zu diesem

›Abbruch‹ geführt hatte. Obwohl vieles in dieser kurzen Begegnung unverständlich geblieben war, hatte gerade diese Patientin ein außerordentlich lebendiges Bild von sich hinterlassen. Ich konnte mich noch nach Monaten sehr genau an Details erinnern, obwohl ich sie nur zweimal gesehen hatte. Mich beschäftigte noch lange die Frage, was Frau B. dazu bewegte den Kontakt genau in dem Moment abzubrechen, als etwas ›Gutes‹ zwischen uns entstanden war. Die verständlichste Erklärung läge im Selbstschutz der Patientin, da für sie von diesen Gesprächen die Gefahr einer inneren Berührung ausging, wenn sie sich verstanden gefühlt hätte. Da es dazu nicht kommen durfte, wählte sie lieber den Weg des »Verlassens« und bekam damit ihre Regressionswünsche und die damit verbundenen Ängste wieder unter Kontrolle. Eine vertrauensvolle Beziehung wäre für sie bedrohlicher als eine destruktive Beziehung, da die Konfrontation mit ihren Nähewünschen größere Ängste mobilisierte als die Konfrontation mit Wut und Enttäuschungsgefühlen, mit denen sie im Laufe der Jahre umzugehen gelernt hatte.

Vielleicht war der Abbruch unserer Beziehung aber auch eine Möglichkeit, die Trennungsphantasien gegenüber dem Ehemann auszuagieren, denn der reale Verlust des Ehemanns wäre zu diesem Zeitpunkt noch nicht zu verkraften gewesen. Letztendlich wiederholte Frau B. aber ein ihr bekanntes Muster, sie trennte sich – rettete ihre Haut – und bewies damit, das sie unabhängig und frei war und jederzeit (heimlich) gehen konnte.

Ich empfand in der Gegenübertragung diese Trennung als einen zu frühzeitigen Verlust, dem möglicherweise die Bedeutung zukam, dass nur auf diese Weise das zwischen uns entstandene ›Gute‹ von ihr erhalten werden konnte. Vielleicht hatte sie aber doch eine neue Erfahrung gemacht und versuchte sich diesmal rechtzeitig und nicht wie in ihren sonstigen ›Abbruch‹-Beziehungen erst dann zu trennen, wenn die Beziehung bereits destruktiven Charakter angenommen hatte.

Diskussion

Zusammenfassend ist zur Psychodynamik und den Übertragungsprozessen festzuhalten:
Als charakteristischer Beziehungsmodus hatte sich zwischen der Patientin und mir ein ambivalentes Nähe-Distanz-Verhalten entfaltet, dass sich

in der speziellen Form ambitendenter Phänomene sowie in Form von Berührungsängsten äußerte. Bei dem zentralen unbewussten Konflikt der Patientin handelt es sich um einen unbewussten Separations-Individuations-Konflikt, der durch die Unterdrückung von Trennungsimpulsen das unbewusste und bewusste Geschehen bestimmt und mittels projektiver Identifizierungen abgewehrt wird.

Die aus der Welt ihrer inneren Objekte in der Übertragungsbeziehung aktualisierten aggressiven und regressiven Gefühle führten im Erleben der Patientin vermutlich zu der Angst, diesen Gefühlen nicht mehr gewachsen zu sein. In der schweren Beziehungsstörung der Patientin mussten die Abhängigkeitswünsche paranoid abgewehrt werden. Darüber hinaus besteht ein Zusammenhang zwischen dem Ausbruch der Urtikaria und den Trennungswünschen.

Die psychosomatische Erkrankung konnte im Kontext der Übertragungsbeziehung bei dieser Patientin als psychische Verarbeitung eines neurotischen Konflikts auf dem Niveau einer Borderline-Persönlichkeitsstruktur verstanden werden. Die psychosomatische Erkrankung mit den Symptomen der Urtikaria dient der Abwehr aggressiver und regressiver Triebimpulse. In der Übertragungsbeziehung wurde festgestellt, dass die psychosomatische Symptomatik einen regelhaften Zusammenhang mit den Beziehungsstörungen der Patientin aufweist, sodass die Intensität und Abwehrnotwendigkeit von aktuellen und biographisch zurückverfolgbaren Konflikten durch die psychosomatische Symptomatik exazerbiert wird. Im Einzelnen lässt sich aus der Lebensgeschichte der Patientin auf eine Traumatisierung durch Deprivation im Sinne der Grundstörung (Balint) schließen. Aspekte dieses Traumas, welches in defizitärer Bedürfnisbefriedigung und frühzeitigem Verlust des Primärobjektes bestand, wurden in der Aktualität des therapeutischen Kontakts wiederbelebt, was erlaubt, rekonstruktiv auf eine schwere narzisstische Störung der frühen Zwei-Personen-Beziehung zu schließen.

In der aktuell krankheitsauslösenden Situation war ein Zusammenhang zwischen den Separationswünschen der Patientin, für die es durch deren Abgrenzungsbedürfnisse zu einer Beunruhigung in der persistierenden Zweierbeziehung gekommen war, und dem psychosomatischen Symptom nachzuweisen. Auf den phantasierten Verlust des Dualunion-Partners (des Ehemannes) hatte die Patientin mit Angst und Schuldgefühlen reagiert, und es kam infolge der infantilen traumatischen Trennungserfahrungen während der aktuellen Krisensituation zu einem Zusammenbruch bisheriger Abwehrfunktionen. Das in diesem Zusammenhang entwickelte Symptom der Patientin wurde als produktive Ich-Leistung verstanden, das ihr ermöglicht, ihre Abgrenzungsbedürfnisse symbolisch agierend darzustellen. Auf diese Weise gelingt es ihr, in der Aktualität der Objektbeziehung aus einer unbewussten Wiederholung früherer Objektbeziehungen bzw. deren Repräsentanzen mittels des Symptoms Distanz zu schaffen, und damit ihre innere Stabilität vorübergehend zurückzugewinnen.

Die Aufrechterhaltung einer rigiden schizoid-paranoiden Abwehrstruktur dient der Vermeidung einer (möglichen) psychotischen Dekompensation. Als Folge einer zu frühen Loslösung vom Primärobjekt sowie einer fehlenden narzisstischen Begleitung ihrer Autonomie entwickelte die Patientin kompensatorisch besonders ausgeprägte Selbstbehauptungstendenzen. Daneben stehen überwiegend anale Verhaltensmodalitäten wie Kontroll- und Machtbestrebungen, die im zwischenmenschlichen Kontakt in ihrem manipulativen Charakter die Beziehungen bestimmen. Als Hauptquelle der Angst werden vor allem die oralen Bedürfnisse abgewehrt, da die Patientin andernfalls befürchten müsste, von den damit verbundenen Wut- und Enttäuschungsgefühlen überwältigt zu werden.

Die sich in der Übertragungsbeziehung abbildenden archaischen Emotionen und deren Abwehrversuche wurden i. S. projektiver Identifizierung nacherlebt. Das Gegenübertragungsklima gestaltete sich als Involviertsein in ein Beziehungsmuster, in dem Annahme zugleich mit Ablehnung, und Wünsche zugleich mit Kränkung verknüpft waren. In diesen sich widersprechenden Strebungen war ein auffälliges Oszillieren wahrzunehmen, bei dem in keinem Fall die Möglichkeit eines Nebeneinander-Bestehen-Könnens gegeben war. Die aus der narzisstischen Übertragung spürbar werdende extreme Verletzbarkeit der Patientin führte dementsprechend zu einem kränkenden Übertragungsklima. Dieses war durch Nichtakzeptanz und Hoffnungslosigkeit charakterisiert und ließ auf eine immanent in der Patientin wirkende Kränkung schließen. Obgleich sich die Beziehung für einen neutralen Beobachter nach dem analen Muster gestaltete (Machtkampf), wurde zusätzlich ein Kampf gegen die (inneren) libidinösen Wünsche auf der oralen Ebene deutlich.

Die damit im Zusammenhang stehenden reaktivierten Übertragungsgefühle ließen auf eine Deprivationserfahrung schließen, die sich in der Symbiose vollzogen haben muss. Die aus der infantilen Erfahrung einer malignen Symbiose resultierende narzisstische Störung gestattet es der Patientin nur begrenzt, befriedigende Objektbeziehungen einzugehen.

Schlussfolgerungen für ein analytisches Beratungskonzept

Nach der detaillierten Übertragungsanalyse der beiden exemplarischen Fallbeispiele werden im Folgenden einige verallgemeinernde Aussagen, die für ein psychoanalytisches Beratungskonzept für Hautkranke von Bedeutung sind, diskutiert und in ihren Schlussfolgerungen vorgestellt.

Wie bereits ausgeführt, basiert das theoretische Konzept der Objektbeziehungslehre auf den infantilen Prozessen und den damit verbundenen narzisstischen Enttäuschungen, denen eine wichtige Bedeutung in der Psychogenese von Psychosomatosen zukommt. Dabei beschäftigte mich die Frage, ob es für die Patienten dieses Kollektivs möglich sein würde, sich auf eine psychoanalytische Beratung einzulassen und dadurch bestimmte verinnerlichte infantile Beziehungserfahrungen zu aktivieren bzw. möglicherweise zu überwinden. Welche Beziehungsmuster im Kontext der Übertragungsbeziehung als unbewusste Wiederholung primärer Interaktionsmuster auftreten und zu welchen Konstellationen das in der Übertragungsbeziehung führt, wollte ich ›am eigenen Leib‹ erfahren.

Gleich zu Anfang der Begegnung vermittelten dann auch einige Patienten, dass sie nur dann an der Weiterführung interessiert seien, wenn ich mich als gute und spendende Mutter zur Verfügung stellen würde. Sie wollten im übertragenen Sinn ›gefüttert‹ werden und verhielten sich höchst ambivalent, was ihre Mitverantwortlichkeit für das Arbeitsbündnis betrifft. Das äußerte sich u. a. darin, dass von mir eine wesentlich aktivere Motivationsarbeit geleistet werden musste, als ich es von anderen Patientengruppen gewohnt war. Ich sollte mit aktiven Fragen aber auch mit viel Bestätigung und Anerkennung auf die Patienten eingehen, bei manchen hatte ich sogar den Eindruck, nur über verstärkte narzisstische Zufuhr die Möglichkeit einer Kontaktaufnahme schaffen zu können.

Insgesamt dominierten in diesen ersten Gesprächen Verhaltensweisen, die sich von Misstrauen über Zurückweisung bis hin zu ängstlichem Rückzug erstreckten. Widerstand und Angst der Patienten übertrug sich auf mich und äußerte sich schließlich aus der Gegenübertragung heraus vor allem in meiner Stimme. Ich sprach plötzlich wesentlich vorsichtiger und schonender als sonst, dabei noch besonders leise und in einem beruhigenden Tonfall, fast auf jede Schwingung achtend. Ich hatte somit auf die extreme Verletzbarkeit der Patienten reagiert, indem ich eine Art Schonklima geschaffen hatte, das das empfindliche Gleichgewicht der therapeutischen Arbeitsbeziehung und dessen Brisanz zum Ausdruck brachte.

Stefanos (1978) spricht von einer »Abstoßreaktion«, mit der er die Reaktion und das Einbeziehen des Therapeuten in die Verletzlichkeit des psychosomatischen Patienten meint. Ich spürte diese bedrohliche Instabilität, in der ich mich einerseits vom ersten Augenblick der Begegnung an immer wieder neu fasziniert, sozusagen atmosphärisch in der Gegenübertragung ›gefangen genommen‹ fühlte, andererseits bewusst um ein Klima bemühen musste, das den Patienten half, Vertrauen zu entwickeln.

In den Themen, mit denen sich die Patienten beschäftigten, ging es vor allem um die Angst vor Abhängigkeit, die Unmöglichkeit, Vertrauen zu entwickeln und besonders um Manipulationsängste. Neben dem Versuch, diese Ängste nach außen zu verlagern, entfalteten sich diese beispielsweise auch in ihren Verschmelzungswünschen. Diese sollten mittels bestimmter Vorsichtsmaßnahmen, bis hin zu Kampf-Flucht-Reaktionen beherrscht werden. Die mit dieser Bereitschaft verbundene Spannung war manchmal an typischen Körperhaltungen abzulesen, beispielsweise Unruhe, Unbeweglichkeit, Steifheit (so verharrte eine Patientin während des ganzen Gesprächs auf der vorderen Sesselkante).

Stellvertretend für die Patienten, die ihre innere Spannung über den Körper zur Darstellung brachten, möchte ich eine 36-jährige Kroatin anführen, die wegen eines schweren Urtikaria-Anfalls stationär behandelt wurde.

Sie präsentierte sich im Erstinterview in einem stuporös anmutenden Zustand. In einer regungslos starren, Beine und Arme angewinkelten Haltung im Sessel kauernd, nahm sie keinerlei Blickkontakt mit mir auf und weinte still vor sich hin. In dieser fast embryonal wirkenden Stellung vermittelte sie szenisch das Bild eines Fötus, der – eingezwängt in einem (Haut-)sack – in seiner Bewegungsfreiheit behindert wird. Auf behutsames Fragen hin berichtete sie in einem gleichförmigen Tonfall von ihrem Heimweh und schilderte die Zwangslage, in der sie sich befand:»Ich wollte gar nicht so lange hierbleiben, aber jetzt habe ich Kinder und einen Mann und kann nicht mehr zurück.« Sie sei davon überzeugt, nur deshalb unter dieser »furchtbaren Hautkrankheit« leiden zu müssen, »weil es in Deutschland immer so kalt«, wohingegen es bei ihr zu Hause viel wärmer sei. Ich verstand ihre unbewusste szenische Darstellung, sich ›klein und unsichtbar‹ zu machen, einerseits als Abwehrversuch gegen das Heimweh und andererseits als Somatisierung, die den Wunsch darstellte, in den Schoß der Heimat (der Mutter) zurückzukehren. Die körperliche Darstellung erlaubte ihr die regressiven Bedürfnisse zu symbolisieren. Dem Gefühl, in einer Zwangslage zu stecken, andererseits ihre Verschmelzungswünsche nicht mehr ausreichend kontrollieren zu können, konnte ihre Abwehr nicht mehr standhalten, so dass sie mit einem Urtikaria-Schub reagierte. In ihrer Ehe war es wegen dieser Wünsche zu einer Krise gekommen und ihre sonst funktionierenden Abwehrmodalitäten reichten nicht mehr aus, um die unbewussten Wünsche und die Realität in Einklang zu bringen. Die Urtikaria war wohl der einzigste Weg, den seelisch nicht mehr zu verarbeitenden Trennungsschmerz und die Sehnsucht nach der Mutter in symbolischer Form körperlich auszudrücken.

Die bereits im ersten Beratungsfall dargestellte Angst von Frau A. vor direkter körperlicher Berührung stellte sich bei mehreren Patienten ein. Das auffällige Verhalten, meine zur Begrüßung gereichte Hand zu ignorieren oder zu verweigern, verstand ich später als die erste unbewusste Mitteilung an mich, in der indirekt etwas über den Beziehungswunsch und dessen Abwehr zum Ausdruck gebracht wurde. Für mich vermittelte diese doppelbödige Botschaft, die den Charakter einer Schutz- und Konfrontationshaltung zugleich hatte, einen Distanzierungsversuch, der durch eine darunter liegende Angst ausgelöst worden war. Neben der unbewussten Botschaft des Sich-Nicht Nähern-Wollens oder -Sollens, verstand ich dieses charakteristische Kontaktmuster auch als Hinweis auf eine frühe narzisstische Kränkung, aus der heraus sich die Patienten immer noch veranlasst sehen, sich im ersten Kontakt sowohl zuwendend als auch abweisend (kränkend) zu verhalten.

Die Beratung: Zwei Einzelfallstudien

Am folgenden Beispiel einer 33-jährigen Patientin, die, wie sie sagte, aus »hygienischen Gründen« zur Begrüssung keine Hand geben wollte, möchte ich diese Berührungsangst darstellen. Diese Patientin litt seit drei Jahren unter einem therapieresistenten Pruritus vulvae und befand sich seit Jahren wegen sexueller Erlebnisunfähigkeit bei verschiedenen Gynäkologen in Behandlung. Ihrer Aussage zufolge hatte sie sich vom Dermatologen »überreden« lassen, nach der psychischen Ursache ihrer Krankheit zu forschen.

Die in den Gesprächen dünnhäutig und zerbrechlich wirkende Patientin, die während der Gespräche stets ihren dicken Pelzmantel anbehielt, berichtete aus einer von rivalisierenden Frauen dominierten Herkunftsfamilie, in der sie die Funktion eines »Vorzeigepüppchens« hatte. Diese Frauen (Mutter, Großmutter und Tanten) sahen in der Darstellung der Patientin in ihrem eigenen unbefriedigten Leben nur den einen Sinn, stellvertretend an der Schönheit und Grazie der Patientin zu partizipieren und damit ihr eigenes mangelndes Selbstwertgefühl über die Patientin narzisstisch aufzuwerten.

Entsprechend dieser Familiendelegation stellte sich die Patientin in den Beratungsgesprächen wie eine ›Porzellanfigur‹ dar, die sich so zerbrechlich und kostbar inszenierte, dass ich im Laufe der Gespräche gar nicht mehr versuchte, sie zu ›berühren‹ (ihr näher zu kommen). In ihrer maskenhaften Starrheit und puppenhaften Vollkommenheit wirkte sie einerseits faszinierend, andererseits unendlich einsam. Im Laufe der Beratung fiel mir auf, dass mein Gegenübertragungswunsch, sie ›anzufassen‹, mehr und mehr ›abgetötet‹ schien. Wie sich bereits zu Anfang gezeigt hatte, war für diese Patientin ›Angefasst-Werden‹ mit der Angst verbunden, narzisstisch missbraucht zu werden. Jegliche zwischenmenschliche Geste, selbst die einer Begrüßung, war für sie zu ›fleischlich‹ und wurde von ihr als unhygienisch bezeichnet, sodass sie natürlich auch in ihrer Sexualität Schwierigkeiten haben musste.

Obwohl sie über ihre Frigidität klagte, sich aber meinen Anforderungen korrekt anpasste (indem sie beispielsweise nie zu spät kam), blieb sie in der therapeutischen Beziehung ›steril‹ und unerreichbar. Die Rekonstruktion des Materials zeigte, dass sie sich unbewusst noch immer vor den früher real stattfindenden Sauberkeitsdressuren der asexuellen Frauen ihrer Familie fürchtete. An diese Rituale ihrer Introjekte gebunden, wagte sie nicht, ihre ›unhygienischen‹ Bedürfnisse zu zeigen oder gar lustvoll zu erleben. Aus Furcht vor der Wiederholung frühkindlicher Scham- und Schuldgefühle ›funktionierte‹ sie unbewusst und verhielt sich weiterhin wie eine Puppe, die ›clean‹ den mütterlichen Anforderungen entsprach. Die Bedeutung der sexuellen Problematik wurde auf diesem verinnerlichten psychischen Hintergrund verständlich. Mittels ihres therapieresistenten Symptoms konnte sie sich ihren Freund ›vom Leibe halten‹ und weiterhin als die ›saubere Tochter‹ den verinnerlichten Objekten gehorchen.

In der letzten Stunde der Beratung war es der Patientin dann doch möglich, diese Angst vor Scham und vor Vereinnahmung zu verbalisieren. Sie entwickelte eine Ahnung von den psychischen Zusammenhängen. Ihr Symptom hatte einerseits die Bedeutung, ihre Wut im Kratzen abzureagieren, andererseits war es auch eine Möglichkeit, sich nicht nur als Puppe, sondern als lebendiger Mensch zu fühlen. Diese Pseudolösung war bisher ihre einzige Möglichkeit, Wünsche umzusetzen und sich emotional bedürftig zu fühlen.

Ein weiteres auffälliges Verhalten gerade in der Anfangsphase der Kontaktaufnahme bestand in einem übertriebenen Anpassungs- und Unterordnungsverhalten, das deutlich zur Abwehr von Aggressivität eingesetzt wurde. Aus der Übertragungsanalyse wurde deutlich, dass einige Patienten mit Wut und Aggression auf die Anforderungen der therapeutischen Arbeitsbeziehung reagierten, was sie jedoch meist durch besonders betonte Liebenswürdigkeit und Höflichkeit zu überspielen versuchten. Auffällig war auch, dass sich gerade die Patienten, die sich mit den Anpassungsleistungen ihres sozialen Lebens gut arrangiert hatten, in der Zweipersonen-Beratungssituation verunsichert und bedroht fühlten.

Hierzu möchte ich das Beispiel eines 42-jährigen Patienten mit der Diagnose Alopecia-areata anführen, der sich mir gegenüber in einer übertrieben devoten Haltung präsentierte. Er schilderte sehr eindrucksvoll, wie er sich in seinem Erleben als Kind »missbraucht« fühlte, weil er sich von der Mutter und vom Stiefvater als »Aushängeschild« im Sinne eines idealen Selbstobjekts »benutzt« vorkam. Der Stiefvater, der im Dorf als Schulmeister ein hoch ›angesehener Mann war, verlangte von ihm ausschließlich Höchstleistungen. Konnte der Patient diesen Anforderungen nicht gerecht werden, reagierte sowohl die Mutter als auch der Vater mit Liebesentzug und schweren körperlichen Strafen. Schon in der frühesten Kindheit hatte der Patient schwere Deprivationserlebnisse zu verkraften, da er bereits als Säugling wegen der Berufstätigkeit der Mutter und wegen des fehlenden Vaters früh gelernt hatte, sich zu bescheiden und ›bedürfnislos‹ zu fügen. Seiner Legende nach war er – schon in den ersten Monaten seines Lebens alleingelassen – darauf angewiesen, dass irgendwelche Leute aus dem Dorf kamen, um ihn zu füttern, da die Mutter den Lebensunterhalt verdienen musste. Als Erwachsener erlebe er nun endlich die Anerkennung, die ihm aufgrund seiner beruflichen Höchstleistung in der Computerbranche zusteht.

In der Gesprächssituation verlangte er dagegen in auffälliger Weise, fast wie ein hilflos ausgesetztes Kind ›Bemutterung‹. Er berichtete zwar sachlich von seinem Problem, dass ihm die Haare ausgingen, sagte aber gleichzeitig, dass er erwarte, dass ich »etwas dagegen tue«. Auf mein Nachfragen stellte sich dann heraus, dass es eine bedeutungsvoll auslösende Situation gab. Ihm waren nämlich erst dann die Haare ausgegangen, als sich seine Frau mit den beiden Kindern von ihm getrennt hatte. Er, der es gewohnt war, seinen Kopf als wichtigstes Interaktionsmittel zu benutzen, versuchte nun fast ›kopflos‹ nach dem Modus totaler Unterwerfung eine Beziehung zu mir herzustellen. Szenisch betrachtet bot er mir an, mich zur ›guten Mutter‹ zu machen, wenn ich ihm Ersatz für das verloren gegangene Objekt bieten würde. Infolge seiner psychischen Sozialisation gab es für ihn nur eine Existenzberechtigung, wenn in wechselseitiger narzisstischer Ausbeutung der eine den anderen ›versorgt‹. Bei diesem oral fixierten Patienten war aus der Gegenübertragung heraus der ›Sog in die Symbiose‹ ungeheuer groß.

Natürlich wollen wir als Therapeuten ›helfen‹ und so ist es erst einmal mit narzisstischer Aufwertung verbunden, ein idealisierendes Übertragungsangebot anzunehmen, andererseits hätte genau dieses Agieren zu einer Wiederholung des infantilen, krank machenden Beziehungsmodus bei diesem Patienten geführt. Er stand ganz offensichtlich unter einem hohen Leidensdruck, aber seinen Versorgungswünschen zu entsprechen wäre für ihn nur eine kurzfristige Entlastung. Da es möglich war, seine aktualisierten Beziehungswünsche zu besprechen, fühlte sich der Patient ernst genommen und war in der Lage, sich auf eine längerfristige psychoanalytische Arbeit einzulassen.

Etwas ähnliches erlebte ich mit einer 24-jährigen Ekzempatientin, deren Ekzem an den Ellenbogen zum ersten Mal auftrat, als sie sich vom Stiefvater aus der elterlichen Wohnung »rausgeschmissen« fühlte. Ihr Wert in der Familie bestand in ihrem Erleben ebenfalls darin, von den anderen als narzisstisches Selbstobjekt benutzt zu werden. Dies bedeutete aber, dass sie sich nur so lange in der Familie anerkannt fühlen konnte, solange sie den Anforderungen gerecht wurde (bis zu acht mal in der Woche an den Proben der vom Stiefvater geleiteten Chöre als Vorsängerin teilzunehmen). Als sie im Alter von 19 Jahren eigene Interessen äußerte, wies der Stiefvater sie aus dem Haus. In der therapeutischen Arbeitsbeziehung prüfte die Patientin äußerst misstrauisch bis zum letzten Gespräch, ob ich sie ebenfalls als Objekt zu meinen narzisstischen Zwecken benutzen wollte. Dies war auch der Grund, weshalb sie zum zweiten Gesprächstermin nicht kam und sich erst sechs Wochen später nochmals meldete. Die in meiner Gegenübertragung wahrgenommene Verärgerung über ihre Unzuverlässigkeit war ein wichtiger Schlüssel zum Verständnis ihrer Manipulationsangst. Sie musste sich offenbar unbewusst erst vergewissern, ob sie ›mitbestimmen‹ durfte, ohne gleich ›rausgeschmissen‹ zu werden. Da sie aus ihrer Geschichte nur Beziehungen nach dem analen Modus, in denen einer über den anderen herrscht, kennt, musste sie mich erst auf die ›Probe‹ stellen (mittlerweile benutzte sie auch ihre Ellenbogen, an denen das Ekzem verschwunden war), um ihre Ängste zu überwinden.

In der Anfangsphase der Gespräche konnten hauptsächlich frühe Abwehrmechanismen beobachtet werden: Spaltung, Idealisierung, Isolierung, Verschiebung, Intellektualisierung und Rationalisierung. Besonders häufig trat das Phänomen der Idealisierung auf, indem die Patienten mit sehr ausgeprägten passiven Erwartungshaltungen an mich herantraten, mich mit ›magischen Kräften‹ ausstatteten, und sogar der Hoffnung Ausdruck gaben, dass ich der Hautkrankheit mit ›Tricks zu Leibe rücken‹ könnte.

Hierzu das Beispiel einer 61-jährigen Allergiepatientin, die eine wahre Odyssee an Arztbesuchen hinter sich hatte und dort immer wieder »ihr Recht« auf Heilung einklagte. Ihrer Meinung nach genügte auf ihrer Seite die Bereitschaft, sich einer psychologischen Beratung »zu unterziehen«, alles Übrige wäre meine Aufgabe.

Oder ein 19-jähriger Patient, der sich von der realen, für ihn immer noch übermächtigen Mutter nicht lösen konnte und unbewusst erwartete, zu mir, der zweiten ›allmächtigen Mutter‹, wechseln zu können.

Die inneren destruktiven Objektbeziehungsmodalitäten der Patienten äußerten sich in der Gegenübertragung oft als somatische Reaktionen wie körperliches Angespannt-Sein, Wunsch nach Bewegung, Verlangen aufzustehen, Schwitzen, Hautbrennen, Jucken oder Kopfschmerzen. Diese Zustände verstand ich je nach Bedeutungsgehalt als Ausdruck psychischer Spannungszustände, Aggressionen oder auch symbiotischer Wünsche. Je größer die Abwehr gegen die Wiederbelebung maligner Beziehungsmuster war, umso stärker traten diese konkreten körperlichen Zustände auf, aus denen ich auf ein noch sehr leibnahes und innerlich ungetrenntes Verhältnis zur realen Mutter schloß.

In der mittleren Phase, die das zweite und dritte Gespräch der Beratung umfasste, konnten Entwicklungsschritte, die sich über Abgrenzungsmodalitäten äußerten, beobachtet werden.

In den psychoanalytischen Entwicklungsmodellen, beispielsweise dem *Konzept der Individuation und Separation* von Margret Mahler, müssen in der kindlichen Autonomieentwicklung bestimmte Schritte durchlaufen werden, um sich aus der Symbiose mit der Mutter bzw. dem Primärobjekt lösen zu können. Auf diesem theoretischen Hintergrund interpretierte ich bestimmte Verhaltensweisen der Patienten, beispielsweise Selbstbehauptungsschritte, die durch ambitendente Phänomene geprägt waren (ein von Mahler beschriebenes Verhaltensmuster der Wiederannäherungsphase zwischen dem 18. und 24. Lebensmonat, in dem ein rascher Wechsel von extremer Annäherung und Aggression bzw. Abwendung des Kindes von der Mutter zu beobachten ist).

Diese Selbstbehauptungsversuche äußerten sich als Verspätung, Absagen oder Fernbleiben. Es gab auch Patienten, die mich in der Übertragung als rigide, uneinfühlsame Therapeutin beschimpften, weil ich beispielsweise die 50-Minuten-Begrenzung einhielt.

Entgegengesetzte Beziehungsmuster zeigten die Patienten, die sich beispielsweise besonders ›hübsch‹ gemacht hatten (ein Patient ›gestand‹, extra vor der zweiten Stunde zum Friseur gegangen zu sein), oder die Patienten, die schüchtern berichteten, wie erstaunt sie waren, soviel von sich selbst erzählen zu können. Viele versuchten herauszufinden, ob ich sie mochte, ob es wirklich stimmte, dass ich »mit so jemand« wie mit ihnen überhaupt Kontakt haben wollte. Nach der zweiten Stunde äußerten fast alle Patienten das Bedürfnis, die weiteren Gespräche wahrnehmen zu wollen. Bei diesen Patienten hatte sich ein vertrauensvolles Arbeitsklima entwickelt, das ihnen gestattete, ihre Gefühle (beispielsweise Weinen oder Wut) zu zeigen, anstatt sie auf der kognitiven Ebene abhandeln zu müssen. Dabei erlebte ich auch die Reaktivierung von Übertragungsphänomenen, in denen deren positive bzw. negative Selbstanteile projektiv erlebbar wurden. Das, was diese Patienten an sich selbst nicht sehen wollten, versuchten sie bei mir unterzubringen.

Diesen Versuch, negative Selbstanteile auf mich zu projizieren, will ich am Beispiel einer erst kurz zuvor berenteten 61-jährigen Allergiepatientin beschreiben. Um mit ihrem Ruhestand zurechtzukommen, betreut sie ehrenamtlich mehrere Stunden am Tag Blinde, was sie voller Stolz gleich zu Anfang berichtete. Zu Beginn der zweiten Stunde zog die Patientin ihre Schuhe aus, um mir zu beweisen, dass meine Sohlen im Gegensatz zu ihren nicht rutschfest seien. Szenisch wollte sie damit zum Ausdruck bringen, dass sie nicht zeigen konnte, wie unsicher ihr der Boden unter den Füßen geworden war. Während sie sich in der ersten Stunde mit ihrer Eigenständigkeit und Unabhängigkeit förmlich brüstete, konnte sie sich später – im Verlauf der Beratung – ihre Einsamkeitsgefühle eingestehen. Der Auslöser für den Ausbruch der Allergie war die Heirat ihres Sohnes, bei dem die Patientin das Gefühl hatte, das Letzte, was ihr nach dem Tod ihres Mannes geblieben war, nun auch noch »hergeben« zu müssen. Gegenüber der Schwiegertochter hatte sie in einem ähnlichen Projektionsversuch wie bei mir versucht, die Aufmerksamkeit auf sich zu lenken. Sie rationalisierte nämlich ihre täglich mehrmaligen Anrufe bei der Schwiegertochter damit, dass diese gar nicht in der Lage sei, ohne ihre Hilfsangebote zurecht zu kommen. Aber eigentlich war sie diejenige, die sich wie ein zurückgelassenes Kind fühlte und sich nach Hilfe und Anteilnahme sehnte. Auffällig war auch, dass sie mit einem äußerst sensiblen Gespür für meine Reaktionen jede meiner Bewegungen registrierte und kommentierte, so als demonstriere sie, dass ihre Augen alles sehen und ihr nichts vorenthalten werden könne. Ich verstand dieses Kontrollverhalten als Versuch, mit ihrer Angst fertig zu werden. Vielleicht ahnte sie schon, dass sie sich eingestehen musste, nicht mehr alles unter Kontrolle zu haben und befürchtete es könnte sich herausstellen, dass sie die ›Blinde‹ war, die Hilfe brauchte.

Eine andere Patientin versuchte über Idealisierung von mir zu ihren positiven Selbstanteilen Zugang zu bekommen, indem sie bewundernd über meine Kleidung sprach und ankündigte, sich selbst auch so etwas Ähnliches zu kaufen.

Aus der Beratung einer 25-jährigen Patientin mit der Diagnose Kontaktdermatitis möchte ich einen Abgrenzungsversuch schildern, der die Ambivalenz des Wunsches nach Selbstbehauptung exemplarisch veranschaulicht. Die Patientin errang zuerst durch ihr Äußeres meine Aufmerksamkeit. Sie erschien in vollkommen schwarzer Kleidung mit um die Hüfte geschlungenen Ketten zum Gespräch. Während des ersten Gesprächs beobachtete sie mich mit zusammengekniffenen Augen und antwortete auf meine Fragen und Angebote in einer trotzigen Weise, so als wolle sie mich warnen, ihr nur nicht zu nahe zu kommen. Im Verlauf des Gesprächs, in dem sie abstrakt über Beziehungsstörungen sprach, stellte sich heraus, dass sie ein Problem mit ihrer todkranken Mutter hatte. Sie fühlte sich buchstäblich von ihr »erdrückt«, wagte aber nicht, sich ihr gegenüber abzugrenzen. Im Laufe der Beratung erzählte sie dann zögernd, dass die dahinsiechende Mutter sogar im Krankenhaus von ihr verlangt hatte, sich, wie früher als kleines Mädchen, zu ihr ins (Sterbe-) Bett zu legen, da sie ihre Wärme brauche. Die Patientin hatte die Abwehr gegenüber dieser Vereinnahmung, der sie sich nicht zu widersetzen wagte, szenisch dargestellt. Ich verstand, dass sie mir gegenüber aus Angst so massiv auftrat, weil sie fürchtete erneut zur symbiotischen Nähe gezwungen zu werden. Jede neue Beziehungsaufnahme führte bei ihr zum Bruch, d. h. ihre Angst war lediglich durch Abbruch zu ›bändigen‹, denn sie zog von Wohngemeinschaft zu Wohngemeinschaft (innerhalb eines Jahres 10-mal) und erst das Hautsymptom ermöglichte ihr symbolisch sowohl ihr Abgrenzungsbedürfnis als auch ihren Hilferuf zum Ausdruck zu bringen.

Aus der Analyse des Materials der Patienten schloß ich auf die Mobilisierung von Aggressionsphantasien, die mit den frühen Objekterfahrungen verknüpft waren und deren Bedrohlichkeit mittels bestimmter Widerstandsformen unter Kontrolle gebracht werden sollten. Dabei war in vielen Fällen auf den Versuch zu schließen, mich als Objekt in Besitz zu nehmen und immer wieder neu auf meine Verlässlichkeit und Stabilität hin zu überprüfen.

Andere Patienten brachten ihre unbewussten regressiven Bedürfnisse ebenfalls szenisch zum Ausdruck. So beispielsweise eine unter Kontaktekzem leidende Patientin, die zur dritten Stunde zwei neu gekaufte Kopfkissen mitbrachte und diese in der großen Einkaufstüte demonstrativ zwischen uns legte. Als die Stunde beendet war, klagte sie darüber, dass ihr die Füße »eingeschlafen« seien und sie deshalb auf keinen Fall »weggehen« könne.

Besonders in dieser mittleren Phase klangen in der Gegenübertragung Gefühle symbiotischer Grenzverluste an. Diese äußerten sich darin, dass einige Patienten wegen ihres unstillbaren Beziehungswunsches die Grenzen des Settings zu ändern versuchten. Letztlich hatte ich aber das Gefühl, sie meistens beruhigen zu können, indem ich mich in den gesetzten Grenzen als stabil und zuverlässig erwies, auch wenn damit Enttäuschungen über das absehbare Ende der Beratung deutlich wurden.

Ich versuchte in dieser mittleren Phase besonders Themenbereiche aufzugreifen, die sich auf die Ich-Funktionen der Patienten bezogen, mit dem Ziel, deren Eigenständigkeit zu unterstützen. In diesem Vorgehen gelang es, dass sich einige Patienten auf ihre Selbstheilungskräfte besinnen konnten und Selbstbehauptungsmöglichkeiten entdeckten, die sie sich vorher nicht zugestehen konnten.

Andererseits wurde an diesem Punkt auch die dem Setting innewohnende Problematik deutlich. Ich fühlte mich oftmals veranlasst, wachgewordene regressive Wünsche der Patienten aufgrund der zeitlichen Begrenzung zu ›bremsen‹, um eine maligne Regression, die sonst möglicherweise mit dem Ende der Beratung auftreten könnte, zu verhindern.

In der Konsequenz heißt das, dass in der Durchführung dieses Kurzberatungsangebots dem eingrenzenden zeitlichen Rahmen einerseits eine wichtige angstreduzierende Bedeutung zukommt, dieser aber andererseits schwierig zu handhaben ist. Das zweifelsohne fördernde Moment einer solchen Beratung ermöglicht geeigneten Hautpatienten einen angstfreien Zugang zu einer weiterführenden Therapieerfahrung, kann andererseits aber gerade durch seine Begrenzung einen ›Als-Ob-Charakter‹ implizieren. Tatsache ist, dass bei dieser Patientengruppe mehrere Gespräche notwendig sind, um eine Therapiermotivation zu wecken.

Andererseits ist gerade bei einem solchen Kurzangebot die Kränkung (Enttäuschung) der Trennung eingeschlossen, die in technischer und emotionaler Hinsicht an beide Gesprächspartner hohe Anforderungen stellt.

Bezugnehmend auf die Abschlussphase, möchte ich an dieser Stelle nochmals auf einzelne Aspekte des zugrunde liegenden Theorieverständnisses hinweisen, die im Kontext dieser Trennungsphase eine Rolle spielen. Im Mittelpunkt des Objektbeziehungsmodells steht die autonomiefördernde Funktion der Objekte, die besagt, dass das Kind in seiner psychischen Entwicklung beide Teilobjekte, die »gute« und »böse« Brust internalisieren muss, um sich über den wiederholten Prozess von Projektion, Introjektion und Reintrojektion aus der paranoid-schizoiden Phase heraus zu entwickeln. Ist das Kind nach und nach zum Alleinsein fähig und damit nicht mehr ausschließlich auf die Realpräsenz der Mutter angewiesen, kann es die Abwesenheit der Mutter ertragen, allerdings unter der Voraussetzung, dass die Mutter zuvor eine beschützende und entwicklungsfördernde Funktion innehatte. Hat das Kind diesen Lernprozess innerlich vollzogen, ist nach Melanie Kleins Modell die »depressive Position« erreicht. In diesem Entwicklungsprozess übernimmt ein »Übergangsobjekt« eine wichtige Hilfsfunktion.

Kommen wir auf das Beratungsangebot zurück. In der Abschlussphase, also dem vierten und fünften Gespräch, zeigte sich, dass die Patienten sich thematisch mit der bevorstehenden Loslösung beschäftigten und zum Teil auch weiterführende Separationsschritte wagten. Auf die Anerkennung des Realitätsprinzips (vereinbartes Beratungsende nach der fünften Stunde) reagierten die Patienten unterschiedlich. So versuchten z. B. einige Patienten, das Beratungsende zu verleugnen, andere wiederum zeigten Gefühle von Trauer.

In der Auseinandersetzung mit Trennungsthemen wurden sowohl aggressive als auch regressive Gefühle mobilisiert, diese wiederum wurden als Affekt in Form von Wut und Enttäuschung, aber auch Dankbarkeit geäußert. Diese verschiedenen Bewältigungsmechanismen erlaubten Rückschlüsse auf das erreichte Entwicklungsniveau im Autonomieprozess. Patienten, die die depressive Position erreicht hatten, zeigten beispielsweise reifere Verarbeitungsweisen in dem aktuell zu bewältigenden Beratungsende.

Bevor ich dies an einigen Beispielen dokumentiere, möchte ich noch folgende Anmerkung machen: Selbstverständlich ist ein derartiges therapiemotivierendes Angebot nur dann sinnvoll, wenn realisierbare ›Wiederannäherungsmöglichkeiten‹ bestehen, d. h. wenn verfügbare Therapieangebote in Aussicht gestellt werden können. Im Falle dieser Untersuchung waren Therapeuten eingeschaltet, die Therapieplätze zur Verfügung stellen konnten. Darüber hinaus wies ich am Ende der Beratung darauf hin, dass die Möglichkeit besteht, sich im Bedarfsfall erneut an mich zu wenden. Entgegen dem Anfangszeremoniell, in dem der organisatorische Ablauf über das Sekretariat abgewickelt wurde, erhielten die Patienten am Ende der Beratung meine Visitenkarte. Dabei konnte ich eine interessante Beobachtung machen: Ich hatte den Eindruck, dass einige Patienten der Visitenkarte die Bedeutung eines Übergangsobjekts verliehen.

Dieser im letzten Teil der Beratung zu bewältigende Prozess der Loslösung stellte an die meisten Patienten hohe Anforderungen. Die mit dem Verzicht auf die Befriedigung weiterer unbewusster Regressionswünsche verbundene Trennung mobilisierte umso intensivere Gefühle, je mehr sich die Patienten auf die Beziehung eingelassen hatten und je unbewältigter die frühe individuelle Trennungsproblematik war. Dies möchte ich an den folgenden Beispielen demonstrieren.

Die bereits erwähnte, aus Kroatien stammende Urtikaria-Patientin konnte in der Endphase der Beratung Enttäuschungsgefühle zulassen, die sie sich damals, als sie sich mit 18 Jahren von ihrer Mutter ins Ausland geschickt fühlte, nicht zugestanden hatte. In der Übertragung fühlte sie sich auch von mir weggeschickt und alleingelassen. Dies zeigte sich darin, dass sie mir gegenüber plötzlich mit Entwertungstendenzen reagierte und mich anklagte, sie lieblos zu behandeln. Da sie die Gespräche entlastend und hilfreich erlebt hatte, konnte ihre Reaktion als Wiederbelebung unbewältigter Wut- und Trauer, die immer noch gegen die Mutter bestand und nun gegen mich gerichtet war, verstanden werden. Ihr war es damit gelungen, unbearbeitete Trennungsgefühle zu erkennen und im Zusammenhang mit der Trennungsphase partiell zu bearbeiten.

Für andere Patienten lag die Bewältigungsstrategie in der Verleugnung des Beratungsendes; anstelle die damit verbundenen Gefühle anzusprechen, beschäftigten sie sich beispielsweise mit alltäglichen Tagesthemen oder verhielten sich mir gegenüber plötzlich wie Fremde. Bei einer Patientin überwog am Ende der Beratung die Angst, am Schluss doch noch von mir »festgehalten« zu werden.

Im Gegensatz dazu gab es auch Patienten, die froh waren, dass sie gehen konnten, wie eine Neurodermitis-Patientin, deren Problem es war, aus Angst vor Abhängigkeit keine wirkliche Nähe zum Partner herstellen zu können. Diese Unfähigkeit hatte sich am Anfang auch sehr deutlich in unserer Beziehung abgebildet. Nachdem sie erkannt hatte, dass sie sich aus einer Verlustangst heraus nicht auf Beziehungen einzulassen vermochte, fand sie erstmals Zugang zu verleugneten Trauergefühlen, die ihrem Vater galten. Der Vater starb, als sie 12 Jahre alt war und die Trauer über seinen Tod durfte sie niemandem zeigen. Bis heute fühlte sie sich schuldig, weil sie glaubte in Solidarität mit der Mutter für seine Zwangseinweisung in die Psychiatrie verantwortlich gewesen zu sein. Erst jetzt, als ihr bewusst wurde, welch schwere Last sie all die Jahre mit sich herumgetragen hatte, ›erlaubte‹ sie sich, um den Vater zu weinen.

Bei einigen Patienten fiel mir auf, dass sie gerade am Ende der Beratung entspannt wirkten, und ich hatte den Eindruck, dass diese Patienten zufrieden waren, weil sie etwas Wichtiges ausprobiert hatten. Diese Vorstellung gewann ich z. B. von einer 19-jährigen Neurodermitis-Patientin, die in der Anfangszeit der Beratung, in der sie gleichzeitig in der Hautklinik stationär aufgenommen war, zu den Gesprächsterminen von Kopf bis Fuß (in Verbände) ›eingewickelt‹ erschien. Am Ende der Beratung hatte ich dagegen den Eindruck, dass sie sich zu einer kecken jungen Frau ›entpuppt‹ hatte, die gelöst wirkte und mit ihrem aufgeweckten Verhalten das Verlangen demonstrierte, auf eigenen Füßen stehen zu wollen. Bei der Verabschiedung reichte sie mir zum ersten Mal ihre Hand, und während sie an mir vorbei ›hüpfte‹, fragte sie, ob sie mich wieder anrufen dürfe, falls es nötig sei. Später erfuhr ich, dass diese Patientin, die sich am Anfang der Beratung ohne ›Bemutterung‹ für nicht existenzfähig gehalten hatte, von zu Hause ausgezogen war und acht Monate später eine Gruppentherapie begonnen hatte.

Neben diesem Beispiel, in dem der körperliche Gesundungs- und psychische Entwicklungsprozess durch die wechselseitige Unterstützung von Beratung und stationärer Therapie gefördert worden war, lernte ich auch Patienten kennen, die über maligne symbiotische Klammerungsversuche ihre Trennungsgefühle vermeiden wollten.

Dieses Verhalten äußerte eine 40-jährige Patientin, die an einem Kontaktekzem der Füße litt. Sie steigerte sich besonders in den beiden letzten Gesprächen in hysterisch anmutende Inszenierungen hinein, in denen sie mit Suizid drohte und die Weiterführung der Beratung forderte. Erst jetzt erfuhr ich aufgrund ihres drängenden Verhaltens etwas von ihrer tiefgreifenden Problematik. ›Weg gehen‹ war für sie mit großen Schmerzen verbunden und sie glaubte, diesen Verlust nicht ertragen zu können. In ihrem psychosomatischen Symptom (dem Ekzem an den Fußsohlen) hatte sie dieses Problem des Nicht-Weggehen-Könnens symbolisch zum Ausdruck gebracht. Dennoch war es ihr in der Abschlussphase möglich geworden, ihre Trennungsangst und -Wut anzuerkennen. Je mehr sich aber das Ende näherte, um so mehr brachte sie es fertig, mich in einen regressiven Sog zu verwickeln. Die Patientin hatte sich am Ende der Beratung wie bei der »Vertreibung« gefühlt, die sie in ihrer frühen Kindheit erlebt hatte, als sie mit ihrer Familie »aus der Heimat flüchten« musste. Dieses Mal wollte sie mit allen Mitteln ihre mobilisierten Gefühle ausagieren und kehrte ihre Verzweiflung, Wut und Enttäuschung in fordernde Feindseligkeit gegen mich. Sie lehnte selbst den vermittelten Therapieplatz ab, da sie in ihrer Regression glaubte, aus dem ihr früher zugefügten Leid ein Recht auf uneingeschränkte Zuwendung ohne jegliche Eigenverantwortung ableiten zu können. Sie war zuletzt auch die einzige Patientin, die auf ihrem Recht – dem Löschen der Tonbänder – bestand.

Die Frage, ob die Tonbänder am Ende der Beratung gelöscht werden sollten oder nicht, beschäftigte mehrere Patienten. Einige nahmen von ihrer anfangs geäußerten Bedingung, die Bänder am Ende zu löschen, Abstand. Ich verstand diesen Vertrauensbeweis sowohl als eine Art Geschenk zum Abschied, als auch als den Versuch der Realisierung einer Phantasie, dass etwas aus unserer Begegnung Bestand haben sollte. Bei der zuvor beschriebenen destruktiv agierenden Patientin schien dagegen eine Ablösung nur über den Weg der völligen ›Auslöschung‹ vorstellbar. Für diese Patientin war dieses begrenzte Setting sicher kontraindiziert und bekam statt fördernder Qualitäten eher einen überfordernden Charakter.

Mir selbst fiel es bei einigen Patienten ebenfalls schwer, sie gehen zu lassen. Ich entwickelte auch Trauergefühle, indem ich z. B. noch lange an bestimmte Patienten dachte, mir wünschte, sie wiederzusehen oder etwas von ihrem weiteren Lebensweg zu erfahren oder ich phantasierte, sie zufällig zu treffen.

Abschließend kann ich als Ergebnis des Beziehungsklimas aus der Übertragungsanalyse folgende Phänomene festhalten.

Bei den Hautkranken, mit denen ich arbeitete, nahm ich vor allem zwei Beziehungsformen wahr:

Einmal die Patienten, bei denen aus der Rekonstruktion des analytischen Materials und der Psychodynamik zu schließen war, dass sie unbewusst eine ›symbiotisch-verschlingende Nähe‹ befürchteten und diese mit allen Kräften abzuwehren versuchten. Zugleich versuchten sie unbewusst mit den ihnen zur Verfügung stehenden Mitteln eine solche symbiotische Beziehung herzustellen. Diese Patienten taten sich mit progressiven Bewegungen, z. B. in Form von Selbstbehauptungsschritten, sehr schwer.

Daneben gab es auch Patienten, die eine Beziehung konstellierten, in der sie sich als ein von mir abgegrenztes Objekt darstellten. Diese Form zwischenmenschlicher ›Berührung‹, die nicht auf der Angst vor Vereinnahmung beruht, begegnete mir in dieser Patientengruppe wesentlich seltener. Ich selbst hatte oft den Eindruck, dass mein Bewegungsspielraum einer Gratwanderung entsprach, in der die aus der Gegenübertragung wahrgenommenen unbewussten Abgrenzungsversuche und Verschmelzungswünsche sehr eng beieinander lagen.

Als Schlussfolgerung aus der Erfahrung mit dieser Patientengruppe meine ich, dass es lohnend und erfolgversprechend ist, Hautkranke über ein vergleichbares analytisches Beratungsangebot anzusprechen. Die Durchführung dieses Beratungskonzepts hat verdeutlicht, dass im Gegensatz zu den skeptischen Vorhersagen einiger Kollegen ein solch begrenztes und zeitlich überschaubares Angebot gerade diesen Patienten erlaubt, Nähewünsche und Abgrenzungsbedürfnisse gleichzeitig zu phantasieren. Die diesem Angebot innewohnende ›verordnete Trennung‹ erweckt in vielen Patienten die Vorstellung, Abhängigkeitsängste regulieren zu können.

Die Effektivität dieser Maßnahme sehe ich darin, dass sich die Patienten über dieses Kurzzeitangebot eine Separationserfahrung ›gönnen‹, ohne dass davon die eigene Identität gefährdet oder die des Therapeuten zerstört würde. Da Hautpatienten Separationswünsche oft als etwas Bedrohliches phantasieren, die ›verordnete Trennung‹ aber zwangsläufig zu dieser Form des Angebots gehört, wird eine Erfahrung möglich, die ›am eigenen Leibe‹ autonomiefördernd erlebt werden kann.

Neben der Angst reduzierenden Funktion, die dieses eingegrenzte Setting mit sich bringt, ist es aber auch gleichzeitig mit hohen Anforderungen für beide Seiten verbunden. Gerade die Gleichzeitigkeit beider Parameter, die der Rahmen des Setting impliziert – das Sich-Einlassen und das Sich-Trennen-Müssen –, ist nicht einfach zu handhaben, da mit der zeitlichen Überschaubarkeit auch gleichzeitig die Kränkung einhergeht. Ist sich der Behandler dieser Problematik bewusst, kann er diese von Beginn an thematisieren.

Ich würde mir wünschen, dass meine Erfahrungen Mut machen, vergleichbare Formen therapeutischen Handelns im Vorfeld der eigentlichen analytischen Therapie einzusetzen. Am Material der Stunden war zu erkennen, dass diese vorbereitende Maßnahme sich weitgehend über ihren stützenden Charakter definiert, indem Hautkranken ermöglicht wird, in Form eines Probehandelns Ängste abzubauen. Allerdings ist ein modifiziertes psychoanalytisches Vorgehen angesagt, dass unter Berücksichtigung der hohen (Berührungs)-Ängste dieser Patienten eine anfangs stützende und sehr stark haltende Haltung verlangt. Die aus der Ambivalenzproblematik resultierende Notwendigkeit einer aktiven Beteiligung im analytischen Dialog kommt z. B. darin zum Ausdruck, dass die in der Gegenübertragung induzierten Gefühle direkt benannt werden müssen (z. B. »Ich traue mich gar nicht, ihnen nahezukommen«), da diese Patienten nicht gewohnt sind über Gefühle zu kommunizieren.

Nach wie vor zeigt sich in der Realität, dass vielen Patienten die Beschäftigung mit ihrer psychischen Seite verschlossen bleibt, obwohl sich deren Patientenkarriere teilweise über Jahrzehnte erstreckt. In dem bekannten Drehtür-Phänomen beschränkt sich die Suche fast ausschließlich auf bessere medizinische Maßnahmen, ohne dass psychotherapeutische Möglichkeiten in Betracht gezogen werden. Sicher ist ein Grund solcher Verleugnungsstrategien in den Patienten zu suchen, die sich oft im Sinne eines sekundären Krankheitsgewinns versorgen lassen wollen.

Ein weiterer Grund hängt mit dem Verdrängungskampf im Gesundheitswesen zusammen. Narürlich ist nicht bei jedem Hautsymptom eine psychische Beteiligung am Krankheitsgeschehen vorzufinden und nicht jeder Hautkranke, bei dem eine neurotische Beteiligung diagnostizierbar ist, kann sich mit dem psychischen Krankheitsgeschehen konfrontieren. Dennoch erscheint es mir notwendig, nicht nur die ›abdeckende‹ medizinische Versorgung zu garantieren, sondern auch ein Bewusstsein für die ›seelischen Anteile‹ im Patienten zu wecken.

Dieses Vorgehen erscheint mir in Hinblick auf die Eltern von hautkranken Kindern von besonderer Relevanz, da die in den vorherigen Kapiteln beschriebenen Beziehungsstörungen der frühen Entwicklung ausschlaggebend sind für die weiteren Beziehungsmodalitäten des Erwachsenen und damit zur unbewussten Wiederholung krankmachender Bedingungen prädestinieren. Beim Erwachsenen wird dann schon Intensität und Abwehrnotwendigkeit von aktuellen und biographisch zurückliegenden Konflikten durch die psychosomatische Symptomatik exazerbiert. Deswegen ist es so wichtig, schon im Kindesstadium zu erkennen, ob es sich bei der psychosomatischen Erkrankung um die Verarbeitung eines unbewussten Konflikts, der im Zusammenhang mit der Objekterfahrung steht, handelt, und damit die psychogenen Ursachen des Symptomgeschehens (mindestens) mitbestimmt.

Auch wenn ich nach der Erfahrung mit diesen Patienten vom beiderseitigen Gewinn einer solchen verantwortlichen Begegnung überzeugt bin, soll nicht vergessen werden, dass einem psychisch determinierten Symptom in vielen Fällen die Bedeutung einer vorübergehenden Pseudolösung zukommt. Aber auch eine Pseudolösung muss in ihrer stabilisierenden Funktion als Ausdruck der individuellen Selbstheilungskräfte akzeptiert werden. Mittlerweile wissen wir, dass es nicht mehr um ein Wegtherapieren geht, sondern um ein Aushalten, Verstehen und Integrieren von schwer Erträglichem. Ich hoffe, dass es mir gelungen ist, zumindest ansatzweise einen Einblick in die Dynamik dieser Austauschprozesse, die sich in der Übertragungsbeziehung aktualisieren, zu vermitteln.

Nachtrag zur damaligen klinisch-empirischen Untersuchung

Im Anschluss an die Darstellung und Auswertung der beiden Beratungsfälle sollen noch einige abschließenden Bemerkungen zu der ursprünglich klinisch-empirischen Untersuchung nachgetragen werden:

Neben dem empirisch klinischen Teil wurde ein experimenteller Teil, in Form einer testpsychologischen Verlaufsuntersuchung durchgeführt.

Die Ergebnisse sind in meiner Dissertation (Detig 1986) niedergelegt. Bei dem Untersuchungskollektiv handelte es sich um 27 Patienten mit verschiedenen Hauterkrankungen. Alle Patienten dieser unausgewählten Gruppe wurden nach dem Prinzip der alternierenden Behandlung gleichzeitig fachärztlich betreut. In dem Kollektiv, mit dem ich in einem Zeitraum von zwei Jahren in der psychotherapeutischen Ambulanz der Universitätsklinik Frankfurt knapp 100 Beratungsgespräche führte, befanden sich Patienten mit folgenden fachärztlichen Diagnosen: Neurodermitis, Urtikaria, Kontaktekzem, Kontaktallergie, Alopecia areata, Periorale Dermatitis, Karzinophobie, Psoriasis, Paronychie, Pruritus sine materia, Pruritus vulvae.

Zugehöriges Datenmaterial dieses klinischen Querschnitts hinsichtlich Schweregrad, Krankheitsverlauf, Erkrankungsdauer, geschlechtsbezogene und altersmäßige Verteilung findet sich in den entsprechenden Graphiken und Tabellen der Dissertation.

»Ich kann auf der Straße nicht an einer spiegelnden Fassade vorbeigehen, ohne hineinzusehen, in der Hoffnung, mich ein bißchen zum Guten verändert zu haben. Die Natur und das Ich, die zwei großen Hälften des irdischen Seins, sind beide zwiegespalten durch eine gebannte Ambivalenz. Man haßt seine anomale, von Ausschlag blühende Haut, beobachtet sie aber ständig mit brütender, ängstlicher Wachsamkeit.«
(John Updike, 1989)

Die Anfangsphase einer fünfjährigen analytischen Behandlung

Der Schlangenmensch

Herr H. mit einer Hauterkrankung aus dem Formenkreis der Ichthyosis und einer narzisstischen Störung

»Je mehr es weh tut, um so besser ist es!«

»Es ist die Schlange, die sich selbst genießt, sich selber befruchtet,
sich selbst an einem einzigen Tag hervorbringt und mit ihrem Gift alles tötet,
vor dem Feuer flieht.«
(Aus: Tractatulus Avicennae, in: Artis Auriferae I, zit. nach Maguire, A.)

Mein Patient, den ich Herrn H. nennen möchte, ein 44-jähriger Restaurator, mit einer Hautkrankheit aus dem Formenkreis der Ichthyosis, war von einem auswärtigen analytischen Kollegen zu mir geschickt worden. Er kam mit dem ausdrücklichen Wunsch nach einer analytischen Behandlung.

Im Erstgespräch beschreibt Herr H. das Bild einer vermögenden Familie, in der er als Familienältester das Familienunternehmen leitet, welches sich vorwiegend mit der Restaurierung und dem Wiederaufbau von Jugendstilobjekten befasst.

Aus der Welt seiner inneren Repräsentanzen erklärt er seine Kindheit als »äußerst glücklich«. Neben einer »unbeschreiblichen Mütterlichkeit« habe er zwei »funktionierende Eltern« genossen, in der der Vater, der Familienlegende zufolge, seine Karriere aufgab, um sich ganz dem hautkranken Sohn und den Familiengeschäften zu widmen. Sein Problem in der Kindheit habe nicht aus »zu wenig« sondern an »zu viel Eltern« bestanden. In der »entleerten« Beziehung der Eltern sei ihm die Funktion des Bindeglieds, mit seinen Worten, des »Zusammenhalters« übertragen worden; die Beschwörungsformel »Wir bleiben doch nur wegen dir zusammen« gelte noch heute und ersticke jedweden Trennungsimpuls im Keim. Aus seinem inneren Erleben heraus fühlt er sich bis heute als der Mittelpunkt des elterlichen Lebens. In Ermangelung einer guten inneren Beziehung hätten sich die Eltern darauf verlegt, aller Welt das Schauspiel

149

einer glücklichen Familie vorzuführen, die in ihrem großbürgerlichen Umfeld gesellschaftlich hohes Ansehen genießt. In dieser Inszenierung fiel ihm die Rolle des Kronprinzen zu, der, vom Vater enttäuscht (»er ist leer wie eine Wüste«), lernte, sich mit der Mutter, die auf »der Gewinnerseite des Lebens« steht, zu identifizieren. Ihrer Geschicklichkeit sei es zu verdanken, dass das Arrangement einer »falschen Harmonie« zwischen ihm und den Eltern bis heute funktioniert.

Exemplarisch beschreibt er die überfallartigen Überraschungsbesuche der Eltern, die sich in seiner kunstvollen Wohnung in zwei eigens für sie reservierten Zimmern unkontrollierten Zugang zu seinem Lebensraum verschaffen können. Bei diesen regelmäßig stattfindenden, an Fütterungsrituale erinnernden Besuchen wird in einer zweitägigen oralen Orgie Auserlesenes, sowohl von der Mutter Vorgekochtes als auch alkoholisch Kostbares, anstelle emotionalen Austauschs, zelebriert.

In den folgenden Sequenzen möchte ich veranschaulichen, wie sich die Wechselprozesse zwischen der Hautkrankheit und der narzisstischen Störung des Patienten, in der Übertragungsbeziehung als psychische und körperliche Gegenübertragungsreaktionen ›hautnah‹ in mir abbildeten und wie die Hautkrankheit dazu funktionalisiert wurde, die Beziehung zu kontrollieren. Dieses Geschehen möchte ich vor dem Hintergrund des analytischen Konzepts von Anzieus *Das Haut-Ich* analysieren. Ich möchte zeigen, wie mir dieser theoretische Ansatz geholfen hat, die unbewussten Projektionen dieses Patienten, die sich in dem Phantasma einer gemeinsamen Haut in seinen narzisstischen und masochistischen Varianten widerspiegeln, aus dessen innerer Objektwelt heraus zu verstehen. Dabei verzichte ich auf eine ausführliche Erhebung der biographischen Daten, auch um die Anonymität des Patienten zu wahren.

Bereits in dem Erstgespräch wird eine narzisstische Erregung spürbar, die mit der Darstellung seines grandiosen und gleichzeitig beunruhigenden Herkunftsroman verbunden ist. Daneben spricht Herr H. aber auch von einer inneren »Trägheit«, die ihm zu schaffen macht und in der Übertragung anscheinend dazu dient, die mit dem Material aufkommenden aggressiven und beschämenden Impulse abzuwehren.

Während Herr H. über seine kultivierte Familie spricht, steht sein Gesicht förmlich ›in Flammen‹. Von seinem weltmännischen Gebaren fühle ich mich etwas peinlich berührt, aber irgendwie auch kontrolliert und bemerke, dass ich mich in dem Impuls, ihn näher kennenlernen zu wollen, gebremst fühle.

In seinem von Größenvorstellungen konzipierten Selbstbild ist er »stolz, aus Schwächen Stärken zu machen«. Die quälenden Seiten dieser Selbstbeschreibung verändern das Bild eines humorvollen, weltoffenen Unterhalters zu einem innerlich isolierten Menschen, der sich außerhalb seiner beruflichen Welt von Ängsten und Zwängen »wie gelähmt« fühlt. Er hofft, durch die Analyse ein »bindungsfähiger Mensch« zu werden, der mit seinen Beziehungen »in's Reine« kommt. Seine Klagen über die Unfähigkeit, sich an eine Partnerin zu binden und die verzweifelte Suche nach jemandem, der ihn aus der inneren Abhängigkeit von den kontrollierenden Eltern »befreit« enden mit dem eindringlichen Wunsch nach einer Analyse.

Erstaunlicherweise bemerke ich, dass mich die Frage, ob ich ihn in Analyse ›nehmen‹ will, garnicht besonders beschäftigt und ich ihn bereits am Ende des ersten Gesprächs aus der Gegenübertragung heraus ›angenommen‹ hatte. Was war also geschehen?

Gehe ich ganz an den Anfang der Begegnung zurück, erinnere ich mich zuerst an die Initialszene und an das Erschrecken, das der Patient in mir auslöste, als ich während der Begrüßung in sein teilweise ekzematös verfärbtes Gesicht schaute und die Haut einer rauhen, lederartig verschorften und rissigen Hand berührte. Spontan empfand ich in der Gegenübertragung Gefühle aus einer Mischung von Schuld und Scham und ertappte mich bei dem Gedanken »Ich möchte nicht in seiner Haut stecken.« Neben meinen Schamgefühlen, die ich erst nicht verstand, verspürte ich auch deutlich den Wunsch, diesem Menschen in seiner gequälten Haut zu helfen. Sein leicht überhebliches Gebaren verstand ich als einen Versuch, seine Unsicherheitsgefühle zu kaschieren.

In dem Versuch, die geschilderte, körperliche und psychische Begegnung der Initialszene von ihrem unbewussten Bedeutungsgehalt her zu verstehen, wurde mir klar, dass der Patient bereits in diesem allerersten Moment seine frühe Objektbeziehung inszeniert hatte: Über eine Vielfalt von verwirrenden gegensätzlichen Gefühlen vermittelte er mir unbewusst, dass ich in ›seine Wunde‹ gefasst hatte, und dass Berührungen zwischen uns mit Schuld- und Schamgefühlen verbunden sind.

Geht man davon aus, dass im üblichen zwischenmenschlichen Kontakt die Geste der Begrüßung als eine erste Berührung meist positive oder gar freundschaftliche Gefühle hervorruft, war dieser Patient nicht in der Lage, solche Gefühle in mir auszulösen. Mein Schamgefühl erklärte ich mir als Ausdruck seiner Projektion, von der ich mich schon vom ersten Augenblick an besetzt fühlte. Die Übertragung hatte sich von diesem ersten Moment an als eine narzisstische Enttäuschung abgebildet, in der der Patient von seiner inneren Objektwelt her unbewusst projektiv das Ziel verfolgte, die psychische Getrenntheit zwischen uns aufzuheben und mein eigenständiges Denken und Fühlen durch ihn bestimmen zu lassen.

Dieses projektive Wechselgeschehen zwischen seiner psychischen Abwehrstrategie und der psychischen Reaktion bei mir (Schuld, Scham, Mitleid) entwickelte sich im weiteren Verlauf des Erstgesprächs mehrmals. Zum Beispiel, als ich etwa nach der Hälfte der Zeit die brennende Haut meines Gesichts spürte und das als körperlichen Ausdruck seiner Scham über seine Krankheit verstand. Obwohl diese so offensichtlich für sich selber sprach, war sie bisher noch mit keinem Wort von Herrn H. erwähnt worden. Als ich Herrn H. behutsam fragte, ob er vielleicht deshalb nicht über seine Krankheit spricht, weil er befürchtet, abgelehnt zu werden, konterte er mit einer scharfen Zurückweisung und brachte mich damit auf Distanz.

Meinem Eindruck nach wurde der Patient daraufhin erst richtig lebendig und betonte, dass seine Bindungsängste oder Einsamkeitsgefühle nichts mit der Erkrankung zu tun hätten. Er habe die Krankheit akzeptiert und da er sie nie mehr »loskriegen« würde, habe er sich mit ihr arrangiert; die Krankheit sei das eine und seine Probleme das andere.

In dieser distanzherstellenden Bewegung läuft es mir kalt den Rücken runter und ich nehme erneut Schamgefühle wahr, aus denen heraus ich mich übergriffig und uneinfühlsam erlebe. Zum zweiten Mal hatte sich ein demütigender Berührungsaustausch entfaltet, der mit beschämenden und zurückweisenden Qualitäten verknüpft war. Ich verstehe dieses sich gerade abbildende Geschehen als Ausdruck eines Berührungstabus, bitte ihn aber noch einmal von seinen Gefühlen, die er im Zusammenhang mit seiner Hautkrankheit erlebt, zu erzählen, auch wenn ich mir vorstellen kann, ihm damit ›auf die Pelle‹ zu rücken.

Dann erzählt er nach außen widerwillig, aber mit strahlenden Augen, seine Geschichte mit dieser seltenen Krankheit.

Den Vorstellungen seiner inneren psychischen Realität folgend erfahre ich, dass es sich um eine bisher kaum erforschte Sonderform dieser

Krankheit handelt, die kurz nach seiner Geburt »um den Nabel herum« entstanden sei. Schmunzelnd meint er, dass die Abnabelung bei der Mutter(!) wohl nicht geklappt habe. Seitdem tritt die Hautkrankheit in Zyklen von 5-8 Tagen auf, in denen die Haut einem Verschuppungsprozess unterliegt, der zu einem regelrechten Panzer führt.

Als Baby seien anfangs nur wenige Stellen befallen gewesen, erst im Laufe seiner Kindheit habe sich dieser Panzer mehr und mehr über den ganzen Körper ausgebreitet und heute sei »die Körperoberfläche bis zu 80% mit dem Schuppenpanzer überzogen«. Am Ende eines solchen wöchentlichen Zyklus fühle er sich wie in einem leichten Fieberschub und in seiner Atmung beeinträchtigt.

Während der Beschreibung seines körperlichen Zustands, fühle ich mich wie angesteckt, mir wird abwechselnd heißt und kalt und ich bekomme eine Gänsehaut, während der Patient sachlich und scheinbar ohne Gefühle darüber spricht. Dann fallen mir wieder seine leuchtenden Augen auf, eine Tatsache, die ich in diesem Zusammenhang als befremdlich erlebe und als Ausdruck einer narzisstischen Besetzung dieser ›Häutung‹ interpretiere.

Er berichtet weiter, von seinen Eltern bei verschiedensten Koryphäen im In- und Ausland vorgestellt worden zu sein und wie die »Herren Professoren« wegen der Seltenheit »seines« Krankheitsbildes ausgerufen hätten: »Dass ich das noch erleben darf ...«

Aber keiner habe ihm helfen können, die vielen Untersuchungen, Krankenhausaufenthalte und Medikamente seien erfolg- und wirkungslos geblieben. Seit einiger Zeit habe er beschlossen, sich selbst zu helfen. Da er mittlerweile den Rhythmus der Verhornung kennt, habe er sich daran gewöhnt, ihm sei lediglich unangenehm, dass andere ihn manchmal fragen, warum er so viele Schuppen verliert. Aber mit langärmligen Hemden, er »liebe teure Stoffe und schöne Hemden«, könne er dies gut kaschieren. Außerdem habe er Techniken entwickelt, um der Schuppen »Herr zu werden«.

Dann beschreibt er ein autoerotisch anmutendes Baderitual, über das ich erst sehr viel später erfahre, mit welch autodestruktiven Qualitäten es verknüpft ist: er badet bei sich zu Hause, muss dabei alleine sein, weicht sich zwei Stunden in seiner Wanne ein, wobei das Wasser eine möglichst gleichmäßige Temperatur haben muss und erklärt, diesen Zustand zu genießen, während er liest und telefoniert. Zu guter Letzt »rubbelt« er in einer speziellen Technik mit den Händen die Schuppen von der Haut. Danach fühlt er sich wie neugeboren, wie in einer Babyhaut, hochsensibilisiert auf jede Art Berührung und ungefähr zwei Tage beschwerdefrei.

Zwar sei er auch schon am toten Meer gewesen, sei aber nicht ins Wasser gegangen. Auf meine Intervention »weil sie fürchteten, ihre Krankheit zu verlieren«, antwortet er: »Ich habe mich an diese ›Hautbesonderung‹ gewöhnt, ich habe damit eben was ganz Besonderes, etwas, was nur ich habe.«

Ich möchte nun versuchen, an diesen zwei Szenen zu beschreiben, wie sich die Wechselwirkung zwischen dem körperlichen Zustand des Patienten und meinem psychischen Zustand in der Übertragung projektiv entwickelte.

Während seines Berichts über diesen schmerzhaften Abstoßungsvorgang, über den er klar und sachlich spricht, nehme ich ein Gegenübertragungsgefühl zwischen Erschrecken und Faszination wahr, sowie eine große Anstrengung, meine Denkfähigkeit zu bewahren, denn im Zusammenhang mit der narzisstisch hohen Besetzung von diesem Wandlungsprozess schießen mir tausend Fragen und Phantasien durch den Kopf.

Schlagwortartig fällt mir zu dem Baderitual ein: »Zurück in den Uterus«, und ich frage mich welche Phantasien der Patient wohl beim Abplatzen oder Abrubbeln der Schuppen hat, bei diesem sich wöchentlich wiederholenden Ab-Sterben und Wieder-Geboren werden? Mir fällt der Ausspruch ›sich eine neue Haut zulegen‹ ein und ich überlege, ob Herr H. die Größenphantasie hat, sich selbst neu gebären zu können, über die Haut als Symbol für Unsterblichkeit? Ich denke an die seit Jahrhunderten bestehenden Wünsche der Menschen, sich wie Phönix aus der Asche zu erschaffen, und in mir entstehen utopische und groteske Bilder, in denen Unmengen von kleinen Wesen aus der Hautoberfläche ›geboren‹ werden. Über solch konkrete objektale Geburts- und Trennungsphantasien irritiert, versuche ich mich gewaltsam aus diesen Phantasien herauszureißen. Es gelingt mir nur kurz, gleich wieder assoziiere ich Schlangen, die ihre Haut verlieren und sich aus der alten in einer Art Überlebenskampf herauswinden. Und Fische, die ohne ihre Schuppen lebensunfähig wären und, und, und... ich muss mich anstrengen, mich aus meinen Phantasien herauszuwinden, weil ich das Gefühl habe, unendlich weiterphantasieren zu müssen.

Neben diesen blitzartig auftauchenden Bildern, fällt mir nun auch der Geruch auf, den ich als Mischung aus einem stark riechenden Herren-Eau de Toilette und dem typischen Glycerine-Creme-Geruch, den ich von hautkranken Menschen kenne, identifiziere. Schon bin ich wieder mit Bildern konfrontiert: Der Patient als kleiner Junge, bevor er dick mit Glyzerin-Creme eingeschmiert, voller Angst seine abbröckelnde Haut betrachtet. Ich stelle mir dieses Kind vor, dass durch eine altkluge Vitalität versucht, die Angst vor dem Zerfall, seine Bedürftigkeit und seine Scham über die Beschädigung im Zaum zu halten. Ich erinnere mich an das zuvor Gesagte und verstehe, dass dieser kleine Mensch sich eine dicke Haut zulegen musste, die ihn dazu brachte, »aus Schwächen Stärken zu machen« und auf der Phantasieebene eine Abwehrstruktur zu entwickeln, um seine frühen narzisstischen Risse zu kitten.

In dieser Sequenz, in der ich mich von der narzisstischen Erregung des Patienten, die mit der Beschreibung seiner Krankheit einher ging, körperlich und psychisch affiziert fühlte, wurde mir später bewusst, dass es in dem direkten körperlichen Einfluss, den der Patient in der Gegenübertragung auf mich ausüben konnte, um etwas gehen musste, was psychisch zunächst nicht fassbar war. Ich verstand deshalb meine Reaktion in der Gegenübertragung als komplementäre Reaktion auf eine traumatische Erfahrung, die sich somatisch in meiner körperlichen Erregung darstellte. Aus der Gegenübertragungsanalyse fragte ich mich, ob Herr H. sich einen narzisstischen Panzer zulegen musste, um sich von seinem inneren Mutterobjekt getrennt fühlen zu können, denn ich erlebte dieses Erstgespräch als einen permanenten projektiven Angriff auf meine psychische Getrenntheit.

Ich fragte mich auch, in welcher psychischen Struktur und in welchem Haut-Ich sich die Abwehrmechanismen der narzisstischen Überbesetzung von den geschädigten psychischen und körperlichen Funktionen entwickelt haben.

Da der Gebrauch seines Körpers mit einer schweren Erschütterung seiner Selbstachtung und mit einem entwerteten Körperbild verbunden ist, überlegte ich, ob es ihm möglich sein würde, sich auf die inneren Prozesse in der Analyse zu konzentrieren, hatte er doch gelernt über sein äußeres Symptom zu kommunizieren.

Mit dieser und vielen anderen Fragen intensiv beschäftigt, musste die Entscheidung für oder gegen eine analytische Behandlung getroffen werden. Für eine Analyse dieses Patienten sprach, dass er sich eine Abwehrstruktur erhalten hat, die es ihm ermöglicht, sich mindestens an den zwei Tagen nach dem Bad aus seinem Panzer herauszuwinden und in diesen beiden Tagen versucht, das Phantasma einer gesunden, getrennten Haut zu leben. Diese innere Leistung einer psychischen Häutung deute ich als reparatives Moment mit der Möglichkeit, durch die Analyse eine weitere Stufe im Individuationsprozess erreichen zu können.

Das Symptom verstand ich zunächst als symbolische Darstellung seiner Trennungsunfähigkeit. Später fiel mir auf, dass ich in diesem Moment prognostischer Unsicherheit sehr schnell bereit war, sein somatisches Geschehen als ein psychisches zu interpretieren. War doch die Schuppenbildung selbst ein somatischer Vorgang und nur in seiner psychischen Besetzung als (Bade-)Ritual, mit der möglichen Bedeutung einer seelischen Häutung und symbolischen Darstellung einer Trennungsunfähigkeit, zu verstehen. Ich stellte mir die analytische Beziehung als Verdichtung einer Art ›Nabelschnur-Verbindung‹ vor, in der neben körperlichen Gefühlen schmerzhaftes Erleben den Austausch regelt, sobald es zur Berührung kommt.

Für eine Behandlung sprach auch, dass Herr H. seinen psychischen Leidensdruck deutlich machen konnte. Er war sich seiner Beziehungsstörung bewusst und konnte vermitteln, dass es ihm ein wichtiges Anliegen ist, die Beziehung zu seiner Freundin zu klären, anstatt sich treiben zu lassen und darauf zu warten, dass diese die Beziehung beendet.

Trotz aller Ambivalenz und dem Gefühl, dass mir der Patient schon weit mehr ›unter die Haut gekrochen‹ war, als ich erwartet hatte, weil mich in all diesen Überlegungen die seelische Kraftanstrengung dieses Menschen erfasst hatte, vereinbarten wir zunächst eine dreistündige Analyse. Für die bevorstehende analytische Arbeit stellte Herr H. das Motto auf: »Je mehr es weh tut, desto besser ist es!« Er ahnte oder wusste unbewusst, wie schmerzhaft es sein würde, sich seinen alten Wunden zu stellen und die Verleugnung seiner infantilen Ungetrenntheit aufzugeben. So erwartete ich psychodynamische Prozesse, in denen es um ein Nebeneinander von Hoffnung und Enttäuschung, sowie um Idealisierung und Entwertung gehen würde.

Dabei kann ich mich erst, als es mir möglich wird, mich auf Anzieus Ansatz wie auf ein ›gutes inneres Objekt‹ zu besinnen, für die Analyse entschließen. Aus dieser Theorie heraus, konnte ich das Bild einer haltenden Mutter entwickeln, die in ihrer Funktion des Haltens Hoffnung nährt, aber auch mit Trennungsschmerzen konfrontieren muss, als Voraussetzung für die Entwicklung eines eigenständigen, abgegrenzten Haut-Ichs.

Aus diesem ersten Jahr der Analyse möchte ich nun zwei Sequenzen vorstellen, die den unbewussten Versuch des Patienten zeigen, über projektive Identifizierung die psychische Getrenntheit in der analytischen Beziehung auszulöschen.

Das erste Jahr der Analyse ist bestimmt von einer Art ›Lebenstheater‹, in dem er nach und nach die von ihm narzisstisch hochbesetzten Rollen vorführt, seine Hüllen, die ihn wie eine zweite Haut schützen sollen und mit denen er mich beeindrucken möchte:
- als gefürchteter Geschäftsmann und harter Verhandlungspartner, der in feinstem Outfit, umhüllt von teurem Tuch, direkt aus einer wichtigen Konferenz in die Analyse eilt;
- als potenter Radler im Rennfahrerlook, der ›mal eben‹ kurz vor der Analyse 70 km in die Pedalen tritt, um dann in Helm und Handschuhen meine Reaktion auf seine schweißtriefende Haut zu testen;
- als Frauenheld, der mit den Frauen aus aller Welt Beziehungen unterhält und sich dabei in der Präsentation eines begehrten Junggesellen inszeniert;
- als einfühlsamer, omnipotenter Liebhaber, der jedwede Partnerin zufriedenstellen kann,
und
- als idealer Patient, der sich um ›Leistung‹ bemüht, indem er Massen von Einfällen produziert und dafür Anerkennung erwartet.

Ich verstehe diese Inszenierungen im Winnicott'schen Sinne als Darstellung eines falschen Selbst, was dazu dienen soll, die beschämenden Aspekte seines Haut-Ichs zu verbergen.

Er möchte der Nabel der Welt sein, wenn er mir in seinen Assoziationen und den sexualisierten Berichten über Frauen verschiedenster Couleur – eine Tänzerin aus Kolumbien, eine promovierte Wissenschaftlerin aus Polen – verschiedene Geschäftspartnerinnen, etc. – alles Frauen, mit denen er permanent über Telefon und Fax »im Gespräch« ist, zeigt, wie er sie »an der langen Leine hält«. Dabei sind die Frauen, mit denen er wegen deren »ungenügender Bildung nicht über die wirklichen Dinge des Lebens« sprechen kann, zur Abwertung verurteilt, obwohl er sie als diejenigen beschreibt, die »alles« für ihn tun würden. Dagegen fühlt sich der Patient von den Frauen, vor denen er Achtung hat und die er wirklich begehrt, abgewiesen und auf Distanz gehalten.

In seinen Inszenierungen demonstriert er mir unbewusst, wie er projektiv in die Frauen eindringt und seine Objekte beherrscht. In seinen Beschreibungen genießt er ein grandioses Selbstimage, das sich in der Bewunderung der anderen spiegelt, aber leicht desintegrieren und ihn mit dem Schrecken eines mangelhaften Selbstbildes in tiefe Depression stürzen kann.

Dies zeigt er am Beispiel einer Angestellten, die ihn auf seine Krankheit anspricht und mit Hautcreme versorgt, woraufhin er in immense Hilflosigkeitsgefühle und blinde Wut stürzt. Triumphierend dreht er den Spieß um und geht mit unangemessener Härte gegen sie vor, indem er sie ihre reale Abhängigkeit von ihm spüren lässt.

Ich erkenne, dass Herr H. mir unbewusst zu verstehen geben will, wie es mir ergehen wird, wenn er in der Umkehr der Rollen mich zum abhängigen, kranken Objekt machen wird.

Dann gibt es noch die eigentliche Freundin, zu der er in einer Hass-Liebes-Beziehung steht, weil er mit ihr weder glücklich sein noch sich von ihr trennen kann.

Wir verstehen es als Ausdruck einer tiefen Selbstwert-Unsicherheit, dass er die kalten, berechnenden Frauen attraktiver findet als die warmherzigen Frauen, die an einer echten Beziehung interessiert wären. Es geht in seinen Beziehungen immer um den Modus von Macht und/oder Unterwerfung.

In den vielen ermüdenden Berichten über seine Beziehungen draußen fällt kaum ein Wort über seine Hautkrankheit, geschweige denn über die damit verbundenen Gefühle, oder gar Gefühle, die mir gelten, außer ein oft deutlich vernehmbares nervendes Kratzen mit und auf den Knöcheln seiner Hände. Meinem Eindruck nach der einzig echte Affekt, der seinen Ärger über die ungleiche Beziehung zwischen uns ausdrückt, den ich aber auch als Ausdruck seines Wunsches, von mir verstanden zu werden, deute.

Unbewusst beschäftigt sich Herr H. mit der Frage, in welche Kategorie er mich einordnen soll, wie er mich ›abtasten‹ kann, um mich in eine gemeinsame Haut mit ihm ›einzuwickeln‹. Er versucht mich dazu zu bringen, meine Affekte zu zeigen, mich zu zeigen, will aber gleichzeitig jede Berührung zwischen uns verhindern, da die Beziehung mit Angst vor Abhängigkeit verknüpft ist.

Bald gelingt es ihm, mich mittels seiner brillianten Sprach- und Erzählbegabung in den Bann zu ziehen. Fast spielerisch jongliert er mit Zitaten berühmter Dichter, zitiert ganze Passagen aus Werken der Weltliteratur, erfindet permanent geistreiche und witzige Wortschöpfungen und kokettiert mit der Beherrschung verschiedener Fremdsprachen.

Ich empfinde die Stunden in dieser Phase anfangs ungeheuer anregend: Meine Haut prickelt und pulsiert, ich fühle mich aktiviert und an seinem Wissen über Kunst, Literatur und Musik teilhabend. Es war ihm gelungen, an der Oberfläche meiner Haut auf mich einzuwirken, indem ich mich von dieser Art seines persönlichen Reichtums einhüllen, aber auch blenden ließ. Erst als ich die innere Leere bemerkte, die sich zwischen uns ausbreitete, versuchte ich mich mit großer Mühe seinen Verführungskünsten zu entziehen und von seinem interessanten Unterhaltungsprogramm zur Arbeit an der Übertragung zurückzukehren.

Dabei hatte sich die narzisstische Einhüllung der erregenden Gespräche über die Welt draußen, die uns beide über die unbewusste Phantasie einer gemeinsamen Haut zu einer unverwundbaren Einheit machen sollte, zu einer leeren, durchlöcherten Hülle gewandelt, die den Schrecken eines durchlöcherten Haut-Ichs erahnen ließ.

Aus der Übertragungsanalyse verstand ich dieses Geschehen als Versuch der unbewussten Inszenierung einer frühen Nabelschnur-Verbindung. Herr H. versuchte mit seinen Fähigkeiten, mit denen er virtuos agierte, seine Haut zu retten, indem er mich mit schöngeistiger Nahrung fütterte, um in libidinöser Besetzung seines Größenselbst ein perfektes narzisstisches Mutter-Kind-Paar zu erschaffen, in dessen Ungetrenntheit er sich mächtig fühlen konnte. Diese Abwehrformation diente an erster Stelle dazu, die Abhängigkeit zu verleugnen, aber auch die in der Übertragung aktualisierten, libidinös und aggressiv besetzten Phantasien, die sich in das zerstörerische Selbst und die verfolgenden frühen introjizierten Objekte aufspalten, in Schach zu halten. Indem ich mich von seinem Wissen beeindrucken ließ, hatte ich für einen Moment mein analytisches Wissen aufgegeben, also das, worin ich ihm gegenüber unabhängig war. Auf diese Weise war es ihm erneut gelungen, durch intrusive Identifizierung omnipotent Kontrolle über mich auszuüben und seine narzisstische Erregung in der Gegenübertragung, als zunächst körperliches Erleben meiner Haut, fühlbar werden zu lassen.

Meine Versuche, dies als unbewusste Wiederholung einer frühen Nabelschnur-Verbindung zu deuten, aus der heraus er die Analytikerin-Mutter aktivieren und beeindrucken möchte, bringt mich der Wehrlosigkeit des kleinen Jungen näher, der aus Angst vor dem versagenden Reizschutz der Mutter in einem realen Angriff auf seine wunde Haut (durch die pflegenden Ersatzobjekte in den Kliniken) phantastische Visionen erfindet, um zu den Gefühlen des Getrennt- und Ausgeliefertseins ein Gegengewicht zu schaffen.

In dieser Phase seiner projektiven Bewegung, in der Herr H. zwar intellektuell erreichbar ist, nicht aber in seinem inneren Raum, bemerke ich nach einigen Wochen einen unmerklich vonstatten gegangenen Wechsel in meinen Gefühlen, den ich zunächst als eine positive Berührung zwischen uns deute: ich spreche in einer seismographischen Weise, gedämpft, um Beruhigung bemüht, fast liebevoll. In diesem Schonklima entwickelt sich eine Atmosphäre wie mit einem kranken Baby. Die Beziehung gestaltet sich entspannter und ich bin zunächst der Ansicht, dass mein Containing dazu geführt hat, dass sich Herr H. sicherer fühlt, ja ich habe sogar manchmal den Eindruck, als bade er in meinen Worten. Erst viel später wurde mir klar, dass seine Sicherheitsgefühle sich weniger durch mich als durch seine narzisstische Phantasie entwickelt hatten, eine gemeinsame Haut geschaffen zu haben, in der er sich wohlfühlte.

In dieser Phase der Beruhigung, die mit der unbewussten Phantasie einer Hautfusion verbunden ist, kommt es im 13. Monat der Analyse zu einer ersten gravierenden Wende in der Übertragung, als ich Herrn H. von meinen nun endgültig festgesetzten Umzugsplänen – sechs Monate später – unterrichte. Ich hatte Herrn H. in der Vorbesprechung eindringlich darauf hingewiesen, dass ich zum Ende des folgenden Jahres mit der Praxis an einen anderen Ort umsiedeln würde, was für ihn jedesmal eine Fahrtzeit von einer guten Stunde je Strecke bedeuten würde und dass er diesen Punkt in seiner Entscheidung genügend beachten müsse. Als ich ihm schließlich definitiv den Termin mitteile, kommt es zu einer dramatischen Entwicklung.

Sechs Monate lang ringt der Patient mit sich und mit mir, seine Wut und Entwertung mir gegenüber steigert sich ins Qualvolle. Es wird deutlich, dass er aus seiner inneren Objektwelt heraus fest davon überzeugt ist, der Mittelpunkt meiner Arbeit zu sein. Er fühlt sich von mir »ausgenutzt« und will mehrfach das Arbeitsbündnis (auf-)kündigen. Mit Hilfe der analytischen Arbeit gelingt es ihm allmählich, seine Verleugnungsstrategie zu erkennen. Bewusst hatte er nie geglaubt, dass ich mit dem Umzug ernst mache und fühlt sich nun vor dem Nichts stehend.

In meinen Überlegungen frage ich mich, ob Herr H. vielleicht auch deshalb dem Beginn der Analyse bei mir zugestimmt hatte, weil er am Anfang der Behandlung unbewusst mit der Phantasie spielte, sich wegen des anstehenden Umzugs nicht wirklich auf die Analyse einlassen zu müssen.

Nun, als er seine Abhängigkeitswünsche wahrnimmt, ist er voller Wut und zeigt zum ersten Mal seine Hände vor. Er klagt zwar über das Jucken und dass sich seine Haut zusehends verschlechtert, will sich aber auf die Deutung, dass es ihm in den Händen juckt, weil er sich so schlecht von mir be*hand*elt fühlt, nicht näher einlassen. Ich dagegen fühle mich durch seine konkret anklagenden Hände zutiefst schuldig.

Wieder versucht der Patient mit seinen bekannten Abwehrstrategien den Konflikt zu umgehen: Er schlägt mir vor, bei der Suche nach neuen Praxisräumen vor Ort behilflich zu sein und phantasiert, dass ich in einem seiner Häuser eine Praxis eröffne. In den Phantasien über den Grund meines Umzugs, die er anfangs trotzig verweigert, verleugnet er völlig mögliche familiäre Gründe. Er befasst sich lieber mit Phantasien, in denen ich wegen einer Professur oder eines großartigen multikulturellen Forschungsprojekts zum Umzug gezwungen bin.

Wir stecken in der Übertragung in einem Patt.

Der Wechselprozess zwischen der anklagenden Kommunikationsfunktion seines körperlichen Symptoms und dem eindringenden Charakter seiner Projektionen in dieser Sequenz hatte mich in die Position gebracht, mich schuldig zu fühlen. In der projektiven Identifizierung verhaftet, warf ich mir vor, ihn um sein sich gerade erst entwickelndes Haut-Ich zu bringen. Erst allmählich erschließt sich aus dem Material der

Stunden der unbewusste Zusammenhang: Der Patient war traumatisiert. In seiner inneren Objektwelt hatte er das Gefühl, dass die intrusiv omnipotente Beherrschung der Mutter/Analytikerin gescheitert war. Er wollte mich in Ausübung omnipotenter Kontrolle bewohnen, musste doch tief enttäuscht erkennen, dass ich ein eigenes Leben habe, welches mit seinen unbewussten Verschmelzungswünschen nicht in Übereinstimmung zu bringen war. In der intrusiven Absicht gescheitert, fürchtete er zu dekompensieren, wenn ihm die Phantasie der omnipotenten Beherrschung der Nabelschnur-Verbindung nicht mehr zur Verfügung steht. Die Konfrontation mit meiner Realität und damit eine Desillusionierung seines Phantasmas von der gemeinsamen Haut kam in der Übertragung zweifellos zu früh und bedeutete für ihn, sich eingestehen zu müssen, dass er mich braucht, im Sinne einer Sicherheit spendenden, psychischen Haut. In ohnmächtiger Wut muss er mich deshalb zum entwertenden, ihm das Fell über die Ohren ziehenden Objekt machen, das von ihm verlangt, »alles zu fressen«.

In diesem Zusammenhang fiel ihm ein, dass er bis zum 5. Lebensjahr das Essen ›verweigerte‹ und nach dem ersten gemeinsamen Urlaub mit den Eltern am Meer ein Wechsel stattfand, der dazu führte, dass Essen für ihn bis heute libidinös hoch besetzt ist. Er lernte damals schwimmen und erinnert sich an das Freiheitsgefühl, sich wie ein Fisch im Wasser zu bewegen. In der Pubertät gab es dann sogar eine Magersuchtsphase, in der er sich bis auf 48 kg »runter hungerte«.

Die Parallele ist deutlich, so versuchte er nun auch – wie in der Kindheit – in der Umkehr der Rollen, mich wie damals die Mutter dazu zu bringen, um ihn zu kämpfen, um die eigenen Abhängigkeits- und Verlustängste nicht wahrnehmen zu müssen. Er hoffte, wie damals über (Essens-) Verweigerung seine Forderung nach ausschließlicher Beziehung, unter Verleugnung des dritten Objekts (in Form meines Umzugs), durchzusetzen. Aus der Welt seiner inneren Repräsentanzen gehörte zu der damaligen Allianz mit der Mutter – über die Gratifikation auf der oralen Ebene – auch die Lust des ödipalen Jungen, sich freischwebend wie ein Fisch im Wasser zu bewegen, was für ihn mit Ungebundensein und der omnipotenten Illusion von Unabhängigkeit verknüpft war.

Die Aktualisierung in einer mehrfachen Übertragungsdynamik wird nachvollziehbar: Meine Realität (Umzug) hatte die Funktion des triangulierenden Dritten übernommen. Fast hatte der Patient mich soweit gebracht, dass ich ihm ernsthaft zur Weiterführung der Analyse bei einem ortsansässigen Kollegen geraten hätte, weil seine Vorwürfe immer unerträglicher wurden.

Zentral war in jedem Fall sein Erleben, sich der gerade erst entstandenen, narzisstisch besetzten Hülle des Wohlbefindens beraubt und in einem traumatischen Wechsel in eine demütigende Unterwerfungshaltung gezwungen zu fühlen.

Meine Eigenständigkeit erlebte Herr H. in der Übertragung als einen realen Angriff auf seine Haut, was sich in seiner Symptomverschlechterung niederschlug. Andererseits half ihm sein Symptom aber auch, seine destruktiven Hass-und Neidgefühle unter Kontrolle zu bringen und aus einer enormen inneren Anstrengung heraus, sich für die Weiterführung der Analyse, an zwei Tagen in zwei aufeinanderfolgenden Stunden mit einer Pause von zehn Minuten zu entscheiden.

In der Befriedigung seiner oralen Bedürfnisse zutiefst verunsichert, hatte er in diesem halben Jahr mit hochambivalenten Gefühlen ums Überleben der Analyse gerungen, was er später auch als eine Art zweite Chance bezeichnete. Ich hatte den Eindruck, dass der Patient eine Zweit-Haut-Verbindung zu mir geschaffen hatte, die neben den schmerzlichen Gefühlen einer Pseudoprogression, von ihm später aber auch als ein erstes Modell für Trennung erlebt werden konnte.

»›Ich liebe meine Mama‹, aber seine Stimme erschien ihm fremd, er hatte entsetzliche Angst (...). An diesem Tag begriff Lucien, dass er seine Mama nicht liebte. Er fühlte sich nicht schuldig, aber er war noch einmal so nett, weil er dachte, man müsse sein Leben lang so tun, als liebe man seine Eltern, sonst sei man ein böser kleiner Junge.«
(Jean-Paul Sartre: Die Kindheit eines Chefs, 1939)

Der weitere Analyseverlauf: »Ich brauche jemand anderen, damit ich leben kann«

Im weiteren Analyseverlauf ging es um die Bearbeitung der Trennungsabwehr, die sich in der Übertragung durch einen Wechsel in der inneren Organisation einer pathologisch narzisstischen Beziehungsstruktur widerspiegelte. Diesen Prozess der Übertragung von Psychischem und Körperlichem möchte ich im Folgenden veranschaulichen.

Nach der Verlegung meiner Praxis hatte ich den Eindruck, dass der Patient in einem schmerzlichen Prozess die Bedrohung auf die von ihm idealisierte Einheit einer gemeinsamen Haut überstanden hatte, indem er wahrnehmen konnte, dass ich mich als Objekt außen befinde und es zwischen ihm und mir eine psychische Distanz gibt. Dabei wirkte er anfangs dünnhäutig und erweckte in mir Assoziationen eines Menschen, der sich in einem fragilen, hautlosen Zustand befindet. Indem er sich gezwungen fühlte, seine Omnipotenzvorstellungen mir gegenüber zumindest im Zusammenhang mit der Praxisverlegung vorübergehend aufzugeben, und seine Bedürftigkeit anzuerkennen, fühlte er sich in seinen narzisstischen Selbstvorstellungen verunsichert. Intuitiv spürte er aber bald, dass er die Bedrohung der idealisierten Einheit einer gemeinsamen Haut übersteht, wenn er zu meinen Trennungsgefühlen Zugang findet. Dabei ›köderte‹ er mich für die projektive Identifikation, indem er sich regelrecht in meinen persönlichen Trennungsschmerz ›einnistete‹. Diese Dynamik führte dazu, dass ich mich zunächst in meiner realen Situation verstanden, sogar getröstet fühlte und ihm das auch sagen konnte. Ihm gelang es auf diese Weise, seine Ängste vor Ich-Fragmentierung unter Kontrolle zu bekommen und seine Aggressionsimpulse mir gegenüber erst einmal abzuwehren. Ich bemerkte aber schnell, unter welchen enormen Druck ich durch seine projektive Identifizierung geriet. In der Vermischung mit meinem persönlichen Trennungserleben, im Zuge dessen ich mich in meiner Haut bedroht fühlte (bedingt durch den Neuaufbau der Praxis) und durch die in der Gegenübertragung intrusiv erlebte Verunsicherung, fiel es mir schwer, zwischen seiner geretteten Haut und meinem bedrohten Haut-Ich zu unterscheiden. Darüber hinaus hatte in der inneren Organisation seiner Trennungsabwehr ein erneuter Wechsel in der psychodynamischen Entwicklung des Phantasmas der idealisierten gemeinsamen Haut vom Psychischen zum Körperlichen stattgefunden. Nachdem der Patient die verfolgenden Attacken der inneren hasserfüllten Objekte überstanden hatte, er hatte sich im Zusammenhang mit meinem Umzug so gefühlt, als würde ihm die Haut abgezogen, konnte er sich seiner Haut in narzisstischer Weise zuwenden. Voller Stolz berichtete er, zum ersten Mal in seinem Leben ohne die Kilodosen Glyzerinecreme auszukommen, und dass eine ganz gewöhnliche Babymilch von seiner Haut dankbar »aufgesaugt« würde.

Ich verstand dieses unbewusste Angebot in zweierlei Hinsicht. Zum einen zeigte mir der Patient über die Haut seine Dankbarkeit, den Umzug, die von ihm phantasierte Trennung, überlebt zu haben und er war in der Lage, über die Haut seine großen regressiven Bedürfnisse zu äußern. Dass er sich in seiner Haut sogar wohler fühlte als vorher, führte ich auf die Stundenerhöhung zurück.

Zum anderen hatte aber auch ein Austauschprozess zwischen uns stattgefunden, weil er in mir einen Menschen gefunden hatte, zu dem er (wie die Babymilch in seine Haut) in meinen Trennungsschmerz durchdringen konnte.

In dieser Vermischung, von persönlichem Verlust und seiner gewaltvollen intrusiven Projektion fiel es mir schwer, meine Angst vor seiner Wut und seinem unbewussten Neid zu erkennen. Der Wechsel seiner inneren Abwehrbewegung vom Psychischen zum Körperlichen spiegelte sich in der Übertragung in den subtilen Entwertungen seiner sadistischen inneren Objekte wieder: »Ich könnte nie von der Großstadt auf's platte Land ziehen«, oder »Ich dachte, wenigstens die Brezeln hier schmecken besser...«, während er sich in narzisstischer Weise zufrieden seiner Haut annahm. Er phantasierte sich lieber in meinen Trennungsschmerz und mir wurde bewusst, dass seine Empathie auch dazu dienen sollte, meine Identität zu übernehmen, um dadurch ein Stück seiner Hautkrankheit bei mir zu lassen. Dieser Wechselprozess, in dem ich mich von seinen sadistischen

Projektionen attackiert fühlte, während er sich psychisch und körperlich separierte, schaffte den Übergang in eine neue Übertragungsdynamik, die ich als einen ›berührenden‹ tiefergehenden Einstieg in die analytische Arbeit verstand.

Sein Modell, sich projektiv in meinem Trennungsschmerz ›zu Hause‹ zu fühlen, gehört ubiquitär zu Herrn H. und steht aus dem Erleben der inneren Objekte in direkter Beziehung zu seiner Psychopathologie. Viele Male empfand der Patient sich als der tröstende Partner der Mutter, die – im Zuge ihrer ehelichen Unzufriedenheit mit Trennungsandrohungen konfrontierend – in ihm die Größenphantasie erweckte, im Kontext ihrer Trennungsdepression mit ihr ›eins‹ zu werden.

So war es für Herrn H. nur natürlich, dass er auch in meiner Hautlosigkeit in der Übertragung diese Funktion einnahm, und aus seiner inneren Objektwelt heraus, im Zuge des narzisstischen Phantasmas der gemeinsamen Haut, die unbewusste Phantasie entwickelte, meine Veränderung als großzügiges Geschenk an ihn zu verstehen, als ein Zugeständnis zu einer narzisstischen Mutter-Kind-Verdoppelung. Gleichzeitig konnte er in der Partizipation an meinem Trennungsschmerz unbewusst sadistische Impulse seiner inneren destruktiven Objekte unterbringen und damit seinen Hass und Neid auf meine Unabhängigkeit abwehren.

Diskussion

Anzieus Erkenntnisse im *Haut-Ich*-Konzept bauen auf den Beobachtungen spezifischer Erfahrung von Säuglingen auf. In den beiden zentralen unbewussten Konfliktsituationen geht es um das wechselhafte Erleben zwischen Überstimulierung und Frustration.

Der Ausbruch der Erkrankung bei diesem Patienten liegt – seiner persönlichen Legendenbildung zu Folge – wenige Tage nach seiner Geburt. Herr H. setzt in seiner Selbstdiagnose diesen frühen Zeitpunkt an und legt damit nahe, dass es sich um eine Störung mit dem mütterlichen Primärobjekt handelt.

Bei Anzieu findet eine Manifestation der beiden zuvor genannten unbewussten Konflikte, die über die Hautbeziehung mit den infantilen Objekten entsteht, noch vor dem Spiegelstadium, also in den ersten vier Monaten, statt. Die sich später im Erwachsenenalter als masochistische

Variante des Phantasmas der gemeinsamen Haut äußernde Objektbeziehung konstituiert sich nach Anzieu aus der ursprünglich überstimulierenden Fürsorge, die zu einer psychischen Erregung beim Kind führt. Diese ist dafür verantwortlich, dass das Kind in einem regressiv symbiotischen Zustand verhaftet bleibt. Diese erregende Erfahrung des infantilen Haut-Ichs, wird vom Kind als äußerst befriedigend erlebt und verlangt in der späteren masochistischen Form nach ständiger Wiederholung.

Im zweiten Objektbeziehungsmodus – der narzisstischen Variante – nimmt das Kind aufgrund des mangelhaften Körperkontakts die ihm übermittelten Informationen in einem narzisstischen Bedeutungszusammenhang wahr, der als eine »narzisstisch besetzte Hülle des Wohlbehagens erlebt wird. Das mütterliche, bedeutungsvermittelnde Objekt wird hierbei als allwissender narzisstischer Doppelgänger wahrgenommen, mit der Illusion, jeder stelle eine der beiden Seiten der gemeinsamen Hautfläche dar.

Die sich aus der Perspektive der inneren Repräsentanzen des Patienten entwickelnden Fusionswünsche und symbiotischen Verschmelzungsillusionen, äußerten sich im Kontext der Übertragung in den wechselhaften regressiven Bedürfnissen, die auf erregende bzw. zurückweisende Objektbeziehungsformen hinwiesen. Darin verfolgte der Patient unbewusst hauptsächlich das Ziel, eine Hautbeziehung zu etablieren, die vom Phantasma der gemeinsamen Haut und deren narzisstischen und masochistischen Introjekten bestimmt wird. Da diese Wünsche vom Patienten jedoch gleichzeitig unvereinbar positiv und negativ besetzt sind, entfaltete sich eine Übertragungsbeziehung in einem ständigen Wechsel von gleichzeitig erstellten, aber unvereinbaren Nähe- und Distanzwünschen. Dieses charakteristische Ambivalenzverhalten habe ich exemplarisch auch schon in den vorherigen Falldarstellungen beschrieben.

An erster Stelle der psychodynamischen Austauschprozesse der primitiven Mutter-Kind-Interaktion hatte sich der Versuch des Patienten gezeigt, in der Analytikerin eine Erregungsqualität zu implantieren, die ihm projektiv erlaubt, daran zu partizipieren und mit der Analytikerin ein narzisstisches Verdoppelungspaar zu bilden. Die dadurch hervorgerufenen verwirrenden Gefühle in der Gegenübertragung, beispielsweise in den Phantasien während der Beschreibung des Baderituals, verweisen darauf, dass die Gedanken des Patienten bisher keine innere konzeptuelle Rahmung erfahren haben. Seine Versuche, eigene Selbstanteile projektiv identifikatorisch in der Analytikerin unterzubringen, dienten dazu, Gefühle des psychischen Getrenntseins bzw. innere Berührungen mit der Analytikerin abzuwehren.

Mit den gleichen Mechanismen werden in einem narzisstischen Abwehrversuch eigene entwertete Seiten über den Abwehrmechanismus der Idealisierung in eine ›Hautbesonderung‹ umgekehrt.

In ähnlicher Weise vermittelte der Patient auch ein besonders narzisstisch strahlendes Erregungsklima als er von seinen beruflichen Fähigkeiten sprach. Darin ist neben seiner gesunden narzisstischen Seite auch der Sublimierungsversuch seiner körperlichen Krankheit enthalten. Die narzisstische Befriedigung resultiert auch daraus, dass er durchlöcherte Objekte aufkauft, sie zerstört, um ihnen dann eine ›neue Haut‹ zu verpassen. Die unbewusste Absicht, das Objekt zu entleeren, scheint dazu zu dienen, alles zerstören zu wollen, was von der primären inneren Mutter trennt.

Viele dieser narzisstisch erregenden Rollen (wie schon am Anfang beschrieben) konnten, im Zusammenhang mit seiner inneren Objektwelt, immer wieder auf die unbewusst erregende Phantasie zurückgeführt werden, ein gemeinsames Haut-Ich kreieren zu wollen, das zur Abwehr des psychischen Getrenntseins dient.

Neben den enormen Widerständen, die mit der Bewusstwerdung seines beschädigten Haut-Ichs verbunden waren, diente die Verleugnung und ständige Stimulierung des narzisstischen Größenselbst dieser Abwehrstrategie, die ihm in einem durchaus reparativen Sinne bisher ermöglicht hatte, mindestens an den zwei Tagen nach dem Bad das Phantasma einer gesunden Haut zu leben. Dagegen hatte sich in dem Versuch, mit der Analytikerin/Mutter durch projektives Eindringen in dem Phantasma einer gemeinsamen Haut zu verschmelzen, bereits im ersten Gespräch ein demütigender Berührungsaustausch entfaltet. Dieses unbewusste Zusammenspiel wiederholte den Umgang mit den infantilen Objekten und spielte sich zwischen der phantasierten Idealisierung eines narzisstischen Doppelgängers, dem man nichts erklären muss, und einem sadistisch zurückweisenden Objekt ab. In seiner Vorstellung phantasierte Herr H. seine beginnende Hautkrankheit als einen Angriff auf seinen Körper, den er in der Verschiebung auf die Mutter als deren Trennungsproblem definiert. In der narzisstisch libidinösen Besetzung seiner Haut hatte er sich dagegen in seiner inneren Welt (narzisstisch) unverwundbar und zum Helden (›meine Hautbesonderung‹) gemacht.

Als zweite Manifestation des zentralen unbewussten Konflikts des infantilen Haut-Ichs tauchten in der masochistischen Variante im Verlauf der Behandlung Bilder auf, die als abgerissene Haut höchst bedrohliche Selbstverlustängste und Verfolgungsängste repräsentieren. Diese masochistische schmerzhafte Besetzung der Haut transportierte sich in der Gegenübertragung in den Enthäutungsphantasien des Abrubbelvorgangs bis hin zu Vorstellungen enthäuteter und entleerter Körper, aber auch in einem Grundgefühl, den Patienten wie ein kleines Kind vor Trennungsgefühlen schützen zu müssen. Seine Phantasien, die mit dem wöchentlichen Verschuppungsprozess in seinem Abstoßungsritual verknüpft waren, wiesen auf unbewusste Allmachtsphantasien hin, die von ihm als Gegengewicht gegen die primäre Angst der Ent*leer*ung lebenswichtiger Inhalte eingesetzt werden.

Im Umgang mit den Objekten findet der Patient bisher erst dann Sicherheit, wenn es ihm gelingt, durch projektive Identifizierung omnipotente Kontrolle auszuüben, indem er die eigenen Ohnmachts- und Depressionsgefühle in die Objekte projiziert und sich selber dadurch ›restauriert‹.

Ausblick

Im weiteren Verlauf der Analyse wiederholte sich auf unterschiedlichen Ebenen immer wieder sein ›Enttäuschungs-Beziehungs-Fiasko‹, durch das mir der Patient zeigte, wie er sich mir gegenüber in der unbewussten Wiederholung seines Abhängigkeitskonflikts gedemütigt fühlte. Diese Ohnmachtsgefühle, Ängste und Wünsche konnten nach und nach in der therapeutischen Arbeit entschlüsselt und durchgearbeitet werden.

Dabei kam es zu schweren Krisen in der Behandlung, in denen die Übertragungsbeziehung von den projektiven Identifikationen seiner hasserfüllten Introjekte durchtränkt war. In diesen Phasen hatte ich stellenweise das Gefühl, dass sich seine Introjekte regelrecht in meine Haut eingefressen hatten, indem ich selbst mit schweren körperlichen Reaktionen (z. B. Erbrechen) reagierte. Die Analyse der Gegenübertragung zeigte, dass meine körperlichen Reaktionen nötig waren, um den destruktiven Anteil einer narzisstischen Missbrauchsbindung zu erkennen.

In dieser Phase der Analyse hatte ich mit der inneren Welt des Patienten soviel Berührung bekommen, dass ich infolge meines körperlichen Erlebens eine Ahnung von der destruktiven Zerstörungswucht seiner inneren Objekte erhielt.

Dabei gelang es dem Patienten mehr und mehr, sich als eines von zwei abgegrenzten Objekten – mit einer eigenen Haut – wahrzunehmen. Er begriff seine zunehmenden Ich-Fähigkeiten als Chance, vom zwanghaften Festhalten an der Nabelschnur-Verbindung abzulassen. In einem psychischen Häutungsprozess begann er, in kleinen Schritten Teile seines inneren Panzers abzustoßen.

In dieser schwierigen, aber progressiven Phase, die Herr H. als Entzugstherapie bezeichnete, war es auf der einen Seite zu einer psychischen Entwicklung in der analytischen Beziehung gekommen, in deren Folge Herr H. eine Liebesbeziehung eingehen konnte, die erste Anzeichen einer Objektkonstanz aufwies. Mit dieser Frau konnte er über seine Hauterkrankung sprechen und ihr schließlich sogar gestatten, an seinem Baderitual teilzunehmen.

In der analytischen Beziehung konnte dieses höchst belastende Ritual dann auch unter neuer Perspektive verstanden werden. Der Patient traute sich nun auch, mich an seinen Schreckensgefühlen, die mit dem autodestruktiven Geschehen des Abrubbelns verbunden sind, teilnehmen zu lassen. Erst da begriff ich diesen Vorgang als eine erzwungene Berührung, verbunden mit Schmerz und Ekel, indem er sich vom Rest der Welt in einem »Unberührbarkeitssiegel« getrennt fühlt. Während er schildern konnte, wie er sich von der »Diktatur seiner Haut« abhängig fühlte, spürte ich, dass es um eine neue Qualität in unserer Beziehung ging, in der er mir – mich in der Übertragung vorsichtig abtastend – seine Beziehungswünsche zeigen konnte, von denen ich mich dann auch tief berührt fühlte. Hautdurchlässiger geworden, stellte er sich der Anstrengung, die mit seinen Gefühlen von Wut und Trauer über die Ungerechtigkeit seiner Krankheit verbunden waren, anstatt sie weiterhin durch Projektionen abzuwehren. Die fürsorgliche Beziehung der Freundin, aber auch die haltgebende analytische Funktion hatte ihm ermöglicht, sich seinen bisher abgespaltenen inneren Gefühlen zu nähern und ein Gefühl für sich, als einem ›In-Seiner-Haut-Sein‹ zu bekommen.

Wir verstanden, warum er sein Leben so anstrengend empfand. Die Aufrechterhaltung der Verleugnung seiner körperlichen Beschädigung hatte ihn immense Kraft gekostet, weil er versuchte, die verschuppende Haut in der Phantasie wie eine zweite Haut zur Imprägnierung gegen Berührung aber auch gegen die unbewussten Hass- und Ekelgefühle einzusetzen.

In diesem Übergang von der Zwei- zur Dreidimensionalität, in einem Ambivalenz ertragenden Haut-Ich, im Sinne der depressiven Position Melanie Kleins, hatte sich die Szene der inneren Objekte deutlich verändert. Dabei erlaubte ihm das reifende Ich auf ein quälendes und narzisstisches Haut-Ich mehr und mehr zu verzichten.

Daneben hatte ich den Eindruck, dass es zu einer ersten psychischen Häutung in Form einer sensorisch-sinnlichen Berührung gekommen war, in der wir die Schreckensgefühle seiner Auflösungsängste teilen konnten, was sich auch darin äußerte, dass Herr H. erste Gefühle von Dankbarkeit mir gegenüber empfand.

In diesem Abnabelungsprozess festigte sich sein Selbstwertgefühl und er glaubte daran, sich am Ende der Analyse unabhängig von mir in einem eigenen Haut-Ich bewegen zu können. In dieser Zeit hatte er auch den ersten Ganzkörpertraum, in dem er neben der Individuationsbedeutung den Übergang von der Zwei- zur Dreidimensionalität zulassen konnte. Indem er langsam bereit war, meine psychoanalytische Funktion anzuerkennen, war er auch in der Lage, sich einen eigenen psychischen Raum zu schaffen, der notwendig ist, um die Berührung zwischen uns, als zwei voneinander getrennten Objekten, zu ermöglichen.

In dem Maß, in dem sich Herr H. in der Analyse als abgegrenzte Person erlebte, spielte auch die Zeitbegrenzung eine neue Rolle. In der Anerkennung seiner begrenzten Lebenszeit wurde dann auch das Ziel eines Behandlungsendes präsenter.

An diesem Punkt seiner Autonomieentwicklung befindet sich Herr H. derzeit. Ich finde die jetzige Entwicklung hoffnungsvoll, weil der Patient seine innere und äußere Beschädigung in einem Ambivalenz ertragenden Haut-Ich im Sinne der depressiven Position Melanie Kleins zu akzeptieren beginnt. Dabei ist es zu einer ersten Integration von körperlichen und psychischen Repräsentanzen in einem weniger narzisstischen und masochistisch ausgeprägten Haut-Ich gekommen und es ist ihm möglich geworden, die Intimität einer inneren Berührung zuzulassen.

Zusammenfassung

Ich habe in dieser Kasuistik – der Anfangsphase einer analytischen Behandlung – versucht, die analytische Interaktion mit einem hautkranken und narzisstisch gestörten Patienten darzustellen, wie diese sich im psychodynamischen und körperlichen Übertragungsgeschehen entwickelt hat.

Ich wollte veranschaulichen, wie die Analyse der Wechselwirkung der beiden Bereiche Psyche und Soma, im Sinne eines Affizierens und Affiziert-Werdens, für das Verständnis der inneren Repräsentanzenwelt des Patienten und das Verständnis seines psychischen Umgangs mit den Objekten genutzt werden kann. Um die innere Szene analysieren zu können, hat sich Anzieus Ansatz des *Haut-Ich* in der Metapher einer gemeinsamen Haut als brauchbar erwiesen, da dieses Bild dem Patienten ermöglichte, sowohl seine Hautempfindungen als auch seine emotionalen Reaktionen darüber zu kommunizieren. In dem Übertragungsgeschehen war ich auch auf die Konzeptualisierung der projektiven Identifizierung angewiesen, um die projektiven Angriffe des Patienten als dessen zentrales Beziehungsmuster einordnen zu können. Dass sich Anzieus Ansatz als so fruchtbar erwiesen hat, liegt unter anderem auch daran, dass es bei dem dargestellten Fall nicht wie bei neurotischen Störungen an erster Stelle um die Bewusstwerdung verdrängter Phantasien geht, sondern um Bereiche, in denen sich der Patient aufgrund unvollständiger Mentalisierung somatisch äußert. In Ermangelung eines inneren Raums sind deshalb seine Objektbeziehungen untrennbar mit den Empfindungen seiner Haut verbunden.

Eine Verbindung zwischen der infantilen Störung und den sich entfaltenden Übertragungsprozessen ließ sich konzeptionell über die Organisation seiner unbewussten Phantasien herstellen, in denen die Idealisierung des Phantasmas einer gemeinsamen Haut zur Aufrechterhaltung der psychischen Ungetrenntheit benutzt wurde.

Anzieus Ansatz bringt bei diesem Patienten auch im Hinblick auf dessen Sexualität einen Erkenntnisgewinn. Dieser Bereich, in dem die

Hautlust des infantilen Hautkontakts mit den entsprechenden Bedeutungen des Phantasmas der gemeinsamen Haut verbunden ist, entwickelte sich erst sehr viel später in der Analyse und wurde erst dann einer Bearbeitung zugänglich.

Abschließend soll noch einmal an meine zentrale körperliche Reaktion in der Übertragung angeknüpft werden. In dieser körperlichen Ausstoßreaktion äußerte sich der Missbrauch einer primitiven Objektbeziehung als meine körperliche Reaktion, was zur Befreiung aus dem destruktiven Anteil der projektiven Identifizierung – mit der Chance einer ›psychischen Geburt‹ – führte. Die unbewusste Besetzungsphantasie, den analytischen/mütterlichen Innenraum zur Aufrechterhaltung des Phantasmas einer gemeinsamen Haut zu missbrauchen, konnte bearbeitet und aufgegeben werden, was als erstes Anzeichen eines introjektiven Prozesses verstanden wurde.

Auch wenn die Hautkrankheit sicherlich kaum veränderbar ist, haben sich doch entscheidende Fortschritte im Beziehungsverhalten gezeigt. Die Bearbeitung der Beziehungsstörung in der Übertragung ermöglichte dem Patienten, sich auf die Intimität eines hautnahen Dialoges in der analytischen Beziehung einzulassen und eine erste verlässliche Bindung in einer Liebesbeziehung einzugehen.

Diese Entwicklung konnte, mit Hilfe der Metaphorik Anzieus als Übersetzungsversuch der unbewussten Besetzungen der Haut mitvollzogen werden. Insofern hat sich Anzieus Ansatz für das Verständnis der inneren Objekte dieses Patienten sowie für die Analyse der Wechselprozesse zwischen Affizieren und Affiziert-Werden in der Übertragung als klinisches Konzept bewährt.

Fallstudie einer zweieinhalbjährigen analytischen Behandlung

Die Frau, die Kontakt »zum Kotzen« findet

Frau D. mit den Leitsymptomen einer Kontaktallergie und einer Bulimie

»Die andern ekeln sich vor mir...!«

> »Auch wenn es das Sehen ist, das die Liebe initiiert, kann das bloße Anschauen des begehrten Objekts den Liebenden niemals befriedigen; denn derjenige, der Genuß sucht, kann ihn nur in der Berührung, der Umarmung erlangen.«
> (Abraham Bosse: Tactus/Le Toucher (17. Jh.) zit. nach Benthien [1999], S.267)

In dieser psychoanalytischen Falldarstellung wird die Krankengeschichte einer 26-jährigen Patientin vorgestellt mit den Leitsymptomen einer Kontaktallergie und einer Bulimie, die als psychosomatische Reaktionen einer weiblichen Identitäts- und Intimitätsstörung verstanden wurden.

Vorbemerkung

Zunächst sei darauf hingewiesen, dass es mir in diesem Bericht vor allem um die Darstellung der Arzt-Patient-Beziehung geht, und um den Versuch, die unbewusste Konfliktdynamik der Patientin herauszuarbeiten. Es ist mir deshalb auch an dieser Stelle nochmals wichtig, darauf hinzuweisen, dass ich nicht den Anspruch erhebe, die körperlichen Krankheitssymptome der Patientin als solche erklären zu wollen. Mir geht es in diesem Bericht an erster Stelle wiederum um die Wechselprozesse zwischen Psyche und Soma, die sich in der Übertragungsbeziehung entfalten und damit ein Verständnis für die Patientin in ihrem Umgang mit den Objekten und ihrer psychischen Krankheitsverarbeitung ermöglichen.

Einleitung der Behandlung: Vorgespräche

In der Ambulanz meldet sich telefonisch eine 26-jährige Patientin, die wegen Kontaktproblemen eine Analyse machen möchte.

Im Erstgespräch entwickelt sich folgende Initialszene: Nachdem ich 20 Minuten auf sie gewartet habe, kommt mir auf dem Weg in das Sekretariat eine sichtlich verärgerte junge Frau entgegen. Ohne es näher erklären zu können, spüre ich, dass es sich um ›meine Patientin‹ handelt. Aufgebracht konstatiert sie, ohne genau zu wissen, ob ich ihre Ansprechpartnerin bin, dass sie seit 20 Minuten vergeblich in einem anderen Raum auf mich gewartet habe. Sie träfe keine Schuld, denn sie sei pünktlich gewesen und wütend sagt sie:»Sie haben mich vergessen!«

Ich denke, hier muss es um das Thema Schuld und/oder Wiedergutmachung gehen und spreche in einem beruhigenden Ton von einem Missverständnis. Als ich sie dann mir gegenübersitzend in aller Ruhe betrachte, nehme ich eine junge Frau wahr, an der äußerlich alles stimmt: die moderne Kleidung in wohl komponierten Farben und ein dezent aufgetragenes Make up, das zu ihrem Typ passt. Daneben gibt es aber auch noch einen anderen Ausdruck an ihr, denn sie wirkt irgendwie auch sehr kindlich, eher wie ein Mädchen, und taxiert mich mit großen schwarzen Augen auf eine unangenehme Weise. Genauso scheint es zwischen der schwarzen, zackigen Bubikopf-Frisur und der auffällig hellen, porzellanartig-schimmernden Haut einen äußeren Widerspruch zu geben.

Die Patientin berichtet dann, dass sie unter einem Kontaktekzem leide, was dazu führt, dass sie sich im zwischenmenschlichen Bereich mehr und mehr von anderen Menschen zurückziehe. Dann klagt sie anhaltend über ihre Arbeitsstörungen und die Angst zu versagen. Wieder an die Eingangsszene denkend sage ich: »Naja, dann wollten Sie wohl vorhin von mir geholt werden, weil Sie sich fürchteten, von sich aus den Kontakt zu mir herzustellen?«

Erleichtert, sich offenbar in ihrem Kontaktproblem verstanden fühlend, berichtet sie dann von den (Kontakt-)Problemen ihrer Familie. Auf diese Weise kann sie etwas von ihrem Problem zeigen, ohne es direkt benennen zu müssen. Der eine Bruder sei ein »Versager«, außerdem könne er keine Beziehungen zu Frauen aufbauen. Die drei älteren Schwestern seien dagegen beruflich außerordentlich erfolgreich, während sie privat von einer Krise in die andere schlitterten. Am krankesten sei der Vater. Er wolle das »gute Klima« zwischen ihr und der Mutter zerstören. Während sie sich wehren könne, stände die Mutter stets »dazwischen« und sei den Attacken des Vater hilflos ausgeliefert.

Ich versuche zu thematisieren, dass sie über die Probleme ihrer Familie spricht, über ihre eigenen aber schweigt und deute, wiederum an ihre Bemerkung in der Initialszene anknüpfend, dass es mir so vorkommt, als ob sie sich als Jüngste in der großen Familie vergessen fühlt.

Offensichtlich habe ich damit eine wichtige Stelle von ihr berührt. Während ihr Gesicht rot anläuft, schildert sie, dass sie sich bereits in der Grundschule vor lauter Angst vor den anderen versteckt habe.

Ich denke: »Dazu passt ihr Versteckspiel am Anfang unserer Begegnung.«

Frau D. berichtet weiter, dass sie immer gehofft habe, man würde sie vermissen und in den Pausen auf der Toilette suchen. Dies sei aber nie der Fall gewesen und als dann auch noch die Kontaktallergie auftrat, habe sie die Vorstellung entwickelt, »die anderen ekeln sich vor mir«.

Dann erfahre ich, dass sie bis zu ihrem 14. Lebensjahr eine Muster-Schülerin war, bis die Arbeitsstörungen auftraten. Infolge der begleitenden Depression sei sie schließlich ein halbes Jahr lang nicht mehr in die Schule gegangen. Erst mit Hilfe einer Therapie habe sie sich wieder in die Schule »getraut«. Momentan fühle sie sich ähnlich, sie traue sich nichts mehr zu, und fürchte sich vor dem anstehenden Arbeitsplatzwechsel.

Mein Vorschlag, ein zweites Gespräch zu vereinbaren, führt zu einer ähnlichen Dynamik wie zu Beginn. Sie will mich festnageln und verlangt eine feste Zusicherung für eine analytische Behandlung. Die Deutung: »Sie befürchten, ich könnte mich auch vor ihnen ekeln« hört sie gar nicht, sondern will in jedem Fall und unbedingt sofort erklärt haben, dass ich sie *annehme*.

Auch das zweite Gespräch beginnt die Patientin mit einem Vorwurf: Während sie sich mit ihrem Kontaktproblem offenbart habe, hätte ich mich zurückhaltend und abweisend gezeigt. Nachdem wir eine Weile darüber sprechen können und sie ihren Ärger benennen kann, kommt sie dazu, von »schlimmen Kämpfen« zwischen dem Vater und dem Bruder zu berichten. Sie schildert furchtbare Gewaltszenen, in denen sich Vater und Bruder prügelten, Haare und Zähne ausrissen und schrecklich schrien. Aus diesem Erleben heraus habe sie über Jahre unter Alpträumen und Verfolgungsängsten gelitten. Darin »rannten wir (sie und die Mutter) um unser Leben«.

Das dritte Vorgespräch, diesmal nicht in der Klinikambulanz sondern in meiner Praxis, leitet die Patientin damit ein, dass sie zum Erstgespräch

20 Minuten zu früh kommt. Ich thematisiere, dass sie es damit erneut so einrichtet, wiederum auf mich warten zu müssen. Verheißungsvoll lächelnd erklärt sie, es gäbe da auch noch einiges was auf mich (!) warten würde, worüber sie jetzt noch nicht sprechen könnte.

In meiner Gegenübertragung fühle ich mich regelrecht geknebelt, dabei spüre ich Verunsicherung und stelle mir die Frage, ob es richtig war, ihr eine analytische Behandlung anzubieten. Neben dieser bangen Frage, inwieweit ich fähig sein werde mich ihrem ›Kampf‹ zu stellen, empfinde ich deutlich ein körperliches Unwohlsein, was ich am liebsten abschütteln möchte. Ich schließe daraus, dass es in ihrem Geheimnis um etwas Körperliches geht, und dass es keinen Sinn hat, danach zu fragen, weil sie es als ein Eindringen erleben würde.

Diagnostik

Die Patientin leidet unter einem chronisch rezidivierenden Hautausschlag im Gesicht, den sie als Kontakallergie bezeichnet. Der Beginn dieser Erkrankung kann von ihr zeitlich nicht genau zugeordnet werden, da die Mutter keine Angaben machen kann. Unter dem Blickwinkel ihrer inneren psychischen Realität geht sie davon aus, dass die Allergie bereits im Säuglingsalter aufgetreten sei.

Vom psychodynamischen Geschehen her geht es um drei Hauptthemen:
1. Eine Art anal-aggressiver Anspruch (Wiedergutmachungsanspruch) auf eine von ihr kontrollierte Beziehung,
2. ein Rückzug aus Angst vor Selbstbehauptung,
3. eine tiefe Intimitäts- und Identitätsstörung.

Ich war neugierig geworden auf diese Frau, die wie ein Mädchen wirkte und die sich hinter ihrer Familie bedeckt hielt, diese aber als Selbstanteile vorführte. Was klagte sie in ihrem Wiedergutmachungsanspruch ein? Dass sie in mir ein Objekt zur Differenzierung suchte, aber auch ein Objekt, das ihren Gewaltphantasien standhielt, war deutlich. Trotz allem Nähe-Distanz-Gerangel mochte ich sie. Sie hatte mich für sich gewonnen, obwohl mir aus der Gegenübertragung heraus bald klar geworden war, dass mir der Kontakt mit ihr ›unter die Haut‹ gehen würde, weil sie starke Gegenübertragungsgefühle in mir hervorrief. Diese äußerten sich wegen ihrer Anspruchlichkeit in dem Gedanken ›schwer verdaubar‹ bis hin zu dem Wunsch, sie beschützen zu wollen.

Biographie

Die Mutter wird als kühle, stets unzufriedene Frau geschildert. Erklärtes Hauptziel ihrer Erziehung sei es gewesen, alle Kinder zu einem Hochschulabschluß zu bringen. Am Beispiel eines eigens von der Mutter konzipierten Übungsbuches schildert die Patientin die leistungsbezogene Beziehungsebene. Gelang es der Patientin neben ihren Schulaufgaben die täglichen Übungen zur Zufriedenheit der Mutter zu erfüllen, vermittelte ihr diese das Gefühl, sie zu lieben. War die Mutter dagegen mit ihrer Leistung unzufrieden, »nahm sie von sich aus keinen Kontakt mehr zu mir auf«.

Der Vater wird als zwanghafter Mensch geschildert, der »gefühlsmäßig krank« sei. Cholerisch, ungerecht, ohne die geringste Toleranz neige er zur Gewalt und stehe im Vergleich zur Mutter wie ein »schwaches Würstchen« da. Zwischen der Patientin und dem Vater spielen sich täglich verbale Machtkämpfe ab, in deren Folge die Opfer-Täter-Rolle perpetuiert werden soll.

Die schulische Laufbahn absolvierte die Patientin als Einser-Schülerin. Bekam sie ausnahmsweise mal nur die Note 2, wurde sie bereits als Versagerin abgestempelt.

Sehr früh begann sich die Patientin mit ihren Büchern in eine Gegenwelt zurückzuziehen, die ihr Schutz vor der kontrollierenden Mutter bot. Im Zuge der ersten depressiven Krise in der Pubertät begann die durch Leistung definierte Beziehung zur Mutter brüchig zu werden.

Psychoanalytische Behandlung

(340 Sitzungen in 2 1/2 Jahren bei einer Frequenz von 4 Wochenstunden)

Die Anfangsphase
Die Patientin eröffnet die erste Analysestunde mit den Fragen: »Soll ich die Schuhe ausziehen?« und »Wie soll ich mich legen?«. Ohne auf eine Antwort zu warten, legt sie sich mit den Schuhen auf die Couch und dreht

sich dabei blitzschnell mit dem Oberkörper herum, so dass sie mich bäuchlings mit erhobenem Kopf anschaut. In der Absurdität dieser Situation denke ich an ein hungriges Baby. Eine extreme Spannung registrierend deute ich, dass sie alles richtig machen möchte und dass sie fürchtet, meinen Anforderungen nicht zu genügen. Zuflucht in ihrer körperlichen Unsicherheit suchend erklärt sie, froh zu sein die Schuhe anbehalten zu dürfen, da sie sich ihrer kleinen Füße schäme. Ich verstehe das bereits im ersten Satz aufkommende Schamthema als ein Angebot und deute, dass sie verständlicherweise Angst davor hat, hier Schamvolles von sich zeigen zu müssen. Als sich die Patientin dann langsam zu entspannen beginnt und sich auf die Seite legen kann, sagt sie leise, dass sie hofft, wenigstens mir gegenüber ehrlich sein zu können.

Die zweite Stunde ›erstürmt‹ die Patientin mit dem Geständnis, heute ihr größtes Problem »beichten« zu wollen. Bisher habe sie es nicht sagen können, da sie fürchtete, dass ich dann nichts mehr mit ihr zu tun haben wolle. Offenbar fürchtet sie, dass dann der Kontakt zwischen uns abbricht und die nun folgende, fast lapidar klingende Eröffnung, sie leide außer der Kontaktallergie und den Kontaktproblemen auch unter einer Bulimie, trifft mich bis ins Mark. Nun verstehe ich, weshalb ich mich im Kontakt mit ihr körperlich so unter Druck gefühlt hatte. Ich erlebe diese Szene in der Gegenübertragung so, als habe sie mir ihr ›größtes Problem‹ regelrecht vor die Füße ›gekotzt‹ und ich ahne eine Dynamik, in der es darum geht, Gefühle auf der körperlichen Ebene für sie aushalten zu müssen, die von ihr verdeckt und geheimgehalten bleiben sollen.

Während die Patientin dann von ihrem »Verlangen« berichtet, fühlt sie sich sichtlich entlastet. Sie erklärt, Unmengen Essbares zu verschlingen, allerdings nur zu Hause, nie in der Öffentlichkeit. Nach der Aufzählung dieser riesigen Mengen folgt eine eher technische, aber fast lustvoll anmutende Beschreibung dessen, was nach dem »Fressen« passiert. Die ganze Art und Weise dieser Darstellung bestätigt meinen Eindruck, dass es um nicht aushaltbare Gefühle im Intimitätsbereich gehen muss: »Sobald es dann zuviel ist, schießt mir die Magensäure ein und dieses Gefühl ist unerträglich.« Um das Essen wieder »rauszubringen« spanne sie die Magenmuskeln an, »ohne die Finger in den Hals stecken zu müssen«. Zu diesem Zwecke stünden immer mehrere leere 1 1/2-Liter-Wasser-Flaschen in ihrem Zimmer, in die sie das Unverdaute

»hineinlaufen« ließe. Bei dieser Form des Erbrechens müsse sie sich nicht mehr vor sich selber ekeln.

Niemand in der Familie, außer der Mutter, wisse davon. Aber auch die Mutter habe sie noch nie darauf angesprochen, obwohl die Flaschen mit dem Erbrochenen in ihrem Zimmer ständen und mit absoluter Sicherheit von der Mutter bemerkt worden seien.

Während sie bemüht ist, die ganze Angelegenheit als »saubere Sache« zu deklarieren, fühle ich mich auf eine unangenehme Weise zwiespältig berührt. Einerseits, weil ich mich in meiner Neugierde stimuliert fühle, andererseits, weil ich deutlich ein Bedürfnis nach Distanz verspüre. Was mich besonders irritiert ist mein Eindruck, dass die Patientin lustvoll über dieses Geheimnis spricht und anstelle eines Leidensdrucks nehme ich eher eine Art Genugtuung wahr. Ich habe den Eindruck, es ist ihr unbewusst spürbar geworden, dass mich ihre Beschreibung abstößt, was ihr anscheinend ein Machtgefühl gibt.

Die Klagen über den Vater in den folgenden Stunden deute ich als Abwehrversuch. Sie befürchtet, dass ich ihr das Problem, das nun hier aus ihr ›rausgebrochen‹ ist, zum Vorwurf machen wolle. Wir sprechen über ihre Widerstände und dass es leichter für sie ist, über den macht*hungrigen* Vater zu sprechen, als zu ihrem eigenen inneren Verlangen zurückzukommen. Ich deute auch, dass ich ebenso wie die Mutter die Augen verschließen soll, um damit ihr Problem zwischen uns zum Tabu zu erklären. Belustigt, wenn auch selbstironisch meint sie: »Ja, dann könnte es hier auch eine saubere Sache bleiben!«

In der folgenden Phase beginnt die Patientin mehrere Stunden mit Manipulationsversuchen. Mal soll ich früher, mal später beginnen, die Stunden verlegen etc. und mich bedingungslos nach ihren Vorgaben richten, die sie mit zeitlichen Einschränkungen am Arbeitsplatz zu rechtfertigen versucht. Bald merke ich, dass mein Verständnis für ihre reale Situation nicht weiterhilft, denn sie scheint ›unersättlich‹ zu sein. Ihre Forderungen werden immer drängender und meine Deutung: »Obwohl ich mich auf Ihre Bedürfnisse einzustellen versuche, werden Sie nicht satt«, lässt sie über ihre Enttäuschung sprechen. Sie fühlt sich von mir nicht genügend beachtet – wie in der Grundschule – und versucht mich dazu zu zwingen, ihren Wünschen nachzukommen. Die unbewusste Dynamik, die der Wiederholung zugrunde liegt, verstehe ich folgendermaßen: Ihre

Manipulationsversuche sollen dazu dienen, ihre Ambivalenzgefühle mir gegenüber aber vor allem mich unter Kontrolle zu bringen.

In dieser Anfangsphase, die mich an die Opfer-Täter-Dynamik der geschilderten Vater-Sohn-Verstrickung erinnert, verspüre ich aus der Gegenübertragung heraus immer wieder ihr drängendes Bedürfnis, abzubrechen. In der sich etablierenden Kampfdynamik zwischen uns fühlt sich die Patientin als Opfer und wirft mir vor, ich sei stur und halsstarrig.

Wie eng der Kontaktabbruch in ihre Beziehungsmuster eingeflochten ist, erfuhr ich bald am eigenen Leib. Sie stand nämlich während der Stunden mehrmals von der Couch auf mit der Begründung, wegen ihrer schmerzenden Augen ihre Kontaktlinsen entfernen zu müssen. Diese Kontakt-Unterbrechung spielt in ihrer Realität eine wichtige Rolle. In der Beziehung zum Vater wird darüber seit Jahren hautnah ein Machtkampf ausgetragen. Da der Vater es nicht erträgt, wenn die Patientin in seiner Gegenwart ihre Kontaktlinsen herausnimmt, wechselt sie diese vorzugsweise beim gemeinsamen Essen am Tisch. Meistens ›gewinnt‹ sie den Kampf, da der Vater dann schimpfend das Zimmer verlässt.

In der zwischen uns hergestellten Inszenierung bestand der Zusammenhang zu ihrer unbewussten Aggressivität, die sie über das Körperliche agiert, darin, dass in der Analyse ihre Schmerzen immer dann auftraten, wenn ihr eine Deutung zu nahe ging. Der Abbruch ermöglichte ihr also einen Rückzug aus unserem Dialog (Kontakt) und zwar auf den eigenen Körper. Wichtig dabei erschien mir auch meine Reaktion. Zuerst übte die Aktion in ihrer Vielschichtigkeit eine ungeheure Faszination auf mich aus, da mir die Szene in ihrem Ritualcharakter einen Einblick in ein ›sinnliches Spiel‹ gestattete. Während sie mit fast zärtlichen Bewegungen an ihrem Kontaktlinsen-Döschen drehte, schien sie vollkommen auf sich selbst konzentriert. In dieser Art ich-bezogener Versunkenheit fühlte ich mich voyeuristisch einen autoerotischen Vorgang beobachtend, den die Patientin hinauszögerte, solange es nur ging. Indem sie mich in die Situation der passiven Zuschauerin brachte, gelang es ihr durch die aktive Unterbrechung unseres Kontakts, Distanz zu mir aufzubauen. Die verschiedenen Bedeutungsmöglichkeiten, die sich im Laufe der Analyse herauskristallisierten, zentrierte ich zum damaligen Zeitpunkt auf den Abgrenzungsaspekt. Etwa in dem Sinne, dass ihre Augen immer dann schmerzen, wenn sie glaubt, ihre Haut retten zu müssen. Sie wolle einfach abbrechen, nicht mehr hinschauen, mich aber dazu einladen, genau hinzuschauen und mich an etwas teilhaben zu lassen, was sowohl schmerzt als auch mit einer enormen geheimen Befriedigung verbunden ist.

Nach dieser Sequenz beschäftigte sich die Patientin mit der »starken Mutter«, zu der – wie sie immer wieder betonte – ein enger Kontakt bestehe.

Eines Tages erzählte sie in diesem Zusammenhang ganz nebenbei von einem weiteren Geheimnis, einer zwei Jahre zurückliegenden »Schönheitsoperation am Po«. Da das Ergebnis aber nicht ihren Vorstellungen entsprochen habe, fühle sie sich heute noch hässlicher als vorher. Wieder bin ich mit Ohnmachtsgefühlen in der Gegenübertragung konfrontiert und fühle mich in die Autoaggression der Patientin einbezogen.

Im weiteren Verlauf der Analyse wird die hohe Besetzung ihres Körpers deutlich und die Strapazen und Enttäuschungen, die sie in Kauf genommen hatte, um sich Zufriedenheit in ihrer Haut zu verschaffen. Fast jedes Körperteil ist negativ besetzt, ganz besonders ihre Brust.

Als sie eines Tages offenbart, dass sie sich demnächst einer weiteren Schönheitsoperation unterziehen wird, fühlte ich mich in der Gegenübertragung vollends ›gepeinigt‹. Ich spüre am eigenen Körper wie schlecht und elend sie sich fühlen muss. Mir schmerzte regelrecht die Brust und ich versuchte ihr mein Erschrecken auf verschiedenste Weise nahezubringen; besonders, dass sie offenbar glaubt, sie könne ihre schlechten inneren Körpergefühle durch Veränderung und Manipulation von außen in den Griff bekommen. Ich teile ihr meinen Eindruck mit, dass ich spüre, wie sehr sie ihren Körper ablehnt und dass dieser für sie nicht mal soviel Wert besitzt, dass sie sich in Ruhe damit beschäftigen kann. Dann zentriere ich meine Deutung darauf, dass sie sehen will, ob ich darunter leide, wenn sie sich so verstümmeln lässt.

All dies wehrte die Patientin zu diesem Zeitpunkt jedoch kategorisch ab und beharrte auf der Rationalisierung, dass ihre Körperrealität nicht in die analytische Arbeit gehört. Es gelingt ihr nicht, sich dieser Spaltung zu stellen, geschweige denn, diese aufzuheben. Aber sie träumt folgenden Traum:

»Ich gehe zu einem Chirurgen in die Praxis wegen einer Entzündung am Zeh. Er ist der gleiche, bei dem ich wegen der Fettabsaugung am Po war. Er will den Zeh operieren, während ich ihm vor allem deutlich machen will, dass ich mit seiner Arbeit am Po unzufrieden bin. Eigentlich wollte ich auch nur hören, dass es an dieser Stelle eben nicht besser zu machen ginge. Dann ist er aber bereit, es gleich noch einmal zu versuchen und ich soll schon mal ins Nebenzimmer gehen. Als ich ins Nebenzimmer komme, ist da kein Operationstisch, sondern seine Familie, die beim Abendessen sitzt. Der Arzt stellt mir alle einzeln vor und ich darf mitessen.

Dann kommt ein neuer Teil: Ich gehe mit ihm weg, dachte, wir gehen ins Krankenhaus, wir kommen aber in eine Art Schule. In der sind dann aber keine Schüler, sondern lauter Lehrer. Plötzlich waren Sie da und zeigen den Lehrern, wie man es richtig macht. Sie erklären die Regeln und die Bedingungen für den besseren Unterricht. Sie erklären und alle sind still. Dann kommt eine andere Frau aus einer Sendung im Fernsehen, die ich sehr nett finde. Sie ist aber gleich wieder verschwunden.

Im letzten Teil des Traums schaffe ich es gerade noch, auf eine überfüllte Straßenbahn, an der die Leute auf allen Seiten dranhängen, aufzuspringen. Auf einmal sehe ich meinen großen Bruder angerannt kommen, ich reiche ihm die Hand, er schafft 's dann auch gerade noch aufzuspringen.«

In der Arbeit an dem Traum zentriere ich meine Deutungsarbeit auf den Übertragungsaspekt, dass sie vor mir mit ihrem Operationsvorhaben auch etwas Wichtiges von sich verborgen gehalten, gleichzeitig aber auch den Wunsch hat, von mir in ihrem Körper gemocht zu werden. Wir verstehen, wie sehr der Wunsch, mir die ganze Verantwortung für die ›Operation Analyse‹ zu übertragen, im Vordergrund steht, um mir später in einem Wiedergutmachungsanspruch Vorwürfe machen zu können, wenn sich ihre Vorstellungen im Sinne eines guten Eingriffs (ich denke an die *gute Brust*, im Kleinianischen Sinne als Teilobjekt, das in der Phantasie ohne frustrierende Qualitäten ausgestattet ist) nicht erfüllen.

Ihre narzisstische Unzufriedenheit darüber, dass sie sich in ihrer Haut extrem unwohl fühlt, agiert sie in der folgenden Phase im regressiven Rückzug. Sie vermeidet jeglichen Kontakt, zieht sich abends am liebsten in ihr Bett zurück, schaut fern und ist »stundenlang« mit dem »Rausbringen« beschäftigt. Ich deute, dass es ihr im Moment nicht vorstellbar erscheint, dieses einsame Ritual gegen etwas Gemeinsames – wie im Traum – einzutauschen, so wie es ihr auch nicht möglich ist, etwas von unserer Begegnung in sich zu behalten.

Die Frau, die Kontakt »zum Kotzen« findet

Die folgende Zeit erlebe ich sehr quälend und ich muss mir immer wieder Mut machen, indem ich mich selber narzisstisch aufwerte und an die ›gute‹ psychoanalytische Nahrung denke.

Viele Stunden klagt sie über den von der Mutter ausgehenden Leistungsdruck. Ich denke an das Übungsbuch und die hochprozentigen Lebensmittel, die ihr die Mutter vorzugsweise offeriert, obwohl die Patientin sie gebeten hat, beispielsweise keine Butter mehr zu kaufen. Auf meine Deutung, dass sie von mir etwas anderes will, aber noch nicht weiß was, antwortet sie: »Ich habe das Gefühl, es ist sowieso das Falsche, was Sie mir geben.«

Während dieser Zeit erhalte ich Einblick in ein wichtiges inneres Bewältigungsmuster. Sie fühlt sich von mir in ihrer Hoffnungslosigkeit »alleingelassen«, bald sogar ohne Kontakt zu mir und reagiert regelrecht allergisch auf meine Anwesenheit.

Eine ›Explosion‹ findet schließlich im Zusammenhang mit einer von mir in Rechnung gestellten Stunde statt, die sie erst während der vereinbarten Zeit telefonisch absagte. Nun war ich endgültig zur ›bösen‹ Analytikerin/Mutter geworden. Sie will nichts mehr mit mir zu tun haben, unterstellt mir geldgierig zu sein und sie wie eine Zitrone auszupressen. Ihre ganze Enttäuschung und ihr Ärger entfalten sich ob dieser Grenzsetzung, was sie schließlich mit der psychosomatischen Reaktion eines Ekzems auf den Wangen unterstreicht. In ihren Einfällen taucht immer wieder der Wunsch auf, dass ich das an ihr begangene Unrecht (»ich kann ja schließlich nichts dafür, wenn ich mich nicht wohl fühle!«) wiedergutmachen soll. Sie verleugnet jegliche Mitverantwortlichkeit am analytischen Arbeitsbündnis und beschuldigt mich erpresserischer Erziehungsmaßnahmen.

Versuche, sich mir in der folgenden Zeit wieder anzunähern, fallen ihr sehr schwer. Sie möchte die Beziehung zu mir zwar wieder harmonisieren, aber ihr Rachebedürfnis ist zu groß. Ihre Vorwürfe kreisen immer wieder um meinen »Gewinn«, während sich für sie bisher nichts verbessert habe und die Therapie nichts bringe. Ihre in der Gegenübertragung unersättlich wirkende Gier, und die verdeckte Wut, die meine Toleranz auf die Probe stellt, sind schwer auszuhalten. Manchmal bekomme ich regelrechte Bauchschmerzen oder ich fühle mich als würde mir allmählich die Haut abgezogen. Ich deute, dass sie sich dagegen wehrt, kleine Portionen von mir anzunehmen und zu verdauen, weil sie am liebsten alles auf einmal haben möchte. Da sie aber nicht alles auf einmal schlucken kann, muss sie es zerstören und für nichtig erklären.

Schließlich ›kotzt‹ sie mir ihre heftige Wut vor die Füße, worin der Vorwurf enthalten ist, dass ich stillschweigend mit ansehe, wie sie sich zugrunde richtet. Ich verstehe erst langsam, was »zugrunde richten« bedeutet, nämlich, dass ihre (heimlichen) Fressattacken zugenommen haben. Über ihren Wutausbruch gelingt es ihr wieder mit mir in einen Dialog zu kommen. So können wir uns endlich der Bedeutung ihres »Verlangens« zuwenden. Es wird deutlich, wie zornig sie auf mich ist, aber auch dass sie phantasiert, im Zuge der Fressanfälle zu einem idealen Körper und einem Zustand völliger Befriedigung zu gelangen. Sie möchte symbiotisch mit mir verschmelzen, ohne Worte, so wie sie sich eine Beziehung zwischen Mutter und Säugling vorstellt, in einer vollkommenen Einheit.

Den hassvollen Gegenpol beschreibt sie am Beispiel ihrer Mutter: »Meine Mutter frisst alles in sich hinein, bis zu dem Punkt, wo sie nicht mehr mit mir spricht und ich ihr völlig gleichgültig geworden bin.«

Ich deute, dass es dann um so beachtenswerter ist, dass sie es geschafft hat mir zu zeigen, wie schlecht sie sich von mir in den letzten Wochen behandelt fühlte. Sie fühlt sich angenommen, ist aber auch traurig als sie erkennt, wie sie sich aus einer Abwehrbewegung gegen die Auseinandersetzung mit mir im Fressen zurückzieht. Dass es so hautnah zwischen uns werden könnte, hatte sie nicht erwartet. Mehr und mehr kann sie sich dann auf die Beziehungsebene einlassen, mich ›näherkommen‹ lassen und über ihre Wünsche, aber auch ihre Ängste vor der Beziehung sprechen.

Zweiter Behandlungsabschnitt
Nach den ersten großen Sommerferien kommt die Patientin 25 Minuten zu spät. Sie wirkt irritiert, erinnert sich angeblich nicht mehr an den genauen Stundenbeginn und will gleich wieder eine Terminverschiebung ›erpressen‹. Hinter ihrem Klagen und Jammern lässt sich leicht ihr Ärger erkennen. Die Trennung hatte Gefühle des Abgeschoben-Werdens und Selbstzweifels, aber vor allem des Neides aktualisiert. Sie reagierte psychosomatisch, indem sie erklärt, »einem Hautausschlag zum Opfer gefallen« zu sein.

Triumphierend erzählt sie, wie rührend sich die Mutter um sie gekümmert habe.

Meine Deutung: »Ich dagegen bin eine schlechte Analytikerin/Mutter, weil ich Sie einfach alleingelassen habe«, kann sie sogar annehmen, indem sie sich ihrem unbewussten Neid zuwendet. Sie fühlt sich wie früher als die Kleine, die an den Gemeinsamkeiten der anderen (dem gemeinsamen Essen im Traum) nicht teilhaben darf und deswegen nach Möglichkeiten sucht, die Aufmerksamkeit auf sich zu ziehen.

Der folgende Zeitraum in den nächsten fünf Monaten ist von einem Hauptthema beherrscht, ihrem gestörten Verhältnis zum Körper.

Zunächst taucht im Zusammenhang mit der Bearbeitung dieses schwierigen Themas ein neues Vermeidungsphänomen auf: Frau D. schläft während der Stunden ein. Beim ersten Mal kringelte sie sich plötzlich in einer embryonalen Stellung zusammen und schlummerte friedlich bis zum Ende der Stunde vor sich hin. Als ich dies anspreche, drückt sie in einer Kleinkindstimme unschuldig ihr Bedauern darüber aus, die Stunde verschlafen zu haben. Zunächst verstand ich diese regressive Bewegung in der Gegenübertragung, in der ich mich in einen unspezifisch lauwarmen Gefühlszustand eingelullt fühlte, als Zeichen ihres besonderen Vertrauens. Bald erkannte ich aber, insbesondere aus meinem Ärger, dass ihr Einschlafen vor allem im Dienste der Abwehr stand. Mein wiederholter Versuch, über ihre Widerstände zu sprechen, nutzte wenig; bei mir saß die Wut und ich fühlte mich mehr und mehr ausgegrenzt. Schließlich begriff ich, dass das Einschlafen in seinem Appellcharakter auch einen Versuch der Selbstbehauptung darstellte, ähnlich wie früher ihre Augenschmerzen. Immer dann, wenn im übertragenen Sinn in ihrem inneren Häutungsprozess eine weitere wichtige Erkenntnis anstand, regredierte sie auf eine passive Rückzugsebene.

Ähnliche Bedeutung kam auch ihren Fressanfällen zu, mit denen sie versuchte, ihre Unlustgefühle zu betäuben und über die Abwehrreaktion des Zustopfens einen besseren Gefühlszustand zu erreichen hoffte. Weil sie fürchtete, sich dem in der Übertragungsbeziehung virulent gewordenen Konflikt, der mit ihrem Körperbild und dem regressiven Umgang mit ihrem Körper in Zusammenhang stand, stellen zu müssen, machte sie ›alle Schotten dicht‹.

In meinen Deutungen konzentrierte ich mich deshalb zunächst auf die von ihr geschilderten Gefühlszustände, in denen die Sehnsucht anklang, dass ich ganz für sie da sein oder Partei ergreifen sollte, im Sinne eines kritiklosen Zu-Ihr-Haltens. Dabei gab ihr das Einschlaf-Symptom die Möglichkeit, mich in meiner psychoanalytischen Kompetenz außer Kraft zu setzen. Gleichzeitig verschaffte sie sich damit die Phantasie, mich so zu dirigieren, dass ich ganz für sie da war. Nachdem wir diese symbiotischen Wünsche, die sie in einer analen Anspruchlichkeit eingelöst haben wollte, verstanden hatten, begann Frau D. in selbstquälerischer Weise von ihrem Körper zu sprechen.

Es schien, dass ihr von der Haut bis hin zu den einzelnen Körperteilen jeder Quadratmillimeter an sich selber verhasst war.

Merkwürdig empfand ich die Gegenübertragungsgefühle, obwohl sie litt und einen verzweifelten Eindruck machte, fühlte ich mich auf Distanz. Sie tat mir zwar leid, aber ich konnte nicht mitfühlen.

Offensichtlich hatte sich die Beziehungsebene verschoben, was die Patientin auch spürte. Sie griff mich vorwurfsvoll an, weil sie sich in ihrem »mangelhaften Körper« nicht ernstgenommen fühlte. Jetzt ging es nicht mehr nur um die Scham vor dem Erröten, sondern um Gefühle, die mit der ›Operation Analyse‹ verbunden waren. Dabei versuchte sie ihre inneren Gefühle an ihrer »hässlichen Brust« abzuhandeln und es stand die Frage im Raum, ob sie mich als eine Art Brust-Mutter gebrauchen konnte, der es gelingt, ihre schlechten Gefühle zu stillen.

Wie groß ihre Schamgefühle aber wirklich waren, zeigte sich bald. Sie fühlte sich bloßgestellt und ihre Selbstunsicherheit, die sie vor allem auf die Brust projizierte, überfiel sie als etwas »Unerträgliches«, was ich in der Gegenübertragung als große Not und Hilflosigkeit wahrnahm. Wieder suchte sie nach schnellen Lösungswegen, um von diesen schwer aushaltbaren Gefühlen wegzukommen. Eine Brustoperation – ein Eingriff von außen – sollte diese Gefühle beseitigen.

Weil Frau D. meine ablehnende Haltung dazu kannte, versuchte sie mich durch verführerische Angebote von ihrer Destruktivität abzulenken: Sie könnte sich jetzt mal ganz ihren Essproblemen widmen oder versuchen, über ihre sexuellen Phantasien zu sprechen. Erst allmählich war sie fähig sich zuzugestehen, dass sie mich gebrauchen durfte.

In der folgenden Auseinandersetzung hinsichtlich ihres Operationswunsches bin ich sehr behutsam, weil ich spüre, dass sie mich aus einer anal-trotzigen Fixierung heraus in eine verbietende und strafende Rolle, in die eines strengen Über-Ichs, bringen möchte.

Die Frau, die Kontakt »zum Kotzen« findet

Als sie eines Tages wieder einmal nebenbei erwähnt, dass sie die Entscheidung getroffen habe, ihre Brust zum zweiten Mal operieren zu lassen, fühle ich mich erneut machtlos, weil ich begreife, dass sie mich zwingen will, einzugreifen, um dann über mich triumphieren zu können. Ich sage ihr dies und zeige ihr meine Hilflosigkeit. Selbst wenn sie vorhabe, weiterhin mit ihrem Körper selbstzerstörerisch umzugehen, müsste ich zusehen. Einsichtig erklärt sie, längst begriffen zu haben, dass ihr schlechtes Selbstwertgefühl nicht durch eine Operation von außen zu kurieren sei. Die Bemerkung: »Ich weiß das, aber ich will beides!« lässt mich erneut meine Machtlosigkeit spüren. Ich fühle mich wie ein Spielball zwischen analytischer Einsicht und destruktiver Zerstörung. Schuldgefühle tauchen in der Gegenübertragung auf und ich frage mich, weshalb ich es nicht geschafft habe, sie wie eine ›gute Mutter‹ vor ihren autoaggressiven Impulsen zu schützen.

Die unbewusste Wiederholung spiegelt die gesamte Ambivalenz zum Vater wider. Das Gute erhofft sie vom Chirurgen, einem Vaterersatz, durch einen äußeren Eingriff, in einer Beziehung unter zerstörerisch-aggressiven Bedingungen.

In den bis zur Operation verbleibenden Stunden hoffe ich weiterhin auf ihre Einsicht und dass es doch noch zu schaffen ist, den unbewussten Kreislauf ihres autoaggressiven Verhaltens zu stoppen. Meine Deutung, dass sie wieder und wieder Ärzte verführt, kalt und sadistisch mit ihr umzugehen, blockt sie ab. Sie habe sich entschieden und werde sich auf keinen Fall umstimmen lassen. Ich konfrontiere sie damit, dass sie auch mich kaltstellt und dass sie von mir verlangt, ihrem selbstquälerischen Tun zuzuschauen. Meine Pein wächst als sie erklärt, dass der Schönheitschirurg von einem »problemlosen Eingriff«, einem »kleinen Schnitt quer über die Brustwarze« gesprochen habe und dass sie wegen mir (!) nun schon bereit sei, nur noch die Brustwarze und nicht mehr die ganze Brust verändern zu lassen.

Mich erinnert diese kalte Betrachtungsweise spontan an die Kontaktlinsen-Szene. Als ich sie damit konfrontiere, dass sie immer wieder versucht, Bereiche, die ihr unter die Haut gehen, in der Analyse zu verschweigen, stimmt sie augenblicklich zu. Was ihr Lust macht, geschieht heimlich und wird aus dem Kontakt herausgenommen. Wehmütig erklärt sie, dass es wie mit der Sexualität sei, die sie nicht nur hier, sondern aus ihrem Leben überhaupt »abtrenne«. Obwohl eine Hoffnung in mir keimt, dass es vielleicht doch noch einmal gelingt, ihre masochistischen Wünsche in der analytischen Beziehung für sie erlebbar zu machen, fühle ich mich dazu gezwungen, sadistisch an ihr ›rumdokternd‹ auf sie einzuwirken, weil ich nicht wahrhaben will, dass sie mich in meinem guten Beziehungsangebot so beschneidet. Das Beängstigende ist, dass bisher alles auf der konkreten Ebene abgehandelt werden muss und kaum auf die Phantasie- und Symbolebene gebracht werden kann. Mir kam es zu diesem Zeitpunkt so vor, als würde sie mit ihrem Leib phantasieren, anstatt mit ihrer Seele. Ich versuchte mir ihre Phantasien vorzustellen: Stand das Fress-Kotz-Symptom in seiner symbolischen Bedeutung für das Weibliche: Unmengen aufnehmen? Stand das eruptive Entleeren als symbolhaftes Äquivalent für das Männliche? Oder geht es in ihren unbewussten Vorstellungen vielleicht sogar um die Vereinigung von beidem?

In den folgenden Stunden erlebe ich sie klarer. Sie hat eine neue, weichere Lockenfrisur (vom Bubi- zum Lockenkopf) und gestattet mir gegenüber Gefühle »von Frau zu Frau«: Ich war nicht mehr nur »der Therapeut«, sondern auch eine Frau. Harmonie zwischen uns wird ihr wichtig, Disharmonie und die entsprechenden Phantasien kann sie selber verbalisieren, ich muss es nicht mehr für sie tun.

Dann überwindet sie sich zu einem Geständnis. Sie wolle mir nicht mehr verheimlichen, dass ihr Erbrechen doch mit sexuellen Phantasien in Zusammenhang stehe, auch wenn sie es bisher immer abgestritten habe. Es sei nämlich so, dass sie während des Erbrechens mit aller Kraft gegen den Magen drücke, vor allem aber gegen die Brust und dabei die Vorstellung aktualisiere, sich selber zu vergewaltigen (!).

Sadistische Phantasien über die sexuelle Beziehung der Eltern folgen. Die Mutter habe ihr erzählt, wie sehr der Vater sie immer wieder »unter Druck« setze und den Beischlaf erzwinge. Sie wolle deshalb lieber keine Beziehung, mit Sicherheit würde sie darauf allergisch reagieren, darauf könne sie verzichten.

Im Übertragungszusammenhang wird deutlich, dass sie deshalb plötzlich über ihre Sexualität spricht, weil sie glaubt, mich damit zufriedenstellen zu können, obwohl ihr dieses Thema »die Schamröte in's Gesicht treibt«.

Wir verstehen ihr Kontaktekzem in diesem Zusammenhang als Ausdruck ihrer Angst vor dem Männlichen, aber auch als Ausdruck, von mir in ihren Liebesbedürfnissen erkannt zu werden. Zwei Szenen aus der Kindheit folgen. Bisher habe sie noch mit niemandem darüber gesprochen, weil mit diesen Erlebnissen eine »große Erregung« verbunden sei. Als sie sich im Alter von neun Jahren zum ersten Mal in einer Gemeinschaftskabine vor anderen ausziehen musste, wich ihre Empörung rasch dem Gefühl großer Erregung, als sie die Brüste der anderen Frauen beobachtete. Sie habe sich gar nicht »satt sehen« können und jeden weiteren Aufenthalt genossen und so lange wie möglich hinausgezögert. Mir fällt an dieser Stelle sofort die zärtliche Berührung ihres Kontaktlinsen-Döschens ein – als Äquivalent für das zärtliche Berühren der Brustwarzen?

Die zweite Szene spielte sich ebenfalls in einer Umkleidekabine ab. Unbegreiflicherweise habe sich der Vater, im Gegensatz zu seinem sonstigen Verhalten, ungeniert vor ihr entblößt, sodass sie zum ersten Mal seinen Penis sah. Über dieses »einmalige Erlebnis« konnte sie aber mit niemandem sprechen, weil sie sich dafür schämte.

Bis heute koste sie jeden Moment ihrer Nacktheit aus. Als Kind habe sie die Phantasie entwickelt, die Eltern verkehren angezogen miteinander, da Nacktheit in der Familie etwas Verbotenes war. Selbst in der Badewanne mussten die Schwestern die Schlüpfer anbehalten. Sie habe bis heute ihre Mutter nicht nackt gesehen, obwohl sie sich das immer sehr gewünscht habe.

In dieser Stunde fühlte ich mich körperlich und seelisch zutiefst berührt und ich ahnte die Zusammenhänge zwischen der Körperfeindlichkeit und ihrem selbstzerstörerischen Tun. Gleichzeitig fühlte ich mich ein wenig wie ein Voyeur. Ihre Erregung zu spüren ließ den Schluss zu, dass ihre Lust exhibitionistischen Charakter hatte.

Ein wenig später erzählt sie ihre zentrale Sexualphantasie: »Ich liege mit meinem Freund in Australien am Strand. Wir schmusen und lieben uns vor allen Leuten, also in aller Öffentlichkeit. Er begehrt meinen Körper und alle schauen zu, aber es stört mich nicht, im Gegenteil, ich finde es erregend!«

Ich interpretiere, dass sie nun auch mir gegenüber das Familientabu durchbrochen hat, indem sie bereit war, etwas von ihrer Lust und ihren sexuellen Wünschen preiszugeben. Meine Deutung, dass es nun zwischen uns darum geht, was aus dem Gesagten werden wird, ob es auch zu etwas Verbotenem, Verfolgendem werden muss oder ob wir das Erregende zwischen uns zulassen und damit in Kontakt bleiben können, nimmt sie zum ersten Mal dankbar auf.

Dritter Behandlungsabschnitt
In den Stunden nach den Sommerferien geht es hauptsächlich um Abgrenzung, die Frau D. vorerst in der Beziehung zur Mutter zu realisieren versucht. Ich fühlte mich in dieser Phase wie bei einem Drahtseilakt, da ich immer noch hoffte, sie von ihrem Operationswunsch abgebracht zu haben. Trotz meiner behutsamen aber hartnäckigen Versuche, mit ihr darüber wieder ins Gespräch zu kommen, tut sie alles, um diesen Punkt aus der Analyse rauszuhalten. Mein Drängen, mit ihr darüber zu sprechen, führte schließlich dazu, dass sie sich in ihren Wünschen unverstanden fühlt und die folgenden Stunden wirken wie das Zusteuern auf eine Katastrophe. Sie kommt wieder regelmäßig zu spät, beschwert sich über die unfruchtbare Arbeit und wirkt extrem unzufrieden. Dann kündigt sie den Ausfall zweier Stunden an und erst auf mein Nachfragen deckt sie auf, dass sie wegen des vereinbarten Operationstermins fernbleiben will.

Die folgenden Stunden gehen für uns beide an die Grenze des Erträglichen, aber zum ersten Mal wird es möglich, dass das Thema Ekel in die Beziehung kommt. Ihre Stimmungen, aber auch ihre Einfälle und Träume, sind grauenhaft.

So träumt sie beispielsweise von den Flaschen mit dem Erbrochenen. Im Kleiderschrank versteckt zerbersten sie, alles ist zerstört und stinkt entsetzlich. Sie ekelt sich vor sich selbst und wacht mit furchtbaren Schuldgefühlen auf.

Ich deute, dass sie sich mir gegenüber schuldig fühlt und nun auch befürchtet, unseren Kontakt endgültig zerstört zu haben. Wir verstehen, dass sie große Angst hat, das Stinkende zwischen uns zuzulassen. Wir verstehen aber auch, dass die Operation im Rahmen unserer Beziehung so etwas wie ein Abdichtungsversuch gegen die Analyse sein soll, da sie spürt, dass sie in ihrer Haut durchlässiger geworden ist.

Trotz dieser Erkenntnis ist ihr Widerstand unüberwindbar. Die Bemerkung, dass niemand in der Familie von ihrem Vorhaben wisse, lässt mich begreifen, dass sie mich auch noch zur Mitwisserin gemacht hat. Gleichzeitig beweist sie sich in ihrer Inszenierung, dass sie sich mit ihren autonomen, wenn auch autoaggressiven Wünschen gegen mich durchzusetzen vermag. Obwohl ihr diese Sichtweise nicht einerlei ist, im Gegenteil sogar deutlich unter die Haut geht, vermeidet sie jeden weiteren inneren Kontakt mit mir, aus Angst, ich könnte doch noch die Befriedigung ihrer narzisstischen Wünsche verhindern.

So gingen wir schließlich beide nach der letzten Stunde vor der Operation enttäuscht und, zumindest ich, zutiefst bedrückt und mich machtlos fühlend, auseinander.

Unerwarteterweise kam sie dann nach der Operation »mit vielen guten Gefühlen für Sie« zurück. Sie sei von meiner Betroffenheit sehr berührt gewesen und habe erst im Nachhinein sehen können, dass meine »sture Haltung« ihr die Möglichkeit offen gehalten habe, bis zur letzten Minute umkehren zu können. Sie habe viel an mich gedacht und sich besonders darin verstanden gefühlt, dass sie Schmerzen auf sich nehme, um sie uns in der Analyse zu ersparen. In Zukunft wolle sie mir aber in der Analyse ihre Enttäuschung nicht mehr vorenthalten und deshalb gleich mit einer Lüge aufräumen.

Dann berichtet sie, dass sie sich mit dem Gedanken trage, die Analyse zu beenden, um beruflich in einer anderen Stadt tätig zu werden. Auf diese Weise wäre sie auch gezwungen, sich von ihren Eltern zu trennen.

Wieder sollte genau in dem Moment der Beziehung, in dem ich mich besonders mit ihr verbunden fühlte, ein für mich schwer verständlicher Bruch vorgenommen werden. Das Eklige im Traum stand wohl für ihre Individuationswünsche. Meine Deutung, dass sie mit dem Begriff Analysende einen Abbruch verschleiern wolle, lässt sie über ihre Enttäuschung sprechen. Sie hatte sich Vollkommenheit in der Analyse erhofft, war nun aber mir gegenüber mit Wünschen konfrontiert, die ihr peinlich und unerträglich waren.

Ich begriff, dass die Patientin einen weiteren Separationsschritt in ihrer Autonomieentwicklung vollzogen hatte. Sie musste nicht mehr alles an mir festmachen, sondern konnte ihre libidinösen Wünsche äußern und ihr Bedürfnis nach einem realen Lebenspartner akzeptieren.

Ausblick

Nach dieser Beendigungsankündigung blieb die Patientin noch weitere 150 Stunden (ca. 16 Monate) in der analytischen Behandlung.

In dieser Zeit verstanden wir die Bedeutung der Kontaktallergie als Ausdruck libidinöser Wünsche, die sich als eine neurotische Schamangst äußerten. Sie fürchtete, man könnte ihr an der Haut ihres Gesichts all die geheimen Lüste und Wünsche ablesen, auch die, die sie in ihren Phantasien mit mir verband.

Nachdem Frau D. langsam über ihre sexuellen Ängste und Wünsche sprechen konnte, verstanden wir, dass das Vermeiden einer intimen Beziehung die unbewusste Bedeutung hatte, Scham, Furcht und Ekel über die eigene Haut, den eigenen Körper und das Genitale fernzuhalten. Die Schuldgefühle und die Angst vor der eigenen Triebhaftigkeit äußerten sich über lange Phasen der Behandlung in dem neurotischen Zirkel, die dünne Membran, die zwischen uns entstanden war, zu zerstören.

Insgesamt war deutlich geworden, dass die Patientin unter einer schweren Selbstwertstörung litt, die sie über eine psychosomatische Ich-Regression mit narzisstischen Mitteln, wie im Fress-Kotz-Symptom, auszugleichen versuchte. Sowohl die Körperdefekte als auch die neurotischen Symptome, die sich in ihrer sexuellen Störung äußerten, lösten sich auf.

Einige Monate vor Beendigung der Therapie nahm sie eine Beziehung zu einem jungen Mann auf, die sie mehr und mehr angstfrei erleben und genießen konnte. Sich berühren zu lassen, den Kontakt zu genießen, Abhängigkeit zuzulassen und auszuhalten, war ihr in der Analyse möglich geworden. Es erschien ihr im Vergleich zu dem vorherigen autoagressiven Rückzug, in dem sie sich nur mit ihrem Körper und ihren Symptomen beschäftigte, plötzlich lohnenswert, sich in einer gemeinsamen Körpergrenze auf die Beziehung zu ihrem Freund einzulassen.

Dennoch blieb das Fress-Kotz-Symptom erhalten, wenngleich auch in einem weitaus geringeren Umfang. So wie anfänglich die Behandlungsstunden in eintöniger Weise mit sich wiederholenden Schilderungen des Zustandes der Haut und des Körpers ausgefüllt waren, entwickelte die Patientin gegen Ende der Behandlung ein ritualisiertes Vokabular, das ihr als Individuationsschritt dazu dienen sollte, sich aus der Abhängigkeit zu lösen.

Im Zuge ihrer progressiven Entwicklung musste sie längst nicht mehr wie früher auf ihr körperliches Symptom zurückgreifen. Auch die Haut hatte ihren Charakter als autoerotisches und autodestruktives Ersatzobjekt weitgehend verloren. In der Analyse war deutlich geworden, dass die Hautsymptomatik im Dienste zwischenmenschlicher Auseinandersetzung stand, mal im Sinne der oralen, mal im Sinne der ödipalen Stufe, meist in Form einer analen Verpflichtung. Nicht mehr die Haut und der Körper dienten als Objekt verschiedener Stimmungen (Repräsentanzen), sondern die Fressattacken.

Am Verschwinden der Kontakt-Allergie und der Veränderung der bulemischen Attacken maß sie ihren Erfolg. So ist es auch nicht verwunderlich, dass diese Patientin, nachdem sie einen großen Teilerfolg in der Analyse errungen hatte, mich nur teilweise als Objektrepräsentanz verinnerlichen konnte. Sie fürchtete, von meiner guten Nahrung zu satt und nicht mehr frei zu werden und glaubte deshalb an dem Teilsymptom der Bulimie festhalten zu müssen.

Ich habe versucht bei dieser Einzelfallstudie den Teufelskreis der Abfuhr von Affekten und Gefühlen an der Haut und am Körper darzustellen, wie er von dieser Patientin in einer besonders destruktiven Weise in der analytischen Beziehung agiert wurde. Bei Beendigung der Behandlung hatte die Patientin diese zentralen Symptome weitgehend aufgeben können, und die Beziehung zu einem Partner entwickelte sich für beide Teile befriedigend. Die Patientin vertraute durch die Analyse auf ihre Fähigkeit, ihr Leben befriedigender zu gestalten, ebenso wie sie ihr Vorhaben völlig aufgab, sich weiteren Operationen zu unterziehen. Dennoch hielt sie an der Isolierung eines Teilsymptoms fest, indem die bestehende Restneurose im Sinne sadomasochistischer Tendenzen gebunden blieb.

Epikritische Bemerkungen zur Psychodynamik und zum Verlauf

Im Verlauf ließen sich verschiedene Entwicklungslinien unterscheiden, die ich anhand der wechselnden Übertragungs-Gegenübertragungs-Konstellation darzustellen versuchte. Von Anfang an zeigte sich eine Fusionsstörung der taktilen Phase. Es ist anzunehmen, dass die symbiotischen Qualitäten der frühen Mutterbeziehung – in einer Haut zu verschmelzen – nicht ausreichend verinnerlicht werden konnten, was sich in der traumatischen Erfahrung eines fragilen, hautlosen Zustands niedergeschlagen hat.

Auch deshalb konnte die Patientin keine gute Beziehung ›zur Welt‹ aufnehmen, und war anfangs kaum in der Lage, sich in andere Menschen einzufühlen. In dem körperlichen Symptom der Bulimie ist das traumatische Moment der schlechten Nahrung, der »bösen Brust« (M. Klein) und der dazugehörigen destruktiven Gier gebunden, in dem Symptom der Kontaktallergie ihre allergische Reaktion auf Intimität in der Beziehung. Ihr Mutterbild blieb gespalten, ebenso wie die abgespaltenen Selbstanteile von ihr nicht integriert werden konnten. Die sich in der Übertragungsbeziehung rasch entfaltenden unaufgearbeiteten Gefühle von Feindseligkeit und Schmerz sollten in eindrucksvoller Weise – vor allem über die Abwehrmechanismen der projektiven Identifizierung und der Identifizierung mit dem Aggressor – der Behandlerin aufgebürdet werden.

Die analytische Arbeit hatte sich in bezug auf Übertragung und Gegenübertragung zunächst auf die frühe ›mütterliche‹ Container- und Haltefunktion konzentriert, in dem von dem fragilen (hautlosen) Zustand der Patientin ausgehend ein Zugang zu meinem (Trennungs-)Schmerz gesucht wurde.

Ihre beträchtliche anale Fixierung agierte die Patientin in den sich ständig wiederholenden heftigen Machtkämpfen, in denen sie versuchte, in der Behandlerin die eigene Destruktivität zu bekämpfen. Die Konfliktdynamik war demzufolge vor allem von oralen (gierigen), analen (überrumpelnden, manipulativen), als auch ödipalen (rivalisierenden) Mustern bestimmt. Auf analer Ebene imponierte der Trotz und die Entwertung, vor allem gegen den Vater, der nicht in der Lage war, als positives Triangulierungsobjekt aufzutreten. Unter dem Aspekt der verinnerlichten Objektbeziehungen führte die Enttäuschung über ihn zu einer Identifizierung mit der phallischen Mutter, und damit einhergehend zu einer Entwertung des weiblichen Körpers. Nur mit Hilfe von Selbstverstümmelung glaubte die Patientin zu einem befriedigenden Selbstbild gelangen zu können. Die Entdeckung des Geschlechtsunterschieds führte aller Wahrscheinlichkeit nach zu einem unbewussten Wiedergutmachungsanspruch (›alles heil zu machen‹), den die Patientin auch auf die »Operation Analyse« übertrug.

Die Haut-Reaktion in Form des Kontaktekzems ist in diesem Zusammenhang als reifere ödipale Reaktion zu verstehen, die ihr hilft, sich als weibliches Sexualobjekt zu ›erkennen‹.

Die Schamröte des Gesichts symbolisiert den unbewussten Affekt und verhinderte das bewusste Erleben der eigenen Triebhaftigkeit. Gleichzeitig reagierte die Haut als ›dünnhäutiges‹, frühes Kontaktorgan im Sinne der narzisstischen Störung der taktilen Phase.

Zusammenfassung

Im Verlauf der Analyse zeichnete sich eine progressive Entwicklung ab, in deren Folge die Individuationsproblematik der Patientin durchgearbeitet werden konnte und sich allmählich ein Ambivalenz ertragendes Haut-Ich zu bilden begann.

Dabei verschwanden die Störungen im Kontaktbereich (Arbeitsstörung, Beziehungsstörung) sowie die Kontakt-Allergie als psychosomatische Reaktion. Ebenso war die Patientin erstmals zu einer daurhaften Partnerbeziehung fähig, während sie noch zu Anfang der Analyse glaubte, nur mit Hilfe von Selbstverstümmelung (Schönheitsoperationen) sich in ihrer Haut wohlfühlen zu können.

Am Ende der Behandlung konnten bis auf die Isolierung eines Teilsymptoms (bulimische Attacken), an dem die Patientin weiterhin in wesentlich verminderter Form festhielt, die destruktiven Anteile größtenteils aufgegeben werden.

Fallstudie einer viereinhalbjährigen analytischen Behandlung

Frau E., die sich in einem inneren Häutungsprozess aus ihrer Haut »rauspellt«

Diagnose: Chronische Urtikaria und eine frühe Störung mit hysterischen Verarbeitungsmechanismen

»Ich habe alles mit mir machen lassen, das kann ich mir nicht verzeihen!«

»Was ich am meisten fürchte, ist der Tod der Phantasie.«
(Sylvia Plath)

Vorgespräche

Am Telefon kündigt sich eine Frau an, die wegen einer Urtikaria und einer Beziehungskrise eine Analyse machen möchte.

Zum vereinbarten Ambulanztermin kommt eine selbstsichere, zugleich aber auch unruhig wirkende Frau: groß, sehr schlank, traurig schauend, die blauen Augen hinter einer übergroßen rosa Brille verborgen; ebenso das Gesicht, das unter den hellblonden schulterlangen Haaren, einem Zwischending von Kleinmädchenfrisur und zackigem Herrenschnitt, verschwindet. Sie ist sportlich-elegant und teuer gekleidet. Während sie mich fragend, aber auch distanziert betrachtet, denke ich spontan: Eine Erfolgsfrau, die keine sein darf!

Aus der folgenden Initialszene ist mir vor allem in Erinnerung, dass die Patientin, relativ schnell die Initiative ergreifend, erklärte, in ihrem Leben stets mit allem fertig geworden zu sein, »aber nun schaffe ich es nicht mehr alleine«.

In stürmisch-dramatischer Weise beschuldigt sie sich dann, ihre beiden Hauptprobleme selbst verursacht zu haben. Ihr Mann habe eine Beziehung zu einer anderen Frau aufgenommen, »genau in dem Moment, als ich mich seiner innerlich zum ersten Mal sicher fühlte«. Sie begreife es als Strafe dafür, dass sie sich von ihm auf den »Thron setzen« und wegen ihrer Stärke und Selbstsicherheit bewundern ließ. Sie dagegen habe sich ihn

»vom Leib halten wollen«, weil sie ihrem Vater immer noch den Platz einräume, der eigentlich schon längst ihrem Mann gehört hätte.

Zum Vater habe sie eine ungeklärte Beziehung. Er ziehe sie irgendwie an, zugleich fühle sie sich aber auch abgestoßen. Vor zwei Jahren im Urlaub sei ihr die Nähe des Vaters so unerträglich geworden, dass sie mit einem Urtikaria-»Anfall« reagiert habe. Es sei so dramatisch gewesen, dass sie sich in einer psychosomatischen Klinik erholen musste, wobei sie den Aufenthalt in der Klinik regelrecht als »Befreiung« erlebt habe.

Am Ende dieses fließend und perfekt vorgetragenen Berichts fühle ich mich wegen ihrer auffälligen Leblosigkeit merkwürdig unberührt. Dies scheint Frau E. zu spüren, da sie sich mit den Worten: »Ich schaffe es nicht besser«, glaubt rechtfertigen zu müssen. Auf meine Bemerkung, dass sie offenbar meint, hier auch stark sein zu müssen, berichtet sie von ihrem »zweiten Hauptproblem«.

Dabei geht es um den Sohn, der an einer schweren Behinderung leidet. Während sie heftig weinend erklärt, sich für dessen Krankheit verantwortlich zu fühlen, weil er unter ihren hohen Anforderungen »zusammengebrochen« sei, erweckt sie in mir das Bild eines sich schuldig fühlenden, schutzsuchenden kleinen Mädchens.

Entgegen meiner Erwartung spricht sie dann aber von einer »frühkindlichen Idylle«, der schönsten Zeit ihres Lebens, als sie mit Mann und Sohn während der ersten fünf Jahre »nach der Geburt« bei den Eltern lebten. Auf Drängen des Ehemannes seien sie schließlich mit Freunden zusammengezogen, wo es nur Streit und Kampf gegeben habe.

Nach dieser Trennung von den Eltern habe sie den ersten psychischen Zusammenbruch erlitten.

Der Sohn sei von ihr und ihrem Mann mehr und mehr als »Waffe« benutzt worden. Erst die Erkrankung des Sohnes habe sie »zusammengebracht«.

Wie wütend sie auf ihren Mann ist, entnehme ich zum einen ihren abwertenden Äußerungen – z. B. über dessen Unfähigkeit, als selbständiger Unternehmer beruflich erfolgreich zu sein – zum anderen aber auch ihrer damit einhergehenden Angst »die Kontrolle zu verlieren«. Sie empfände ihm gegenüber einen enormen Groll und fühle sich manchmal sogar von Mordgedanken verfolgt. Gäbe es nicht ihren Sohn, hätte sie

Angst »verrückt zu werden«, wobei sie in der jetzigen Situation hauptsächlich fürchtet, »nicht alleine sein zu können«.

Dann kommt sie auf ihre Geschwister zu sprechen. Aus der Welt ihrer inneren Repräsentanzen erzählt sie von ihrem 1 1/2 Jahre jüngeren und einem 20 Jahre nach ihr geborenen Bruder, der zur Welt kam, als die Mutter 40 Jahre alt war. 1 1/2 Jahre später sei ihr Sohn »gekommen«. Während sie ihren 20 Jahre jüngeren Bruder wie ihr eigenes Kind liebe, fühle sich die Mutter am meisten zu ihrem Enkel (dem Sohn der Patientin) hingezogen. Bis heute empfände sie in der Nähe dieses Bruders eine Art Glückszustand, der sich in der Phantasie ausdrücke: »Mit ihm zusammen kann mir nichts passieren«. Ihrem eigenen Sohn gegenüber habe sie sich dagegen von Anfang an mit »unerklärlichen Gefühlen« konfrontiert gesehen.

Mir fällt während des Gesprächs, in dem ich ständig versucht bin nachzufragen, weil ich die Personen und Zeiten mit den zugehörigen Generationen kaum auseinanderhalten kann, die Zwiespältigkeit meiner Gefühle auf. Einerseits lässt mich die Überlegenheitshaltung der Patientin zurückhaltend und vorsichtig werden, andererseits spüre ich ihre kindliche Bedürftigkeit und eine von ihr ausgehende tiefe Unruhe und Angst, die in mir den Wunsch erweckt, ihr zu helfen.

Das zweite Gespräch gestaltet sich initial ähnlich wie das erste.

Die Patientin ›galoppiert‹ in einer dramatisch anmutenden Weise los. Es müsse sofort eine Klärung herbeigeführt werden, denn sie wisse aufgrund der neuesten Entwicklung nicht mehr, wie sie sich ihrem Sohn gegenüber verhalten solle.

Sie habe mit einem »Trick« versucht, ihren Mann zurückzugewinnen. Indem sie ihn zum Auszug überredete, hoffte sie, ihn durch die Trennung wieder an sich binden zu können. Die Vorstellung mit dem Sohn, der die Woche über im Internat lebt, alleine sein »zu müssen«, mache ihr große Angst. Auf meine Bemerkung: »Sie fürchten, Ihr Sohn könnte Ihnen auch zu nahe kommen, wie Ihr Vater«, spricht sie von ihren Berührungsängsten.

Als ich den Zusammenhang zwischen diesen und ihren Abgrenzungsschwierigkeiten anspreche, kann sie ihre Ambivalenz benennen: Einerseits habe sie eine große Sehnsucht nach tiefen Beziehungen, andererseits aber auch große Angst davor. Auf meine Deutung: »Sie möchten zwar mit mir zusammenkommen, haben aber Angst, sich dann nicht mehr abgrenzen zu können?« fallen Frau E. zwei Trennungssituationen ein, in denen sie einen »Zusammenbruch« erlitt.

Sie glaubte, verrückt werden zu müssen aus Angst, die Trennung von den Eltern nicht zu überleben, nach ihrer Heirat und fünf Jahre später beim Auszug aus dem elterlichen Haus. Gerade jetzt komme die Angst vor dem Alleinsein wieder, besonders weil sie fürchtet, von Panik »überrollt« zu werden.

Entgegen ihrer bisherigen Vorstellung, nur mit einem männlichen Analytiker arbeiten zu können, habe sie sich nach unserem ersten Gespräch sehr viel »weicher« gefühlt, weshalb sie mich um eine Behandlung bitten wolle. Vor allem sei sie überrascht gewesen, dass sie ihre Ängste so schnell habe zeigen können. Ich freue mich über diesen Vertrauensbeweis und wir vereinbaren ein drittes Vorgespräch.

Dieses Gespräch lässt die Patientin telefonisch durch ihren Mann absagen, da sie wegen eines Blinddarm-Durchbruchs im Krankenhaus liegt.

Ich denke während dieses Telefonats spontan an den stationären Aufenthalt wegen des Urtikaria-»Durchbruchs« und frage mich, ob es einen Zusammenhang zwischen unseren Gesprächen und ihrer körperlichen Symptomatik geben könnte. Ich erinnere mich an ihre Beziehungsängste und frage mich, ob die Analyse-Zusage möglicherweise soviel Angst vor Nähe ausgelöst hat, dass sie sich über eine Ich-Regression auf die somatische Ebene zurückziehen muss.

Als sie sich dann mehrere Wochen später meldet und wir einen weiteren Gesprächstermin vereinbaren, zeigt sie diese Angst. Mit der Rationalisierung beruflicher Verpflichtung fragt sie: »Könnte ich auch wirklich aufhören, wenn ich wollte?« Meine Deutung, ob sie sich fürchtet, dass es zu nah zwischen uns werden könnte und damit für sie unerträglich, macht sie nachdenklich.

Ich war gespannt auf die Arbeit mit dieser offensichtlich beruflich sehr erfolgreichen Frau, die unter einem schwerwiegenden Abhängigkeits-Autonomie-Konflikt zu leiden schien. Mit ihrer distanzierten Haltung im therapeutischen Kontakt vermittelte sie mir, dass sie alles alleine können möchte, dabei aber in ihren Beziehungswünschen auf der Strecke bleibt.

Der Widerspruch zwischen ihren Fähigkeiten, beispielsweise ihrer beruflichen Kompetenz, und ihre Unfähigkeit, sich abzugrenzen, schien mir typisch für die Probleme der Menschen, die unter psychosmatischen Hautkrankheiten leiden, als eine bestimmte Form im Umgang mit den Objekten.

In ihrer Ernsthaftigkeit und Klugheit, ihrem Ringen um Abgrenzung, aber auch ihrem Werben, hatte mich Frau E. für sich gewonnen. Was mir Anlass zur Besorgnis gab, war die Palette und das Ausmaß ihrer vielfältigen Ängste, die es in der Analyse auszuhalten gilt.

Dass sich die narzisstische Abwehr dieser Patientin zwischen Idealisierung und Entwertung bewegen würde, war zu erwarten, ebenso, dass sie ihren Perfektionsanspruch auf mich übertragen und einfordern würde.

Vier Monate nach den Vorgesprächen beginnen wir mit der Analyse.

Biographie

Frau E. ist zu Beginn der Analyse 39 Jahre alt und als Lehrerin tätig.

Erst aus den Ambulanzbögen erfahre ich, dass sie zwischen dem 2. und 6. Lebensjahr unter Asthma gelitten hatte, weswegen sie mehrmals wegen Erstickungsgefahr »eingeliefert« werden musste. Als ich sie später daraufhin ansprach, hatte ich das deutliche Gefühl – ohne es damals näher zu verstehen –, dass sie diese Erinnerungen verweigert, als sie erklärte, sich an dieses Alter sowieso kaum erinnern zu können.

Für die Entwicklung der frühen Objektbeziehungen und damit der Welt der inneren Repräsentanzen von Frau E. spielten die beiden Großmütter eine wichtige Rolle.

Die Patientin wuchs in einer Mehrgenerationenfamilie bei der einen Großmutter auf. Dort lebte sie mit ihren Eltern bis zu ihrem 5. Lebensjahr. Diese Großmutter, eine »dürre Bohnenstange«, stammte aus einer großbürgerlichen Offiziersfamilie und war das anerkannte Familienoberhaupt. Unnachgiebig verlangte sie Disziplin und Leistung. Von ihr zum »Lieblingsenkel« auserkoren zu sein, bedeutete, sich deren Leistungsideal, »stets zu den Besten zu gehören«, verpflichtet zu fühlen.

Die andere ›Oma‹ sei dagegen klein, rund und weich gewesen, »mit großen Brüsten, an denen man sich auch mal ausweinen konnte«.

Die Eltern wurden von Frau E. ebenso leistungsorientiert wie die Großmutter erlebt.

Die Mutter wird von ihr als eine psychisch labile Frau geschildert, die unter Angstzuständen litt. Wegen »Nervenzusammenbrüchen« musste sie sich mehrmals in stationäre Behandlung begeben. Von diesen »Kuraufenthalten« weiß Frau E. jedoch nur aus Erzählungen, da diese in den ersten drei Jahren ihres Lebens stattgefunden haben sollen.

Der Erziehungsstil der Mutter basierte auf »Angstmache« und Schuldzuschreibungen: »Du bist schuld, dass die Mama verrückt geworden ist«.

Dann gibt es ein Familientabu, das sie als Liaison der Mutter mit einem »tollen Mann« phantasiert, als sie vier Jahre alt war. Aus der Perspektive ihrer inneren psychischen Realität fällt in diese Zeit der von ihr häufig geäußerte Ausspruch: »Ich bin so traurig«, den sie als Ausdruck des damaligen familiären Klimas interpretiert.

Zwischen der Lebensgeschichte der Mutter und der von Frau E. finden sich deutliche Entsprechungen, die manchmal geradezu unheimlich anmuten: Da gibt es die Angst, krank oder verrückt zu werden, oder die zeitliche Nähe der Lebensereignisse, besonders der Geburten der Kinder von Mutter und Tochter: der Bruder wird 1 1/2 Jahre nach ihr geboren, der Sohn der Patientin kommt 1 1/2 Jahre nach der Geburt des Sohnes der Mutter zur Welt und sie steht im 40. Lebensjahr, ebenso wie die Mutter, als sie den Bruder, den Frau E. wie »ihr eigenes Kind liebt« bekommt.

Der Vater, ein selbständiger Techniker, hatte in der Familie einen schweren Stand. Sein »Makel« habe in den Augen der Großmutter darin bestanden, dass er, aus einer Arbeiterfamilie stammend, kein standesgemäßer Partner für die Mutter war. Als er auch noch Konkurs anmelden musste, verlor er vollends das Ansehen in der Familie. Im Zusammenhang mit der Beschreibung ihrer Gefühle, die sie für den Vater hatte, wird das narzisstische und ödipale Bindungsverhalten deutlich. Sie habe sich ihm »heimlich« sehr nahe gefühlt und er habe ihr »heimlich« immer wieder versichert, dass sie besser als die anderen Frauen sei.

Die Schule habe sie entsprechend den Erwartungen als Musterschülerin durchlaufen. Nur in den sportlichen Leistungen habe sie versagt. Dies führt sie auf die körperfeindliche Erziehung und die Abwertung, die man ihr als sportlich aktives Mädchen in Bezug auf ihre Weiblichkeit entgegengebracht hätte, zurück.

Psychoanalytische Behandlung

(544 Sizungen in 4 1/2 Jahren bei einer Frequenz von 4 Wochenstunden)

Die Anfangsphase: Angst vor dem »Überfall«

In den ersten Stunden gestattet mir Frau E. einen Einblick in die große Palette ihrer Ängste, von denen sie sich immer wieder überwältigt fühlt. Eine besondere Rolle spielt in der Angsthierarchie die Angst vor Krankheit und dabei insbesondere »keine Luft mehr zu bekommen«.

In den manifesten Themen der Stunden kristallisiert sich von Anfang an eine bedrängende Suche nach den Gründen heraus: »Warum schaffe ich es nicht, meine Ängste in Schach zu halten? Warum kann ich nicht alleine sein? Warum halte ich es mit anderen nicht aus? Warum habe ich meine Ehe nicht retten können? Warum muss ich auf der Leistungsschiene immer beweisen, dass ich die Beste bin?«

Ihre riesigen Erwartungen an mich werden deutlich und ich fühle mich bald von ihren Ansprüchen eingeholt und gehetzt. In dieser von Selbstzweifeln und depressiven Gefühlen gekennzeichneten Anfangsphase, die den Charakter narzisstischer Enttäuschung aufweist, wechselt sie realtiv unvermittelt zu sexuellen Themen. Diese inhaltliche Veränderung schafft eine atmosphärische Entspannung und Auflockerung zwischen uns. Ich kann daran ablesen, wie sie es ›hinkriegt‹, ihre tiefen Unsicherheitsgefühle, die mit der Aufnahme der therapeutischen Beziehung verbunden sind, abzuwehren.

Aus der Welt ihrer inneren Repräsentanzen taucht eine Szene im Alter von drei Jahren auf. Sie erinnert sich, es genossen zu haben, gemeinsam mit dem Vater in der Badewanne zu baden. Dabei habe sie sich in ihrer Haut rundherum wohl gefühlt. Einmal sei »etwas« geschehen, woraufhin die Mutter zum Vater gesagt habe: »Aber das macht doch nichts. Wenn das jemand sähe, das ist doch ganz normal«. Ihr sei damals jedoch unmissverständlich klar gewesen, dass es etwas Verbotenes war, was sie getan hatte, zumal sie danach nie wieder mit dem Vater habe baden dürfen.

Haut- und Körperkontakt ist also in ihrer frühesten Erinnerung positiv und negativ besetzt, wobei sie die Mutter in ihrer inneren Objektwelt zur verbietenden und strafenden Instanz für die »nahe« Beziehung zum Vater macht.

In diesem Kontext gesteht sie eine häufig auftretende Phantasie, die bis heute ihr Selbstbild in ihren Objektbeziehungen prägt. Darin phantasierte sie sich bereits als kleines Mädchen als »die bessere Frau«, zärtlicher und verständnisvoller als die Mutter. Unmittelbar im Anschluss erinnert sie einen Traum aus ihrer Kindheit, den ich als Ausdruck unbewusster ödipalgefärbter Wünsche verstehe:

»Ich kam in eine große Gesellschaft. Ein schöner, strahlender, großer Mann trat aus der Menge heraus, kam auf mich zu und nahm mich auf den Arm. Dann schmiss er mich hoch in die Luft, und ich hatte ein Glücksgefühl, wie nie mehr in meinem Leben. Es war phantastisch. Etwas Schöneres konnte ich mir nicht vorstellen.«

In ihren Assoziationen zum Traum bezieht sie sich auf den frühen Vater, den sie als attraktiven, begehrenswerten Mann erinnert. Bis heute möchte sie aus der Menge hervortreten und von den Männern als die Beste begehrt werden.

Wichtig ist auch ihr Initialtraum:

»Ich stehe mit beiden Eltern im Elternschlafzimmer, und an der Lampe krabbelt ein Schmetterling. Dazu muss ich erklären, dass ich eine Schmetterlings- und Vögelphobie habe, vor allem vor Vögeln! Voller Panik schaue ich darauf, er wird größer und größer, verwandelt sich in einen Maikäfer und hat riesengroße Punkte. Meine Angst steigert sich ins Unerträgliche. Plötzlich krabbelt an der Wand auch noch eine große Languste mit riesigen Zangen. Sie kriecht quer über die Wand, und ich habe entsetzliche Ängste. Endlich wache ich auf.«

Witzelnd meint sie: »Passt ja, kaum bin ich in Analyse, schon träume ich von einem Penis« und wie nebenbei erwähnt sie, bis zu ihrem 9. Lebensjahr im elterlichen Schlafzimmer geschlafen zu haben.

Ich registriere eine gewisse Peinlichkeit, da mir ihr kindlich naiver Ton so distanzlos erscheint und dabei spüre ich, dass ich gekonnt abgelenkt werden soll. Als ich antworte: »...der Ihnen aber anscheinend auch unerträgliche Angst bereitete, weil Sie sich Ihren Gefühlen dabei ohnmächtig ausgeliefert fühlten«, fallen ihr »meine Allergieanfälle« ein, die in der ersten Zeit ihrer Ehe monatelang »urplötzlich samstagabends kamen und gegen die kein Arzt etwas tun konnte«.

In der folgenden Arbeit am Traum werden ihre Sexualängste deutlich. Wir verstehen, dass sie die Angst vor der Sexualität über ihr Hautsymptom abzuwehren versucht. Dabei erinnert sie sich auch an ihre Angst vor Abhängigkeit in Beziehungen. Sie erzählt, vor kurzem von Freunden überredet worden zu sein, an einer Seilbahnfahrt teilzunehmen, obwohl sie unter furchtbarer Höhenangst leidet. Plötzlich sei ihr Körper »explodiert«, und dieser Allergie-Anfall habe alle zur Umkehr gezwungen.

Obgleich ich mich aus der Gegenübertragung heraus immer wieder verführt fühle, auf die ödipal-inzestuöse Ebene ihrer Sexualisierung oder die somatische Ebene ihrer Hautkrankheit einzugehen, beziehe ich mich auf den Übertragungsaspekt und spreche ihre Beziehungsangst mir gegenüber an. Dass ich sehen soll, wie unerträglich Ihre Panikzustände werden können und es zwischen uns auch um die Frage geht, ob wir umkehren müssen, weil ihr der gemeinsame Anlayse-Weg soviel Angst macht.

Allmählich wird Frau E. etwas ruhiger und in den folgenden Stunden beginnt sie, sich mit ihrer Beziehung zur Mutter zu beschäftigen. Obgleich sie anfangs mehrfach unterstreicht, wie sehr sie die Mutter als Vertraute wertschätzt, kommt sie bald auf die dominante Seite der Mutter zu sprechen. Sie sei eine Frau, die »überall ihre Finger drin hat«, alles kontrollieren wolle und immer wieder versuche, sich in ihr Leben zu drängen. Ihr Erziehungsstil sei von sadistischen Verhaltensweisen geprägt gewesen. Sie habe sie gefürchtet, weil sie ihr trotz ihrer Tierphobie immer wieder androhte, Käfer ins Bett zu legen, wenn sie nicht lieb sei oder ihre Ängste nicht endlich aufgebe. Eine besondere Vorliebe der Mutter habe darin bestanden, sie und ihre Geschwister als Geist verkleidet zu erschrecken. Besonders quälend habe sie es empfunden, von der Mutter im dunklen Flur eingesperrt zu werden, mit der Ankündigung, nie mehr rauszukommen.

Weitere Erinnerungen illustrieren eine manipulative, unberechenbare Objektbeziehung, die neben den rigiden Erziehungspraktiken der Großmutter dazu beitrug, dass sich die Patientin immer wieder von schrecklichen Ängsten verfolgt fühlte. Macht und Ohnmacht wurden zwischen ihr und der Mutter und ihr und der Großmutter zum beherrschenden Beziehungsmittel. Einmal sei sie beispielsweise von der Großmutter gezwungen worden, mit dem Rücken zur Tür zu sitzen, obwohl diese wusste, dass sie unerträgliche Angst bekam, wenn sie die Tür nicht im Auge behalten konnte. Vor lauter Angst sei sie ohnmächtig vom Stuhl gefallen.

Ein weiteres traumatisches Erlebnis hatte sie als Dreijährige mit einem etwas jüngeren Spielkameraden, der sich während des gemeinsamen Spiels beim Wegrennen ein Stöckchen in den Rachen rammte, sodass er operiert werden musste.

Ich beziehe ihre Einfälle auf die analytische Situation und deute, dass sie auch hier immer wieder Angst bekommt, die Kontrolle zu verlieren, weil das Spielerische und Lustvolle in ihrem Erleben so eng mit Panik- und Schuldgefühlen verknüpft ist. Die Patientin fühlt sich verstanden, betont aber immer wieder, dass sie wissen will, warum sie diesen Panikanfällen immer noch ausgesetzt ist. Diese Frage stellt sie immer und immer wieder, sie will es wissen und glaubt, ich enthalte ihr mein Wissen vor.

Weil sie mir immer wieder diese Frage stellt, entsteht in mir die Idee, dass es ihr unbewusst eher um die Bestätigung geht, dass ich es nicht weiß, weil sie sonst fürchtet ihre Kontrolle über mich zu verlieren. Als ich einmal bemerke: »Es ist schwer für Sie, keine Erklärungen zu bekommen aber vielleicht sind Sie auch froh darüber, mir immer wieder zu beweisen, dass ich es auch nicht besser weiß als Sie«, zieht sie sich gekränkt zurück. Vermutlich war ihr klar geworden, dass ihr Hauptbeziehungsmuster, die Beziehung über Leistung aufrecht zu erhalten, in der analytischen Beziehung nicht unhinterfragt mit Gratifikation bedacht wird.

In den folgenden Stunden bestimmten analsadistische Wünsche, die ihr das Erleben von Ohnmachtsgefühlen ersparen sollen, ihr Denken. Drohende Zitate der Mutter stehen im Raum, am liebsten würde sie »verrückt spielen«. Voller Groll problematisiert sie »unsere Ordnung« und verlangt, dass ich mich woanders hinsetze, weil sie befürchtet von hinten »einen auf den Deckel zu bekommen«.

Im Zuge der sich entwickelnden Übertragungsneurose bekommt unser »Verhältnis« für sie einen »Riss«, sie fühlt sich von mir gegängelt, erlebt mich gönnerhaft und missgünstig und droht mit Abbruch.

Als ich Frau E. deute, dass sie mich manipulieren möchte, damit ihr die Wut- und Enttäuschungsgefühle erspart bleiben, kann sie sich mit ihren Macht- und Abhängigkeitswünschen befassen. Sie möchte sich helfen lassen, aber auch behaupten dürfen. Andererseits fürchtet sie sich vor ihren Konfliktlösungsmustern, die sich bisher vorwiegend auf Möglichkeiten des Beziehungsabbruchs oder des Krankwerdens reduzieren.

Frau E., die sich in einem inneren Häutungsprozess aus ihrer Haut ›rauspellt‹

Ihre Ängste nehmen wieder zu und ich merke, wie diese auch mir unter die Haut kriechen und ich davon affiziert werde. Die Unberührbarkeit, die sich zwischen uns entwickelt hat, ist schwer auszuhalten und eine Möglichkeit, damit fertig zu werden ist der Versuch, für das was zwischen uns geschieht, theoretische Erklärungen zu finden.

Die bevorstehende erste Trennung wegen der anstehenden dreiwöchigen Ferien geht für sie mit dramatischen Gefühlen einher. Plötzlich leidet sie wieder ständig unter der Angst, keine Luft mehr zu bekommen, bzw. von einer Krankheit »überfallen« zu werden oder der Angst vor einem Zusammenbruch. In der Beschäftigung mit diesen Ängsten schildert sie ein Schlüsselerlebnis: Ungefähr im Alter von vier Jahren, fiebernd mit Wadenwickeln im Bett liegend, wird sie beim Aufwachen von der panischen Angst überfallen, sterben zu müssen. Da die Mutter auf ihr Rufen nicht reagiert, die Angst aber unerträglich wird, quält sie sich mühevoll durch den angstbesetzten dunklen Flur. Als sie schließlich die Tür zum Wohnzimmer öffnet, glaubt sie sich »in einer anderen Welt«, als sie die Mutter und andere Personen bei einer »wilden Orgie« erblickt.

Beim Auftauchen dieser Deckerinnerung denke ich, dass es sich dabei um eine Urszenen-Phantasie handelt, die gleichzeitig in ihrem sexuellen Gehalt der Abwehr unerträglicher Getrenntheitsgefühle dient. Im Zusammenhang mit der anstehenden Trennung deute ich ihren Einfall als Auseinandersetzung mit tiefen Verlassenheitsgefühlen. Diese handelt Frau E. zunächst an ihrem Sohn ab, indem sie von ihrer Todesangst während seiner Krankheit erzählt. Eindrücklich schildert sie dabei ihre Verzweiflung und die Ängste, die dazu führten, nachts nicht alleine bleiben zu können, während ihr Mann beim Sohn im Krankenhaus wachte.

Ich denke an die gerade geschilderte Kindheitserinnerung und frage mich, ob in dem dramatischen Krankheitserleben mit dem Sohn auch ein unbewusster Wiedergutmachungsanspruch an die Mutter enthalten ist.

In den folgenden Stunden beschäftigt sich Frau E. mit ihren Todesängsten und teilt zugleich in zwei Träumen unbewusste Todeswünsche mit, die ich im Kontext des Übertragungsgeschehens als Versuch einer Befreiung von ihren Ohnmachtsgefühlen deute.

Im ersten Traum versucht der Sohn die Patientin zu erschießen, im zweiten erschießt die Patientin ihren Mann.

Ich deute, dass sie sich nun auch von mir ganz allein gelassen fühlt und so wütend ist, dass sie mich am liebsten erschießen möchte. Sie fürchtet sich davor, ihren schlimmen Gefühlen und Ängsten ohnmächtig ausgeliefert zu sein und kann sich kaum vorstellen, wie sie die drei Wochen ohne Analyse überstehen soll. Ihre Assoziationen zu dem Traum und die Verbalisierung ihrer Ohnmachtsgefühle ermöglichen ihr einen Zugang zu ihren Omnipotenzwünschen. Darin stellt sie sich vor, in den Analyseferien über mich verfügen zu können, indem sie sehr krank wird.

Nach den Ferien berichtet Frau E. dass sie die Beziehung zu einem früheren Freund wieder aufgenommen hat, ihrem »Traum-Mann«, den sie sexuell besonders reizvoll findet. Er zieht auf ihre Initiative in ihr Haus ein, obwohl er weiterhin hauptsächlich bei seiner Familie leben möchte.

Ich deute diese Nebenübertragung in ihrem Ersatzcharakter gegenüber der unterbrochenen analytischen Beziehung, habe aber zugleich den Eindruck, dass Frau E. inzestuöse Wünsche agiert. Während sich die Patientin am Beispiel ihres Liebhabers, der sich mit Schuldgefühlen gegenüber seiner Familie »rumplagt«, ihren eigenen konflikthaften Autonomiewünschen nähert, wird klar, dass sie mich als schuldentlastendes Objekt zur Milderung ihres Über-Ichs sucht. Ich soll ihr in der Übertragung erlauben, autonom zu handeln, auch wenn sie meine moralischen Bedenken fürchtet.

Der »Einbrecher-Traum« taucht auf, ein Traum, der inhaltlich in verschiedenen Variationen im Verlauf der Analyse mehrfach wiederkehrt: »Ich höre einen Einbrecher im Haus, mein Sohn ist auch da, aber er kann mir ja nicht helfen. Ich renne hoch, von wo die Geräusche kommen, und als ich die Tür öffne, entdecke ich anstelle des Einbrechers nur ein kleines verhutzeltes Männchen, das mit der Eisenbahn spielt. Ich verstehe das alles nicht, fühle mich verwirrt, denn eigentlich habe ich einen Riesenmuskelprotz erwartet. Obwohl ich wieder schrecklich in Panik gerate, bin ich nicht starr vor Angst, sondern kann ihn einschließen und die Polizei rufen.«

Weil mir in ihren Assoziationen vor allem ihr Stolz darüber auffällt, dass sie es gewagt hat, sich zu wehren, wähle ich aus den verschiedenen Deutungsebenen zunächst die Übertragungsebene und sage, dass sich ihre Angst, sich nicht wehren zu können, verändert hat. Aus der Traumanalyse verstehen wir, dass das Gefährliche im Traum ihre Angst vor der männlichen Sexualität repräsentiert, die sie im Traum aber runter*männ*telt, gleichzeitig fühlt sie sich nicht mehr so ausgeliefert, so wie sie sich in den Ferien auch gegen mich zur Wehr setzen konnte, indem sie sich jemand ins Haus holte, von dem sie sich beschützt fühlte.

Die Phallizität dieses *Männ*chens thematisierend, ermöglicht ihr in der Folgezeit über ihr »schwieriges Verhältnis« zur Sexualität sprechen, in der der Sohn ihr als Schutz vor ihren sexellen Wünschen dient. Dass sie in ihrer Lust immer wieder »Abbrüche« erlebt, macht ihr bewusst, dass sie sich wegen ihrer leidenschaftlichen Gefühle schuldig fühlt. Die Mutter und ihre eigene Mutterrolle wirkt bedrohlich und aus einem atmosphärisch eher bedrohenden Schweigen heraus wagt sie sich dann an die »schlimmen Gefühle«, die immer wieder gegenüber ihrem Sohn auftauchen, obwohl sie leidenschaftlich versichert, wie sehr sie ihn liebt. Sie beschreibt, wie sie sich in dessen ersten beiden Lebensjahren durch Zwangsgedanken furchtbar gequält fühlte. Die Beschreibung ihrer Angst, diese »verrückten Ideen« könnten wahr werden und ihre nachvollziehbare Verzweiflung erfasen mich. Dann tauchen Assoziationen zur Geburt des 1 1/2 Jahre jüngeren Bruders auf und sie glaubt, den Bruder vom ersten Tag an abgelehnt zu haben.

Diese Selbstbeschreibung aus der Welt ihrer inneren Repräsentanzen, führt mir die Not von Frau E. vor Augen und ich begreife, dass sie sich unsagbar schuldig fühlt, als sie mich weinend bedrängt, ihr eine Erklärung für diese »unerklärlichen Todesphantasien« zu geben. Als ich deute, dass sie hofft, über eine Erklärung endlich zur Ruhe zu kommen und dass ich ihre Not wahrnehme im Gegensatz zu der Bösartigkeit, die sie sich selbst zuschreibt, fühlt sie sich etwas erleichtert.

Ein Einfall aus ihrem 4. Lebensjahr bildet den Anfang einer Kette von Assoziationen, die sich mit dem »Verbotenen« befassen. Als Kind aus »besseren Verhältnissen« war es ihr verboten, mit den Straßenkindern zu spielen. Im Hof eingesperrt, habe sie stundenlang wehmütig durch die Gitter geschaut. Als ein kleiner Junge doch zu ihr gelangte, um sie sogar einmal heimlich zu küssen, wurde infolge der mütterlichen Reaktion aus dem »kleinen Prinzen« ein »gefährliches Ungeheuer«.

In den nachfolgenden Stunden werden die Grenzen immer unklarer. Ich weiß nicht mehr, um was es eigentlich geht. Die Personen und deren Beschreibungen verschwimmen. Mal spricht sie vom Sohn, und ich weiß nicht, ob sie sich oder ihn meint, wenn sie von ihrer Unersetzbarkeit spricht, dann wieder taucht die Mutter auf und es ist unklar, wer wem die Lust nicht gönnt oder sie klagt über den Ehemann, von dem sie sich verlassen fühlt, weil sie glaubt, ihn gedehmütigt zu haben.

Infolge von drei ausfallenden Stunden wendet sie ihre Enttäuschungsgefühle mir gegenüber, die mit Todesphantasien einhergehen, gegen sich selbst.

Wir verstehen einen Traum, in dem sie sich mit ihrem schnellen Auto zu Tode rast, als Ausdruck ihres Wunsches, mich umzubringen. Sie hat erkannt, dass sie mit ihren Manipulationsversuchen mir gegenüber nicht weiterkommt und dass es Dinge in meinem Leben gibt, auf die sie keinen Einfluss hat. Die Anerkennung ihrer Abhängigkeitsbedürfnisse ist jedoch mit einer enormen Abwehrbewegung verbunden. Sie kämpft gegen ihre Abhängigkeitswünsche an, weil sie diese nicht wahrhaben will. Es geht ihr schlechter, vor allem an Wochenenden. In ihren Träumen stürzt sie in einen See und ertrinkt in ihrem Auto, oder wird von der Mutter und dem Bruder verlassen. Sie hat das Gefühl, ihr wird die Haut abgezogen und sie kämpft verstärkt gegen die Angst vor einem Anfall oder einem Zusammenbruch an. Sie phantasiert »auf der Stelle« sterben zu müssen und dass keiner da ist, der ihr hilft.

In vielen Stunden durchlebt sie noch einmal ihre infantilen Todesängste während der Asthma-Anfälle, während des Eingesperrtseins und während der Situationen, in denen sie glaubte, sterben zu müssen. Dabei sind ihre Verlassenheitsgefühle kaum zu verarbeiten und die Angst vor dem Tod nimmt teilweise bedrohliche Züge an.

Projektiv mit diesen Ängsten identifiziert, bekomme ich das Gefühl, ihr mit meinen analytischen Möglichkeiten nicht genügend helfen zu können. Im Kontext der Übertragungsbeziehung entfaltet sich eine bedrängende Dimension. Ihr Beziehungsverlangen nimmt existentiellen Charakter an, indem mir Frau E. eindrücklich vermittelt, dass die Weiterführung der Analyse davon abhängt, mich jederzeit erreichen zu können. Allmählich verstehe ich, dass es in der Übertragung um die Angst geht, nicht über mich verfügen zu können, weil ihre damit einhergehende innere Hilflosigkeit so schwer auszuhalten ist.

Eine Erinnerung von Frau E. lässt mich spüren, wie unerträglich diese Gefühle für sie waren: Als kleines Mädchen habe sie mit Fieber im Bett gelegen. Als die Mutter einkaufen gehen wollte, habe sie diese angefleht, sie nicht alleine zu lassen, da sie fest davon überzeugt war, ohne sie sterben zu müssen.

In den folgenden Stunden fühle ich mich vom Material regelrecht überrollt. Eine Angst- und Katastrophenphantasie folgt der anderen. Entweder geht es um den Sohn, der »bald sterben wird« oder um sie, die in ihren Träumen vereiste Schluchten hinabstürzt, einsam und verlassen stirbt oder aber gegen die Phantasie ankämpft, in der Analysestunde ersticken zu müssen. Dann kommt die Angst vor der Angst, die beinhaltet, dass sie aus lauter Angst nicht mehr kommen kann. Es fällt mir schwer, den Überblick zu bewahren und mich in meiner haltenden Funktion weiterhin ruhig zur Verfügung zu stellen.

Ihre Assoziationen zeigen, wie sie sich durch Phantasien und Gefühle, die sich in Angstvisionen bis hin zur Vernichtungsangst steigern, zunehmend überflutet fühlt. Meine Aktivität zentriert sich hauptsächlich auf das Aushalten dieser Zustände sowie das Benennen der Realitäten. Die Deutungsarbeit besteht darin, die in mir erzeugten Zustände anzusprechen und rekonstruktive Zusammenhänge zwischen ihren unerklärlichen Gefühlen und ihren frühkindlichen Traumatisierungen (Klinikaufenthalte wegen Asthma, Abwesenheit der Mutter) herzustellen. Allmählich wird die Patientin ruhiger und ist dankbar, dass ich mich von ihren Ängsten nicht in Panik versetzen ließ.

Wie in einem Rettungsversuch beginnt Frau E. sich an ihren beruflichen Erfolgen festzuklammern. In beeindruckenden Schilderungen beschreibt sie, wie sie sich als »einzige Frau« mit ihren Konzepten im Kollegenkreis behauptet. Ihr wird klar, dass ihre realen Erfolge ihr helfen, sich nicht klein und ohnmächtig zu fühlen.

Im Zuge der sich anbahnenden Sommerferientrennung kämpft Frau E. in verschiedenen Bereichen um Abgrenzung. Durch einen erneuten Einbrecher-Traum wird ihre Angst vor einem ›Einbruch‹ in den Ferien deutlich. Darüber hinaus verstehen wir diesen Traum als Projektion. Unbewusst möchte sie mich gewaltsam in Besitz nehmen, in mich eindringen, um über mich in den Ferien verfügen zu können. Wie wenig sie bis dahin über eine Objektkonstanz verfügt, wird daran deutlich, dass sie sich nicht vorstellen kann, die Beziehung zu mir »von innen her« aufrecht erhalten zu können. Sie kann sich nur vorstellen, nach den Ferien »neu«

zu beginnen. Als sie schließlich über die Grenzen der Beziehung sprechen kann und diese nicht mehr verleugnen muss, wird Trauer aber auch Hoffnung spürbar. Sie habe sich tief berührt gefühlt bei der Vorstellung, mich in Gedanken bei sich zu behalten. Wie fragil dieses Bild noch ist, zeigt sich in ihren Assoziationen von einem Regenbogen, der wie eine Brücke von der einen Seite des Ufers zur anderen führt. Dabei wird gleichzeitig ihr Wunsch, die Verbindung zu halten, sichtbar.

Beruhigter gehen wir beide in die Ferien. Wie sehr sie auch mich mit ihrer Regenbogenphantasie berührt hatte, konnte ich daran ablesen, dass ich oft an sie dachte.

Zweiter Behandlungsabschnitt:
»Der Mutter-Tochter-Schuld-Komplex«
Nach dem Urlaub erzählt Frau E. freudig, wie es ihr gelungen ist, die im Zusammenhang mit einem Besuch der Eltern entstandenen Ängste durch »Gedanken an meine Analytikerin« zu bewältigen. Sie habe sich wie in einer undurchsichtigen Hülle mit mir verbunden gefühlt und viel an das gedacht, was wir besprochen haben.

Auch die gemeinsame Zeit mit dem Sohn sei erstmals befriedigend gewesen. Sie fühlte sich von den ängstigenden ödipalen Phantasien nicht mehr bedroht und konnte ohne Groll an mich und meinen Urlaub denken.

Diesen Schritt, mich als ein von ihr getrenntes Objekt anzuerkennen, ohne die innere Verbindung abreißen zu lassen, verstand ich im Modell Melanie Kleins als Übergang von der paranoid-schizoiden Position in die depressive Position, indem es ihr möglich geworden war, die reale Trennung zu akzeptieren. Ihre Befürchtung, erneut allergisch – über die Haut – zu reagieren, bestätigte sich nicht. Meiner Deutung, dass sie sich ihren Trennugsängsten nicht mehr ohnmächtig ausgeliefert gefühlt hat, kann sie mit den Worten: »Das war die wichtigste Erfahrung in dieser Zeit, ich fühle mich richtig befreit«, zustimmen.

In den folgenden Stunden geht es weiterhin um ihre Selbstbehauptungsschritte. Sie möchte mitbestimmen, z. B. was sie von den Eltern geschenkt bekommt, tut dies aber verächtlich als »kindisch« ab. Zu dem »Kindischen«, was sie aus der Analyse raushalten möchte, gehört ihre Gier, ihr Neid und ihre Wut.

Frau E., die sich in einem inneren Häutungsprozess aus ihrer Haut ›rauspellt‹

So erwartet Frau E. beispielsweise ›trotzig‹, dass ich sie auf die überfällige Bezahlung aufmerksam machen müsse. Ich deute, dass sie ihre aggressiven Gefühle bei mir unterbringen möchte, damit sie ihre Hände in Unschuld waschen kann. Sie fürchtet die Auseinandersetzung mit mir, hat aber den Wunsch mehr von mir »zu kriegen«. In ihrer Wut über die Regelung, die für die Bezahlung einer nicht wahrgenommenen Stunde gilt, beginnt sie sich ihrem Ärger, aber auch der Realität zu stellen und sich mit den Grenzen unserer Beziehung zu konfrontieren. In ihren aufkommenden Unterlegenheitsgefühlen assoziiert Frau E. zu den Themen Frau-Sein und Schön-Sein-Wollen. Dabei bringt sie sich mit der abwertenden Haltung der Mutter in Beziehung. Von ihr habe sie sich als unweiblich abqualifiziert gefühlt, zum Beispiel habe die Mutter ihr stets geraten, ihre »hässlichen Beine« lieber zu verstecken.

Während ich in diesem Zusammenhang an ihre auffällige Kleidung in den letzten Wochen und dabei besonders an die grell-gemusterten Strümpfe denke, frage ich, ob sie sich deshalb in letzter Zeit so außergewöhnlich anzieht, um zu erfahren, wie ich darüber denke. Erschreckt weicht Frau E. auf ihre Männerbeziehungen aus. Sie lasse sich gerne bewundern, achte aber auch darauf, die Neidgefühle anderer Frauen nicht übermäßig zu strapazieren. Wie aus einem inneren Zwang heraus müsse sie sich immer wieder der »weiblichen Solidarität« vergewissern. Schließlich kann sie aber zugeben, dass es ihr schon wichtig wäre, meinen Geschmack zu treffen. Ich verstehe, dass es ihr wichtig wäre, sich mit mir als einer Zweithautverbindung zu identifizieren. Die nachfolgenden Versuche mich zu idealisieren, deute ich als Abwehr ihrer Konkurrenzgefühle und frage, ob sie sehen will, wie ich mit meinem Neid auf Sie umgehe, wodurch sich Frau E. »ertappt« fühlt. Mit Frauen zu rivalisieren empfände sie unwürdig. Verunsichert zieht sie sich auf das Setting zurück, um dort ihre Konkurrenzgefühle unterzubringen, indem sie erneut eine Stundenverlegung verlangt, ohne den Grund nennen zu wollen.

Wir verstehen, dass Beziehungsnähe und Eigenständigkeit wie zwei unüberwindbare Gegensätze für sie sind, die sie gleichermaßen ängstigen. Als sie aber spürt, dass die therapeutische Beziehung ihren Aggressionen standhält, wagt sie sogar, über »Sinnliches« zu sprechen.

Sie träumt von einem Schloss mit wunderschönen Kostbarkeiten, in das sie nur mit mir geht, aber keiner ihrer Männer Einblick haben soll.

Sie fragt sich, was für ein »Typ« sie sein will und ob sie Zärtlichkeitsbedürfnisse in Beziehungen einbringen darf.

Ich erlebe diesen Traum als erstes Angebot der Patientin, die Intimität unserer Beziehung anzuschauen. Als ich merke, dass ihr diese Ebene aber große Angst macht, beschäftigt sie sich zunächst ich-bezogener mit ihrem Körperbild.

Während sie über die Unterschiede zwischen den Geschlechtern nachdenkt, soll nichts Störendes zwischen uns sein, es soll »dicht und nah« bleiben, um die »Innigkeit« zwischen uns nicht zu gefährden.

In dieser symbiotischen Einheit, die ich wie einen Verschmelzungswunsch nach einem Haut-Ich erlebe, führt bereits der zarteste Versuch, mich in Frage zu stellen, zu einem unruhigen Wochenende. Hochsensibilisiert glaubt sie, wie eine »Kanone« aggressiv auf mich losgegangen zu sein.

Nach einer einwöchigen Unterbrechung wegen einer beruflichen Verpflichtung ihrerseits berichtet sie lustvoll über eine »großartige Veränderung«. Sie habe nicht nur mit der Leiterin rivalisiert, sondern »ihr Treiben« auch noch genossen. Sie habe es kaum erwarten können, mir davon zu erzählen.

Einige Tage später kreiert Frau E. den Begriff »Mutter-Tochter-Schuld-Komplex«, an dem sie in der nachfolgenden Zeit arbeitet.

Kurz darauf berichtet sie stockend, als würde sie sich schuldig fühlen, bereits einige Tage vorher ihren bisher größten beruflichen Erfolg erlebt zu haben (»besser geht's nicht mehr!«).

Während sie dies erzählt, dreht sie blitzschnell den Kopf nach hinten, mit der Begründung, sehen zu wollen, wie ich »jetzt dreinschaue«.

Ich bin völlig überrascht, fühle mich kontrolliert und habe für einen kurzen Moment das Gefühl, dass mir die Luft wegbleibt. Auf meine Deutung, »Sie wollen prüfen, ob ich nun immer noch zu Ihnen halte und Ihnen Ihren großen Erfolg gönne«, assoziiert Frau E. unvermittelt ihre frühe Asthma-Erkrankung. Sie erinnere sich zwar kaum, wisse aber von zwei oder drei Notarzteinsätzen. Schlimm sei es im Krankenhaus gewesen, wenn sie vollkommen von den Eltern isoliert wurde und mehrere Tage, »vielleicht auch Wochen, ich weiß es nicht«, keinen Besuch bekommen durfte. Sie habe sich eine Erklärung »zusammengebastelt«, die im Gegensatz zu den ihr bekannten theoretischen Überlegungen steht, die davon ausgehen, dass bei einem Erstickungsanfall nicht genügend Luft eingeatmet wird. Sie glaubt aber, dass sie die Luft »nicht rauslassen« konnte und meint, dass das besonders bei den Kindern auftritt, die solange vergebens nach der Mutter rufen, bis sie es schließlich im Zuge eines Anfalls aufgeben.

Diese rationale Erklärung, bei der sie emotional unberührt zu bleiben scheint, beschäftigt mich ebenso wie die Frage nach der Bedeutung des gerade stattgefunden, blitzartigen Umdrehens. Aus der vorausgegangenen Inszenierung ›bastele‹ ich mir schließlich eine Erklärng, mit der ich das Übertragungsgeschehen, ihre Leidensgeschichte und meine Atem-Not zu verstehen versuche.

In der Enge des ›Mutter-Tochter-Schuld-Komplex‹ waren Aggression, Rivalitäts- und Passivitätsbedürfnisse nicht möglich, deshalb lernte die Patientin die Beziehungen über Krankheit bzw. Leistung zu kontrollieren.

Dieses Geschehen hatte sich zwischen uns widergespiegelt. Meinen Interpretationsversuch: »Ob Sie sich damals mit Ihrem Asthma einen Weg gesucht haben, um aus der bedrückenden Enge zwischen Ihnen und Ihrer Mutter rauszukommen, so wie eben hier?«, beantwortet die Patientin in der folgenden Stunde mit einem Traum, indem sie sich mit einem Penis ausgestattet phantasiert. Als die Mutter dies kontrollieren will, sagt sie: »Das geht dich nichts an!« woraufhin sie zufrieden aufwacht.

In ihren Einfällen findet sie heraus, dass es um ihre phallische Potenz geht und sie sich mir gegenüber zwar abgrenzen kann, aber sich nicht sicher ist, ob ich ihre phallische Stärke rauben will, wie im Traum die Mutter.

In dieser Zeit erprobt die Patientin in fast allen Lebensbereichen reifere Möglichkeiten des Beziehungsverhaltens und der Realitätsbewältigung. Sie riskiert mit der Mutter, dem Mann und dem Sohn offene Auseinandersetzungen und kann sich trotz der konflikthaften Beziehungen autonomer und gleichzeitig in sich ruhender fühlen. Dabei entsteht der Wunsch, eine andere Art Beziehung zu Männern aufzunehmen. Vor allem vermindert sich ihre Angst vor den panikartigen Anfällen wesentlich, und die Beschäftigung mit ihrem Frau-Sein gewinnt mehr Raum. Dass sie selbstbewusster ihre Interessen vertreten kann, zeigt sie an einem Individuationsschritt in der letzten Stunde vor den Weihnachtsferien, als sie wegen eines Friseurtermins bereits nach 20 Minuten geht. Überrascht fühle ich mich depotenziert und wie eine zurückgelassene Mutter.

Nach den Ferien beschäftigt sie sich mit dem Verhältnis zu ihrer Mutter und erklärt, dass diese ihr bis heute »eigene Wege« abspreche. Auf meine Antwort, dass sie hier mittlerweile eigene Wege geht, wie in der letzten Stunde vor den Ferien, erklärt sie: »Darüber war ich mit mir auch sehr zufrieden.«

In den folgenden Wochen spitzt sich die Dynamik ihrer forcierten Autonomie-Entwicklung zu. Sie kämpft mit ihrem Mann um die Trennung, verlangt die Scheidung und den Verkauf des gemeinsamen Hauses, um sich »etwas Eigenes« aufzubauen. Sie will die »hundertprozentige Trennung« von ihrem Mann, während sie sich in der Analyse heftig gegen die Wahrnehmung des Getrenntseins wehrt. In der Analyse fürchtet sie sich mit den »trennenden Bedürfnissen« zu konfrontieren, weil sie glaubt, die Diskrepanz zwischen ihren Beziehungswünschen und ihren Autonomie-Interessen nicht ertragen zu können. Dann ist sie sich auch nicht sicher, ob ihr in der Analyse auch nur die Wahl zwischen Unterwerfung und ›Scheidung‹, in der Phantasie des Abbruchs, bleibt.

Die Beziehung zwischen uns wird angespannt und deutlich aggressiver. Dann riskiert die Patientin die ersten eigenen Trennungserfahrungen, indem sie öfters zu spät kommt.

Als sie erneut um eine Reduzierung der Stundenfrequenz kämpft, deute ich, dass sie überprüfen möchte, ob sie aus dem gemeinsamen analytischen Haus ausziehen kann, andererseits aber auch erfahren möchte, ob ich sie trotz Ihrer Trennungswünsche akzeptiere.

In der folgenden Phase, in der Frau E. erst einmal zufrieden damit ist, dass es zu keiner Trennung gekommen ist, gestattet sie sich erstmals lange Schweigephasen, in denen sie sich angstfrei zurückziehen kann.

Schließlich befasst sie sich mit dem »Verführerischen« in der Sexualität und hofft, dass ich auf die projektive Identifikation ihrer sexuellen Wünsche, mit denen sie in mich einzudringen versucht, eingehe. Ich soll für sie die Phallizität anfassen, wie im Traum die Mutter. Ich soll für sie aktiv werden und darüber sprechen, damit sie es nicht tun braucht, und wie im Traum diejenige sein kann, die zurückweist. Es fällt ihr ausgesprochen schwer, sich einen inneren Raum zuzugestehen, in dem sie sich mit ihren phallischen Wünschen und Phantasien beschäftigen kann.

Auf den Sohn ausweichend zeigt sie, wie sie sich von der Frage gequält fühlt, ob sie ihre sexuellen Beziehungen weiterhin vor dem Sohn

»verstecken« muss, damit er sich nicht ausgeschlossen fühlt. Als ich ihr deute, dass sie mir gegenüber in dem gleichen Dilemma steckt, weil sie nicht weiß, ob sie mich von ihren sexuellen (phallisch-rivalisierenden) Wünschen ausschließen soll, scheint zunächst das Berührungstabu aufgehoben zu sein.

Kurze Zeit später gibt Frau E. eine Kontaktanzeige auf und verliebt sich in einen Bewerber, der ihr – anders als ich – wie ein »Hoffnungsträger« erscheint. Mit dieser Nebenübertragung gelingt es ihr, mich an ihren sexuellen Wünschen teilnehmen zu lassen, jedoch als etwas, was seinen Platz außerhalb der Analyse hat.

Während der Osterferienpause zieht die Patientin in ihre neue Eigentumswohnung. In der Zeit danach erlebe ich Frau E. wie in einem narzisstischen Rückzug. Als ich sie vorsichtig darauf anspreche, reagiert sie trotzig und zurückweisend und unterstellt mir, ihr die neue Wohnung nicht zu gönnen. Diesmal will sie »kompromisslos« eine Stundenreduzierung »durchdrücken«, um mehr Zeit für die »schönen Dinge des Lebens« zu haben.

Ich spüre, dass sie mich zur Ausgeschlossenen macht. Sie will an einem esoterischen Seminar teilnehmen mit der Begründung: »Der Seminarleiter macht mich an«.

In ihrem Autonomieprozess zeigt sie mir deutlich, dass sie mir nicht mehr den wichtigsten Platz einräumt und sie die frühe schützende Haut für die reiferen – sexuellen – Dinge aufgeben will.

Häufig kommt sie deutlich zu spät. In ihren Phantasien, Fehlleistungen und Träumen verliert und sucht sie ständig nach Schlüsseln. Sie verspürt einen unbändigen Drang, in die Wohnungen fremder Leute einzudringen, zu spionieren und Ehemänner zu verführen. Dann plant sie den Sommerurlaub mit vier Männern, an denen sie mir vorführt, wie sie über alle vier gleichzeitig verfügt.

Meiner Vermutung nach beschäftigt sie sich auf der Phantasieebene schon seit einiger Zeit mit meiner in den Osterferien erfolgten Namensänderung, besonders weil sie diese ignoriert. Erst einige Wochen später wagt sie sich bewusst an dieses Thema heran. Ihre Frage: »Sie werden doch wohl nicht geheiratet haben?« versuche ich erst auf der Phantasie-Ebene mit ihr zu besprechen und bejahe diese in einem zweiten Schritt ganz konkret auf der realen Ebene. Empört beschuldigt sie mich, ihr »heimtückisch« einen

»Schock verpasst« zu haben. Ich sei dafür verantwortlich, dass sie sich nun mit ihrem »Neid auf meinen Männerbesitz« herumschlagen müsse, den sie mir im übrigen nicht gönne.

Fassungslos über das Ausmaß ihrer Wut erklärt sie: »Ich schwanke zwischen Schüttelfrost und Fieber.« Grollend bezeichnet sie mich als schlechte Therapeutin, da sie von einer guten erwarten würde, auf eine derartige Veränderung »sanft« vorbereitet zu werden. Konsterniert über soviel »Dummheit« attestiert sie mir Unselbständigkeit, da ich sonst »sowas« nicht nötig hätte.

Immer wieder deute ich ihre Enttäuschung darüber, dass ich ihr die Illusion einer Einheit mit mir genommen habe, in der sie phantasierte, vollständig über mich verfügen zu können.

Da ihr Neid und ihre Verachtung so offen zu Tage treten, verstehe ich die Bedeutung ihres Wut-›Anfalls‹ als Reaktualisierung des negativen ödipalen Verrats. Das Dramatische scheint in der Wiederbelebung der narzisstischen Kränkung begründet zu sein, die sich in der Übertragungsbeziehung abbildet. Die Projektion ihrer Wut ist so intrusiv, wie ich es bisher noch nie bei ihr erlebt habe. Ihr Hass erfasst mich, geht mir regelrecht unter die Haut. Die Beziehung zwischen uns scheint von ihren destruktiven inneren Objekten vergiftet zu werden und ich fühle mich, mit ihren Projektionen identifiziert, mehr und mehr schuldig, sie aus meinem persönlichen Vorhaben vollkommen ausgeschlossen zu haben. Daran wurde mir erst später bewusst, wie stark die intrusive projektive Identifizierung in mir wirkte, weil ich mich regelrecht in meiner Haut angegriffen fühlte.

Dieses Mal gingen wir beide mit sehr viel ungeklärten und schwierigen Gefühlen in die Analysepause.

Dritter Behandlungsabschnitt

In den Ferien übte sich die Patientin im Kampf um die Unabhängigkeit vom Objekt. Von den vier Männern, mit denen sie im Urlaub war, fühlte sie sich zum »Explodieren« gebracht. Am Beispiel einzelner Situationen (z. B. als die Männer Skat- oder Fußball spielten) schildert sie ihre Wut- und Neidgefühle. Neben ihrem Neid auf deren Autonomie konnte sie gleichsam auch einen Fortschritt festellen, indem sie sich ihren Gefühlen nicht mehr »automatisch« ausgeliefert fühlte. Sie hatte sich einen innerer

Raum schaffen können, in dem sie sich zurückziehen und über sich nachdenken konnte.

In der Analyse kommt ihr Groll, aber auch die mörderische Wut auf mich und meine Nichtverfügbarkeit zum Ausdruck. Da sie sich erneut am Thema der Stundenreduzierung festbeißt, verstehe ich, dass der ständige Kampf um die Stundenreduzierung für sie eine Möglichkeit darstellt, ihre Rachebedürfnisse in die Analyse zu tragen. Sie schiebt mir projektiv »anklammernde Abhängigkeit« – eine Komponente der Ambivalenz – unter, die sie erneut zu verleugnen versucht. Je mehr Bedeutung die Analyse für sie gewinnt, umso größer wird ihr Bedürfnis, »Nein« zu sagen.

Dann verlegt sie den Kampf auf einen Nebenschauplatz, indem sie den zweiten ihrer Freunde aus ihrem Bett auf »die Couch« verbannt. In ihren Träumen, die Gewalt- und Todesphantasien zum Inhalt haben, entwickelt Frau E. die Phantasie, für ihren Liebesentzug umgebracht zu werden. Ihr Versuch, unbewusste Machtansprüche, die mir gelten, gegenüber dem Freund zu agieren, reicht ihr nicht, sodass sie sich in der Analyse zwanghaft ihres Rechts auf Abgrenzung versichern muss, beispielsweise durch extrem lautstarkes Gähnen oder anhaltendes Zuspätkommen.

In dieser Phase empfinde ich in der Gegenübertragung heftige Wut auf Frau E. Ich erlebe sie triebhaft agierend und sich der gemeinsamen Arbeit verweigernd, darin fühle ich mich missachtet und benutzt. Nachdem ich diese Gefühle als Ausdruck ihrer Wut verstehe, kann ich der Patientin ihre eigenen Gefühle spiegeln. Daraufhin muss die Patientin das hochaggressive Klima zwischen uns nicht mehr verleugnen und kann sich eingestehen, dass sie mir gegenüber Gewalt- und Todeswünsche hat, sich aber auch vor meiner Vergeltung fürchtet. In der folgenden Auseinandersetzung wird der unbewusste Konflikt klarer. Die Patientin befindet sich wieder in einer Phase, in der es ihr extrem schwerfällt, sich ihre Abhängigkeitswünsche zuzugestehen. Als ihre Wut darüber mal wieder nicht zu übersehen ist, sage ich: »Obwohl Sie hier täglich Nein sagen mit Ihrem Zuspätkommen, haben Sie das Gefühl, immer noch nicht Nein sagen zu können. Ich denke, Sie müssen immer wieder ausprobieren, ob Sie unsere Beziehung damit noch nicht zerstört haben.« Frau E: »Mag sein. Ich empfinde nur, dass ich draußen im Vergleich zu früher weit selbständiger bin, mich hier aber immer noch abhängig fühle und Sie nichts tun, mir meinen Freiraum zu sichern. Aber vielleicht muss ich erst Nein sagen können, um auch wirklich ja sagen zu können.«

Allmählich anerkennt sie, dass es auch eine andere Seite in ihr gibt, nämlich die, die kommen und arbeiten möchte.

Die folgende Szene hilft Frau E., sich tiefer auf ihre Rivalitätsgefühle einzulassen. Als sie zu Beginn einer Stunde eine unerklärliche Panik überfällt, will sie sich auf keinen Fall auf die Couch legen. Nach einiger Zeit möchte sie sich dann doch legen anstatt mir gegenüber zu sitzen, weil sie sich nur so traut, über ein für sie sehr bedeutungsvolles »verbotenes« Autonomiebegehren zu sprechen.

Es geht um ein Erlebnis als kleines Mädchen, als sie dem jüngeren Bruder mit einer Puppe an ihrer eigenen Brust vorführte, wie sie von der Mutter gestillt worden war. Für diese bedeutungsvolle Mutter-Kind-Interaktion bestand im Erleben der Patientin ein Sprechverbot. Dies resultierte – unter dem Aspekt ihrer inneren psychischen Realität – aus der Reaktion der Mutter, die sie schreiend aus dem Zimmer geschickt hatte, als sie zufällig einmal zum Stillen dazu kam. Wie verboten für sie diese Intimität war, aber gleichzeitig höchst ambivalent besetzt für ihre eigene Interaktion als Mutter, zeigte sich daran, dass sie mir bis heute nicht von diesem Erlebnis erzählen konnte, obwohl sie es immer wieder versucht hatte.

Ich beziehe mich zuerst auf das frühe Bild, zeige mein Verständnis für ihre Enttäuschung, an diesem innigen Hautkontakt nicht teilhaben zu dürfen, ja, sogar ausgeschlossen zu werden. In der Analyse der Gegenübertragung kommen wir dann auch auf den reiferen Teil des Bildes in der Übertragung zu sprechen, indem ich deute, dass sie Angst hat, in ihrem Wunsch als eine Frau mit nährenden Qualitäten von mir nicht akzeptiert zu werden. An den unterschiedlichen weiblichen Fähigkeiten, über die sie verfügt, arbeitend, kann sie über ihren Neid auf schwangere Frauen sprechen oder ihren Neid auf Frauen, die sich als »Weibchen« präsentieren und keinerlei Interesse daran haben, die Beste zu sein und ihren Neid auf mich, die sich einen Mann »geangelt« hat. Allmählich wird ihr klar, dass das Verbotene für sie darin besteht, Frau zu sein.

Nachdem dieses Berührungstabu durchbrochen war, hätte sie stundenlang bleiben wollen. Sie habe sich nicht vorstellen können, mit mir über ganz normale Frauendinge sprechen zu können, sei aber »unendlich« erleichtert.

Frau E., die sich in einem inneren Häutungsprozess aus ihrer Haut ›rauspellt‹

In der folgenden Zeit entlädt sich die aufgestaute Wut auf ihren Mann, durch den sie »wie die Jungfrau zum Kind« gekommen sei, auf ihre Mutter, die sie »nie ranließ«, und auf mich, »die alles hat, was man als Frau haben möchte«.

In ihrer neu gewonnenen Freiheit fühlt sie sich nicht mehr wie ein »Spielball der Wellen«, sondern sie kann zeigen, was sie will und was sie hat. Neben ihrer neuen Lockenfrisur, die der Freund verführerisch findet, genießt sie es, »schwach zu sein«. Sie kann sich berühren lassen und »vor Glück weinen«, ebenso wie sie voller Stolz ihren Freund in ihrem schnellen Auto chauffiert.

Sie assoziiert, dass sie früher vom Vater für ihre aktiven Seiten geliebt wurde, während sie sich von der Mutter »niedergemacht« fühlte. Sie erlebt sich entlastet durch die Tatsache, dass ich ihr ihre Fähigkeiten, aber auch Verführungskünste und Weiblichkeit lassen kann, und mich davon nicht bedroht fühle.

Die Progression, im Zuge der sich probeweise konstellierenden Dreierbeziehung bröckelt jedoch nach wenigen Wochen, und die ödipal-erregende Spannung wird wieder im Analen gebunden. Als wäre Frau E. das Vergleichen und Rivalisieren zu gefährlich geworden, flüchtet sie erneut in ihre Phantasiewelt, in der diese Gefühle ausgeschlossen sind: »Vorsicht ist angesagt!« Sie erlebt nun ihre Unsicherheit und Angst vor »Gefühlsduselei«, und die »aufregende Nähe zwischen uns« bekommt den Charakter »bedrängender Überstülpung«.

Nach einer dreiwöchigen Kur ihres zweiten Freundes trennt sie sich kompromisslos, mit der Begründung, er sei zu abhängig von ihr, ein zweites Kind könne sie nicht brauchen. Ihren unbewussten Größenphantasien entsprechend, erlebt sie seinen »Abgang« als Triumph.

Ich verstehe, dass projektive Mechanismen in ihrer Partnerwahl ihr ermöglichen, die Starke in der Beziehung zu sein, die im ›schwachen‹ Partner die eigenen Abhängigkeitsbedürfnisse bekämpft. In ihrer Scheinautonomie herrschen aber Wut und Neid vor, da der andere sich gestattet, die an ihn abgetretenen Bedürfnisse zu leben, sodass ihr letzlich nur der Triumph des Fallenlassens bleibt.

Ich verstehe auch, dass es genau dieser Druck ist, der auf der analytischen Beziehung lastet, und durch den ich mich immer wieder geknebelt fühle. Als ich wieder einmal versuche zu deuten, dass auch zwischen uns keine Spannungen auftreten dürfen, weil sonst hier der Abgang droht, werden kleinste unterschiedliche Wahrnehmungen fast zur Existenzfrage. Grollend zieht sie sich zurück, kann dann aber doch bald bemerken, dass sie ihre Stärke und Fähigkeiten wie eine »Mauer« benutzt, mit der sie mich auf Distanz hält, aber auch den anderen Teil von sich »verbirgt«.

Als ich ihr diese Abwehr als Zuflucht zu den vertrauten und als Schutz vor den schmerzlichen Gefühlen deute, gestattet sie sich eine weitere regressive Bewegung und mir damit Einblick in die frühe Welt innerer Objekte, in der archaische Mächte wüten.

In diesem Mutter-Puzzle taucht zuerst die »omnipotente Mutter« auf, die das »Überleben« des Kindes garantiert. Sie will nicht wahrhaben, dass sie gegen die Krankheit des Sohnes machtlos ist, und sie will sich nicht mit sich als dem ehemals abhängigen Kind in Beziehung setzen. Ich verstehe dabei, dass ich mich in der Übertragungsbeziehung deshalb immer wieder so gequält fühle, weil sie in projektiver Identifizierung versucht, mich in die abhängige Position zu bringen, um die Phantasie von Omnipotenz aufrecht erhalten zu können. Darüber entstehen aber auch wieder Schuldgefühle, beispielsweise wenn sie sich für die Krankheit des Sohnes verantwortlich fühlt oder mich mit ihrer Wut über meine vermeintliche Unabhängigkeit verfolgt. Bald tauchen sukzessiv »mörderische« Bilder auf: der Mutterbauch als »schwarzes Loch, in dem nichts mehr drin ist«, und verschiedene quälende Phantasien, die mit Todesphantasien in Zusammenhang stehen.

Der folgende Rückzug wirkt wie eine depressive Lähmung, in der ich mehr und mehr verstehe, dass das »schwarze Loch« Ausdruck der destruktiven inneren Objekte ist, in dem Todeswünsche, Neid, Aggression aber auch ihre Depression verborgen gehalten werden. Im Gegensatz zu früheren Verleugnungen gelingt es Frau E. diesmal ihre Widerstände zu überwinden und sich den »demütigenden« Erinnerungen zu nähern, die sie »bis zur Geburt zurückführen«.

In eindrucksvoller Weise erlaubt sie mir einen Einblick in die Tiefe ihrer existentiellen Ängste, die sie selbst so schwer verstehen kann. Die Geburt des Sohnes, die sie als phallischen Angriff und als sadistische Behandlung erlebt hatte und die in ihr die tiefe narzisstische Kränkung hinterlassen hatte »ich habe alles mit mir machen lassen, das kann ich mir nicht verzeihen«. Ihre Mutter sei schon »dämlich« genug gewesen zu heiraten, nur weil sie mit ihr schwanger gewesen sei. Dass sie den gleichen Fehler machen würde, könne sie nicht begreifen. Mehr zu sich selbst sagt sie: »Es kann doch nicht sein, dass man gegen ein ungeborenes Kind so aggressiv sein kann und zulässt, dass es halbtot ist, wenn es rauskommt.«

Mir ist plötzlich nicht mehr klar, von wem Frau E. eigentlich spricht, von wessen Kind, wer wem gegenüber unbewusste Tötungswünsche hat, das Kind gegenüber der Mutter oder die Mutter gegenüber dem Kind. Ich denke an die Wiederholungen in den zeitlichen Entsprechung im Leben der Patientin und ihrer Mutter, die Geburt des Bruders, eineinhalb Jahre nach ihr und die Geburt des Sohnes der Patientin, eineinhalb Jahre nach der Geburt des Bruders der Patientin. Bei dem Versuch, eine rationale Ordnung in die Zusammenhänge zu bringen, wird mir erst wieder bewusst, dass es darum in der analytischen Arbeit nicht geht, sondern dass es um die Bedeutung der unbewussten Zusammenhänge, aus der Perspektive ihrer inneren Objekte, geht.

Als unbewussten Zusammenhang verstand ich, dass es um ihre Geburt ging und die unbewusste Gefahr, abgetrieben und getötet zu werden, und dass die Geburt mit der Vorstellung verbunden ist, todkrank zu sein. Dieses Dilemma, das für die Patientin bisher sprachlich noch nicht zu formulieren war, hatte sich projektiv in meiner Verwirrung widergespiegelt. Dass es für sie zu dieser existentiellen Frage gekommen war, hatte zwei Gründe, einmal aufgrund der Beschäftigung mit ihrer chaotischen, Generationsgrenzen überschreitenden lebensgeschichtlichen Situation und zum anderen als Übertragungsbedeutung, indem die Patientin im Zuge meiner Heirat ihre Wut und unbewussten Phantasien über eine mögliche Schwangerschaft von mir unter Kontrolle zu bringen versuchte.

Ausblick

Im letzten Behandlungsabschnitt war es zur ›psychischen Geburt‹ der Patientin in der Analyse gekommen, indem sich die therapeutische Beziehung auf die Ebene einer psychischen Getrenntheit hinbewegen konnte. Frau E. konnte ihre projektiven Identifikationsmechanismem, mit denen sie mich zu beherrschen versuchte, aufgeben und war fähig geworden, sich in einer eigenen Haut getrennt von mir zu fühlen. Erst jetzt war es zu einer wirklichen Berührung zwischen uns, als zwei voneinander getrennten Individuen gekommen.

Zunächst stand jedoch eine weitere Erkrankung des Sohnes in großen Teilen der Abschlussphase im Vordergrund der Analyse. Das half ihr aber auch, auf dem Hintergrund der eigenen fühkindlichen Krankheitserfahrung die eigenen taumatischen Erlebnisse zu bearbeiten.

Obwohl sie auch hier wieder durch die Realität ihrer Lebenssituation in eine forcierte Autonomie-Entwicklung gezwungen wurde, war sie dennoch in der Lage, sich durch die Unterbrechungen des therapeutischen Prozesses nicht in der Stabilisierung ihres Haut-Ichs verunsichern zu lassen. Frau E. fühlte sich in der therapeutischen Beziehung sehr gehalten, indem sie ihre Ängste um den Sohn zulassen und zeigen konnte, sodass die analytische Abeit über lange Phasen durch ihre Trauerarbeit gekennzeichnet war. In den manifesten Inhalten, die sich auf das Ende der Analyse bezogen, konnte sie aber auch die Trauer über ihr nicht gelebtes Kind-Sein zulassen.

An einem »Kätzchen-Traum« kann sie dann noch einmal ihre Zärtlichkeitsbedürfnisse zeigen und die passiven Wünsche, mit mir in einer Haut zu verschmelzen, verbalisieren.

Im Zuge des nahenden Analyse-Endes arbeitet die Patientin in einem Entidealisierungsprozess an ihrer Enttäuschung über die nicht veränderbaren Lebensbedingungen und die Begrenztheit des analytischen Prozesses.

Dabei kommt nochmals ein wichtiges, bis dahin gut gehütetes Thema zur Sprache, das wir als letzten Bearbeitungsversuch der ödipalen Konfliktthematik verstehen. Hierin geht es um die Selbstrepräsentanz ihrer Haut-Versehrtheit und die damit in Zusammenhang stehende innere Verletzung.

Erst jetzt fällt ihr eine Operation im Gesicht ein, als ihr etwa im Alter von drei Jahren »Flecken« wegoperiert wurden, was einen großen Einfluss auf die Organisation ihrer unbewussten Phantasien und ihr inneres Selbstbild hatte.

Erst nachdem Frau E. es gewagt hatte, sich am Ende der Analyse noch einmal diesen inneren Schmerzen und Ängsten zuzuwenden, konnte sie ödipalen Neid und Penislosigkeit auf der bisher gehüteten geheimen Ebene, als einen zentralen Teil der unbewussten Konfliktkonfiguration, durcharbeiten.

In zwei Briefen, die ich Jahre nach Beendigung der Behandlung von ihr bekam, schrieb sie dankbar, dass die Urtikaria seit Jahren nicht mehr aufgetreten sei und sie sich nun auch aus der analytischen Haut »rausgepellt« habe, und alles was in der Analyse passiert ist, in ihr »aufgehoben« sei.

Epikritische Bemerkungen zur Psychodynamik und zum Verlauf

Die Übertragungsbeziehung war zunächst von dem Wunsch der Patientin bestimmt, unter Verleugnung der Objektgrenzen in einer narzisstischen Einheit symbiotisch, wie in einer gemeinsamen Haut, zu verschmelzen. Unbewusst strebte sie, im Zuge projektiver Mechanismen, vor allem die Kontrolle über die Analytikerin an, um ihre Ängste in Schach zu halten. Andererseits erhoffte sie, in ihren präödipalen Wünschen Befriedigung zu finden, indem alles Konflikthafte aus der Beziehung ausgeklammert bleiben sollte. Dafür war sie bereit, ein braves Kind zu sein, und von Anfang an ihren Vorstellungen von einer ›guten Patientin‹ zu entsprechen, so wie sie gelernt hatte, nach den elterlichen Wünschen zu funktionieren. Sie hoffte, die Analytikerin qua Leistung narzisstisch befriedigen zu können und auf diese Weise die Bindung zu festigen.

Diese sich in der Übertragung abbildenden Beziehungsangebote entsprachen sowohl der frühkindlichen inneren Welt ihrer Objekterfahrungen als auch dem aktuellen familiären Arrangement. In ihren Inszenierungen wurden die verinnerlichten frühen Objektbeziehungen wiederholt, mit dem primären Ziel, sich auf der Leistungsebene zur narzisstischen Ergänzung der einzelnen Bezugsobjekte funktionalisieren zu lassen, wie vom Vater als ›die Beste‹ oder wie von der Mutter und Großmutter als ›die Musterschülerin‹. Diese Übertragungsangebote konnten analysiert und bearbeitet werden.

Auf die enttäuschende Erfahrung in der Analyse, dass ihr Kontrollbedürfnis nicht unhinterfragt die ihr bekannte Erfahrung einer narzisstisch besetzten »gemeinsamen Haut« ermöglicht, sowie die Erkenntnis der Abhängigkeit, reagierte Frau E. mit dem expansiven Verlangen nach noch mehr Kontrolle. Hierzu gehörte auch der Versuch, durch exzessive projektive Identifizierung ungewollte Selbstanteile in die Analytikerin zu projizieren, durch psychosomatische Reaktionen Zuwendung zu erzwingen, und die Drohung, die Analyse abzubrechen. Der den Verlauf der

Analyse bestimmende Abgrenzungskampf zwischen Autonomiebestrebungen und Unterwerfung basierte auf ihrer inneren Notwendigkeit, die Objekte zu dominieren bzw. über diese zu verfügen. Dabei kam den Abbruchdrohungen i. S. einer Abwehrbewegung ihres zentralen Abhängigkeitskonflikts die Bedeutung zu, durch eine Umkehr in's Aktive die Abhängigkeitsängste zu bewältigen. Diese abgewehrten Ängste stellte die Patientin in dramatischen Szenen dar. Dabei erhofft sie sich Reizschutz und Objektkonstanz von der Analytikerin, ebenso wie sie diese als schuldentlastendes Objekt brauchte.

Die defizitäre innere Entwicklung versuchte die Patientin durch den beharrlichen Wunsch nach Erklärungen auf der intellektuellen Ebene, als Ausdruck eines Bedürfnisses nach Neutralisierung unbegreiflicher Gefühle, auszugleichen. Der zwanghafte Versuch, kognitiv mit den unerklärlichen Gefühlen umzugehen, hatte in der analytischen Beziehung neben seinem Widerstandscharakter auch die Funktion, Angst über Sprache symbolisierungsfähig zu machen und damit Kontrolle über die Analytikerin/Mutter zu bekommen.

Ihre Abwehrmechanismen entsprechen den beiden Entwicklungsebenen, die sich im Verlauf der Behandlung deutlich in einem Nebeneinander von zwei Deutungs- und Verständnisebenen und einem verwirrenden Kreislauf in der Übertragungsbeziehung abzeichneten: Es handelte sich einerseits um eine archaische Abwehr von Ohnmachtsgefühlen und Zerstörungsphantasien mittels omnipotenter Objektkontrolle, andererseits sollten in einem Rückgriff auf die Somatisierung i. S. einer symbolischen Körpersprache Verlassenheitsgefühle abgewehrt werden. Daneben finden sich auch reifere Abwehrmuster wie Reaktionsbildung, Intellektualisierung und Sexualisierung.

Die Beziehungsdynamik im Kontext der Übertragunsbeziehung stellte sich als die zentrale Konfiguration der Kindheit her. Die Patientin inszenierte aus der Perspektive ihrer verinnerlichten Objekte eine Übertragungs-Gegenübertragungs-Konstellation, in der sie angreift und unter Druck setzt, was bei ihr wiederum zu Schuldgefühlen und Verlustängsten führte. Um diese abzutragen, versucht sie das Objekt narzisstisch zu befriedigen, mit dem Ziel, die Wut in einer gemeinsamen Größenphantasie zu verleugnen und die phantasierten Angriffe ungeschehen zu machen.

Die Angst vor körperlichen Krankheiten und Tod beruht auf der Erfahrung frühkindlicher Traumatisierungen durch die Asthma-Erkrankung (»Überfälle«) und nicht näher definierte Hauterkrankung (Flecken im Gesicht) bzw. Trennungen von der Mutter.

Eine weitere traumatisierende Beeinträchtigung in der psychosexuellen Entwicklung der Patientin entstand in der Phase der Separation und Individuation durch die Geburt des Bruders, als die Patientin eineinhalb Jahre alt war.

Die destruktiven Phantasien über den Mutterleib als »schwarzes Loch« dürften Niederschläge früher unbewusster Angriffe auf den Bauch der Mutter sein, mit dem Ziel, das kommende Kind vernichten zu wollen. Die abgespaltenen destruktiven Phantasien konnten wegen ihrer Gefährlichkeit nicht integriert werden und so kam es zu einer verfrühten Loslösung und einer forcierten Autonomie-Entwicklung. Damit ist zu erklären, weshalb sich Abhängigkeit und Eigenständigkeit im Sinne einer forcierten Entwicklung der Ich-Funktionen als gefährliche Antagonisten gegenüberstehen. In der aggressiv-ängstlichen Verklammerung mit der Mutter, im Gegensatz zu ihren unbewussten Größenvorstellungen, werden die sadistischen Triebimpulse weiterhin in der Abspaltung gehalten. In diesem Zusammenhang nimmt das großmütterliche introjizierte Ich-Ideal die Form eines archaischen Über-Ichs an.

Im Kontext der Übertragungsbeziehung gestattete die Patientin im Verlauf der Behandlung mehr und mehr Einblick in die ausbeuterischen Beziehungsmuster der inneren Objekte, woraus ersichtlich wurde, dass neben der vordergründig sexualisierten Sprache ein tiefes Nachholbedürfnis nach Fürsorge und Schutz besteht.

Die Auseinandersetzung mit ödipalen Themen führte aufgrund der präödipalen Erfahrungen von Macht und Ohnmacht zur Konfusion. Diese zeigte sich am deutlichsten als die Patientin an der unbewussten Bedeutung der Geburt für Mutter und Kind arbeitete. In dem inzestuösen Treibhausklima mit den unklaren Grenzen der Familien (gemeinsame Schlafzimmer, Phantasien über eine orgiastische Welt), fühlte sich die Patientin in einer Überstimulierung zwischen Abhängigkeitsängsten und gefährlichen ödipalen Neidgefühlen gefangen. Die Patientin floh in eine frühreife Sexualität, um mit der Unreife des Ichs fertig zu werden. Diese forcierte Sexualität ist mit prägenitalen Impulsen und Phantasien überladen. Die damit im Zusammenhang stehende anale Abwehrstruktur in Form einer bedrängenden Leistungsorientierung und eines quälenden Ehrgeizes, die lange Zeit zur inneren Stabilisierung diente, verhindert aber auch, dass Frau E. diese phallische Seite genießen kann.

Zur Symptombildung auf der psychischen Ebene (Zusammenbruch) kam es in der ersten Trennungssituation von den Eltern. Als später die Tennung vom Ehemann bevorstand, fühlte sie sich von ihrem Groll über die aus ihrer Sicht ausbeuterische Beziehung überrollt und suchte Hilfe in der Analyse.

Im Gegensatz zu den prägenden präödipalen Erfahrungen des Überwältigtseins und auf Funktionalisierung hin ausgerichteten Beziehungen, erlebte die Patientin in der Analyse, dass ich weder auf ihre sexualisierten Verführungsmanöver einging, noch durch ihre Wut und Machtaneignungswünsche zerstört wurde. Dies ließ bei der Patientin die Hoffnung auf eine eigene Entwicklung wachsen und ermöglichte ihr schrittweise alte Abwehrstrategien aufzugeben.

Im Laufe des analytischen Prozesses kam es dann zu einer zunehmenden Wahrhaftigkeit im Gefühlsleben, ebenso wie sich die Patientin in ihrer weiblichen Identität wesentlich deutlicher wahrnehmen konnte. Sie war auch in der Lage, ihre rivalisierenden Anteile anzuerkennen und diese gegen Ende der Behandlung deutlich gelassener in der analytischen Beziehung zu halten.

Theoretischer Nachspann

Ich habe versucht, in dieser Kasuistik aufzuzeigen, wie das sexualisierte Verhalten der Patientin, das seine Wurzeln in der kindlichen Entwicklung hat, anstelle von Angst eingesetzt wird.

In ähnlicher Weise ist auch die Hautsymptomatik zu betrachten, die als eine psychische, reparative Ich-Leistung im Zusammenhang mit unerträglichen Objektbeziehungsängsten auftritt und damit die Funktion übernimmt, Nähe und Distanz mit den Objekten zu regeln.

Erhellend soll die These von M. Masud R. Khan einbezogen werden. Er geht davon aus, dass bei hysterischen Störungsbildern in der frühen Kindheit Mängel im *goodenough-mothering* durch eine vorzeitige sexuelle Entwicklung ausgeglichen werden sollen, die von der Unfähigkeit begleitet werden, sich in (Liebes-)Beziehungen nähren zu lassen.

Dabei spielt der Groll eine große Rolle, weil die Objekte dieser Menschen deren Gesten als Ausdruck von sexuellen Wünschen und Begierden verstehen, anstatt sie als symbolische Körpersprache, die Fürsorge- und Schutzbedürfnisse symbolisiert, zu erkennen.

»Wenn Gefühle nicht in äußerer Körpertätigkeit oder entsprechender innerlicher Geistestätigkeit entladen werden, wirken sie auf die inneren Organe und bringen deren Funktion in Unordnung. Unglück und Kummer werden durch leidenschaftliches Wehklagen und Weinen entladen, doch es ist das unaussprechliche Leid, welches das bedrückte Herz flüstert; es ist die stumme Trauer, die sich nicht in Tränen verströmen kann, die andere Organe weinen macht.«
(Maudsley, 1876)

Literatur

Alexander, F. (1950): Psychosomatic Medicine. New York.
Alexander, F., French, T. M., u. Pollock, G. H. (1968): Psychosomatic Specifity. London u. Chicago (University of Chicago Press).
Anzieu, D. (1991): Das Haut-Ich. Frankfurt (Suhrkamp).
Argelander, H. (1982): Der psychoanalytische Beratungsdialog. Göttingen (Vandenhoeck & Ruprecht).
Balzer, W. (2001): Das Sensorische und die Gewalt. Mutmaßungen über ein Diesseits von Gut und Böse. In: Zeitschr. f. psychoanal. Theorie u. Praxis (in Druck).
Baumstark, R., u. Volk, P. (Hg.) (1995): Apoll schindet Marsyas. Über das Schreckliche in der Kunst. Kat. Bay. Nationalmuseum. Passau (Passavia).
Benthien, C. (1999): Haut Literaturgeschichte–Körperbilder–Grenzdiskurs. Reinbek (Rowohlt).
Bick, E. (1968): Das Hauterleben in frühen Objektbeziehungen. In: Spillius, E. B. (Hg.) (1990): Melanie Klein heute. Band 1. München (Verlag Internationale Psychoanalyse).
Bick, E. (1986): Further considerations on the function of the skin in early object relations. Brit. J. Psychother., 1986, 2, S. 292-299.
Bion, W. R. (1959): Angriffe auf Verbindungen. In: Spillius, E. B. (Hg.) (1990): Melanie Klein heute. Band 1. München (Verlag Internationale Psychoanalyse).
Bion, W. R. (1962): Eine Theorie des Denkens. In: Spillius, E. B. (Hg.) (1990): Melanie Klein heute. Band 1. München (Verlag Internationale Psychoanalyse).
Bohleber, W. (1999): Therapeutischer Prozeß als schöpferische Beziehung. Übertragung, Gegenübertragung, Intersubjektivität. In: Psyche, 53. Jg., 9/10, S. 815-819.
de Boor, C. (1964/65): Strukturunterschiede unbewußter Phantasien bei Neurosen und psychosomatischen Krankheiten. In: Psyche, 18. Jg., 11, S. 664-673.
Bosse, K. A., u. Gieler, U. (Hg.) (1987): Seelische Faktoren bei Hautkrankheiten. Bern (Huber).
Bowlby, J. (1969): Attachment and Loss. Vol. 1: Attachment. London (Hogarth Press and the Institute of Psycho-Analysis).
Bowlby, J. (1975): Bindung. Eine Analyse der Mutter-Kind-Beziehung. Frankfurt (Suhrkamp).
Britton, R. (1998): Glaube, Phantasie und psychische Realität. Stuttgart (Klett-Cotta).
Brosig, B. (1999): Die Einsamkeit der Haut. Familienpsychosomatik am Beispiel allergischer Hauterkrankungen (Vortrag, 20.10.99). Psychoanalytisches Institut Gießen, Sektion Familien- und Sozialtherapie.
Cremerius, J. (1977): Ist die »psychosomatische Struktur« der französischen Schule krankheitsspezifisch? In: Psyche, 31. Jg., S. 293-317.
Cremerius, J., Hoffmann, S. O., u. Trimborn, W. (1979): Psychoanalyse, Über-Ich und soziale Schicht. Die psychoanalytische Behandlung der Reichen, der Mächtigen und der sozial Schwachen. München (Kindler).
Detig, C. (1986): Zur Psychodynamik bei Hautkrankheiten. Eine psychoanalytische und empirische Studie – Erfahrungen mit einer fünfstündigen Beratung. Diss. Johann Wolfgang Goethe-Universität, Frankfurt a. M.

Detig, C. (1986): Hautkrank: Unberührbarkeit aus Abwehr? Psychodynamische Prozesse zwischen Nähe und Distanz. Göttingen (Verlag für Medizinische Psychologie im Verlag Vandenhoeck & Ruprecht).

Detig, C. (1987): Zur Psychodynamik von Hautpatienten. In: Bosse u. Gieler (Hg.) (1987): Seelische Faktoren bei Hautkrankheiten. Bern (Huber-Verlag).

Detig-Kohler, C. (1993): Psychoanalytische Falldarstellung. In: Gieler, U., Stangier, U., u. Brähler, E. (Hg.) (1993): Hauterkrankungen in psychologischer Sicht. Jahrbuch der Medizinischen Psychologie Nr. 9. Göttingen (Hogrefe).

Deutsch, F. (1959): On the Mysterious Leap from the Mind to the Body. NewYork.

Dreyer, K.-A. (2000): Die unscharfe Abbildung der Zeitgeschichte in Psychoanalysen. In: Forum Psychoanal (2000), 16, S. 331-351.

Dunbar, H. F. (1947): Emotions and Bodily Change. New York (Columbia University Press).

Eichert, I. (1995): Was hat die Haut mit der Seele zu tun? In: Dt. Derm. 43, S. 1236-1249.

Eichinger, H. J. (2000): Zur Spezifitätshypothese: Über die Behandlung eines Neurodermitis-Kranken. In: Psyche, 54. Jg., 6, S. 496-520.

Fairbairn, W. R. D. (2000): Das Selbst und die inneren Objektbeziehungen. Eine psychoanalytische Objektbeziehungstheorie. Gießen (Psychosozial- Verlag).

Fonagy, P. (2000): Das Ende einer Familienfehde – Versöhnung von Bindungstheorie und Psychoanalyse (Vortrag, Nov. 2000). DPV-Tagung, Bad Homburg.

Freud, S. (1890a): Psychische Behandlung (Seelenbehandlung) GW 5. Frankfurt a. M. (Fischer).

Freud, S. (1894): Die Abwehr der Neuropsychosen. GW 1. Frankfurt a. M. (Fischer).

Freud, S. (1905): Drei Abhandlungen zur Sexualtheorie. GW 5. Frankfurt a. M. (Fischer).

Freud, S. (1914): Zur Einführung des Narzißmus. GW 10. Frankfurt a. M. (Fischer).

Freud, S. (1916/7): Vorlesungen zur Einführung in die Psychoanalyse. GW 11. Frankfurt a. M. (Fischer).

Freud, S. (1923b): Das Ich und das Es. GW 13. Frankfurt a. M. (Fischer).

Freud, S. (1926d): Hemmung, Symptom und Angst. GW 14. Frankfurt a. M. (Fischer).

Gieler, U., u. Detig-Kohler, C. (1994): Nähe und Distanz bei Hautkranken. In: Psychotherapeut, 39, S. 1-5.

Gieler, U., u. Stangier, U. (1996): Dermatologie. In: Uexküll, Th. v. (Hg.) (1996): Psychosomatische Medizin. München (Urban & Schwarzenberg).

Gieler, U., u. a. (1986): »Mein Schuppenpanzer schützt mich!«. In: Z. Hautkrankh., 1986, S.61.

Gutwinski-Jeggle, J. (1995): Das Körper-Ich als Kommunikationsmittel: Psychoanalytische Entzifferungsversuche archaischer Wahrnehmungs- und Denkweisen. In: Holm-Hadulla, R. (Hg): Tagungsbericht 24.-27.5.1995, Heidelberg.

Heimann, P. (1950): On counter-transference. In: Internat. Journal of Psychoanalysis 31, S. 81-84.

Hensel, B., u. Rehberger, R. (2000): Einführung in die Konzepte von W. R. D. Fairbairn und seine Rezeption anläßlich der Fairbairn-Tagung im Okt. 1999 in Lissabon. In: DPV-Informationen 29, S. 33-40.

Herold R. (1995): Übertragung und Widerstand. Ulm (Ulmer Textband).

Honneth, A. (2000): Objektbeziehungstheorie und postmoderne Identität. Über das vermeintliche Verhalten in der Psychoanalyse. In: Psyche, 54 Jg., 11, S. 1087-1109.

Jung, K. u. M. (1991): Die aufgekratzte Seele – Neurodermitis. Zürich (Kreuz-Verlag).

Joseph, B. (1987): Projektive Identifizierung – Klinische Aspekte. In: Spillius, E. B. (Hg.) (1990): Melanie Klein heute. Band 1. München (Verlag Inter. Psychoanalyse).
Joseph, B. (1989): Innere Objekte und die Strukturierung der Übertragung. In: Zeitschrift für psychoanalyt. Theorie und Praxis 1991, 6, S. 150-160.
Kafka, F. (1996): Brief an den Vater. Frankfurt a. M. (Suhrkamp).
Khan, M. M. R. (1988): Der Groll des Hysterikers. In: Forum Psychoanal. 4.
Khan, M. M. R. (1989): Entfremdung bei Perversionen. Frankfurt a. M. (Suhrkamp).
Khan, M. M. R. (1991): Erfahrungen im Möglichkeitsraum. Psychoanalytische Wege zum verborgenen Selbst. Frankfurt a. M. (Suhrkamp).
Kelleter, R. (1990): Haut und Primärbeziehung. In: Zeitschr. für psychoanalyt. Theorie und Praxis 5, S. 122-144.
Kernberg, O. F. (1981): Objektbeziehungen und die Praxis der Psychoanalyse. Stuttgart (Klett-Cotta).
King, P. B. (1978): Affective responses of the analyst to the patient's communication. In: Intern. Journal of Psychoanal. 59, S. 329-334.
Klein, M. (1946): Bemerkungen über einige schizoide Mechanismen. In: Gesammelte Schriften III. Stuttgart (frommann-holzboog). S. 1-42.
Klein, M. (1952a): Notes on some schizoid mechanisms. In: Klein, M. u. a. (Hg.): Developments in psycho-analysis. London (Hogarth Press).
Klein, M. (1955): Über Identifizierung. In: Gesammelte Schriften III, Stuttgart (frommann-holzboog), S. 229-278.
Klöß-Rotmann, L. (1992): Haut und Selbst. Ein analytischer Beitrag zur Funktion des atopischen Ekzems im Behandlungsprozeß. In: Jahrbuch der Psychoanalyse 29, Stuttgart (frommann-holzboog).
Kohut, H. (1973): Narzißmus. Frankfurt a. M. (Suhrkamp).
Krichhauff, G. (1956): Bemerkungen zu genetischen und neurosenstrukturellen Faktoren bei endogenem Ekzem. In: Zeitschr. für psychosomat. Medizin und Psychoanalyse 2, S. 184-192.
Küchenhoff, J. (2000): Die Lesbarkeit des Körpers – Psychoanalytische Zugänge zu Somatisierung und Selbstverletzung. In: Psychoanalyse – Texte zur Sozialforschung. Psychoanalyse und Körper, 4. Jg., 6, S. 17-36.
Kutter, P. (1980): Emotionalität und Körperlichkeit. In: Praxis der Psychotherapie und Psychosomatik 25, S. 131-145.
Kutter, P. (1984): Die Dynamik psychosomatischer Erkrankungen – damals und heute. Psyche, 38. Jg., 6, 544-562.
Maguire, A. (1991): Hauterkrankungen als Botschaften der Seele. Olten (Walter).
Mahler, M. S. (1980): Die psychische Geburt des Menschen. Symbiose und Individuation. Frankfurt a. M. (Fischer).
Main, M., Kaplan, N., u. Cassidy, J. (1985): Security in infancy, childhood and adulthood: A move to the level of representation. In: Bretherton, I. (Ed.): Growing Points of Attachment Theory and Research. Chicago (University Press).
Marty, P. (1957): Die ›allergische Objektbeziehung‹. In: Brede, K. (Hg.) (1974): Einführung in die psychosomatische Medizin. Frankfurt a. M. (Fischer). S. 420-445.
Maudsley, H. (1876): Physiology of mind. London.
McDougall, J. (1974): The Psychosoma and the Psychoanalytic Process. In: International Review of Psychoanalysis, 1974, S. 437-459.
McDougall, J. (1991): Ein Körper für zwei. In: Theater des Körpers. Weinheim (Verlag Internat. Psychoanalyse).

Meltzer, D. (1992): The Claustrum. An Investigation of Claustrophobi Phenomena. London: (The Roland Harris Trust Library), No. 15.

Meltzer, D. (1994): Adhesive identification. In: Hahn, A. (Hg.) (1994): Sincerity and other works. London (Karnac Books).

Mitscherlich, A. (1961): Anmerkungen über die Chronifizierung psychosomatischen Geschehens. In: Psyche 15 (1961/62), S. 1-25.

Montagu, A. (1980): Körperkontakt. Die Bedeutung der Haut für die Entwicklung des Menschen. Stuttgart (Klett-Cotta).

de M'Uzan, M. (1974): Psychodynamic Mechanisms in Psychosomatic Symptoms. In: Psychotherapie u. Psychosomatik 23, S. 103-110.

Musil, R. (1957): Der Mann ohne Eigenschaften. Reinbek (Rowohlt).

Nasemann, Th., u. Sauerbrey, W. (1984): Lehrbuch der Hautkrankheiten und venerischen Infektionen. Berlin (Springer-Verlag); S. 250; 299-301.

Nemiah, J. C., u. Sifneos, P. E. (1970): Affect and fantasy in patients with psychosomatic disorders. In: Modern Trends in Psychosomatic Medicine 2, S. 26-34.

Niemeier, V., Fritz, J., Kupfer, J., u. Gieler, U. (1999): Aggressive verbal behaviour as a function of experimentally induced anger in persons with psoriasis. In: Eur. J. Dermatol. 9 (1999), S. 555-558.

Nietzsche, F. (1966): Werke in drei Bänden. München (Hanser).

Ogden, T.H. (1995): Frühe Formen des Erlebens. Wien, New York (Springer).

Pines, D. (1980): Skin communication: early skin disorders and their effect on transference and countertransference. In: Int. J. Psycho-Anal. 61, S. 315-328.

Pines, D. (1983): Das frühe Trauma in Übertragung und Gegenübertragung. In: Jahrbuch der Psychoanalyse 15, S. 119-144.

Pines, D. (1988): Wozu Frauen ihren Körper unbewußt benutzen. In: Zeitsch. f. psychoanal. Theorie u. Praxis 3, S. 94-112.

Plänkers, T. (2001): Einführung in die Theorie und Klinik des ›Klaustrums‹ von Donald Meltzer (Vortrag, 1.3.2001). Psychoanalytisches Institut Heidelberg-Karlsruhe der DPV, Heidelberg.

Rechenberger, I. (1979): Tiefenpsychologisch ausgerichtete Diagnostik und Behandlung von Hautkrankheiten. Göttingen (Vandenhoeck & Ruprecht).

Rosenfeld, H. (1990): Sackgassen und Deutungen. München (Verlag Internat. Psychoanalyse).

Satre, J. P. (1997): Die Kindheit eines Chefs. Reinbek (Rowohlt).

Scheidt, E. E. (2000): Die psychoanalytische Theorie der Somatisierung aus der Sicht der Bindungsforschung (Vortrag, Nov. 2000). DPV-Tagung, Bad Homburg.

Schoenhals, H. (1993): Triangulärer Raum und Symbolisierung. In: Gutwinski-Jeggle u. a. (Hg.) (1993): Die klugen Sinne pflegend. Tübingen: edition diskord.

Schöttler, C. (1981): Zur Behandlungstechnik bei psychosomatisch schwer gestörten Patienten. Psyche 2, 35. Jg., S. 111-141.

Schunter, M. (1992): Über den Widerstand von Arzt und Patient in der Dermatologie. In: Der Dermatologe 1992, 4, S. 509-512.

Schur, M. (1955): Zur Metapsychologie der Somatisierung. In: Brede, K. (Hg.) (1974) Einführung in die psychosomatische Medizin. Frankfurt a. M. (Fischer).

Sifneos, P. F. (1975): Problems of Psychotherapy with patients with Alexithymic- characteristics and physicyls disease. In: Psychother. Psychosom. 26, S. 65-70.

Sodre, I. (2000): Psychische Ereignisse im Grenzbereich (Vortrag, Nov. 2000), Herbsttagung DPV, Bad Homburg.

Spitz, R. A. (1954): Die Entstehung der ersten Objektbeziehungen. Stuttgart (Klett-Cotta).

Staehle, A. (1996): Zur Differenzierung zwischen ›Innen‹ und ›Außen‹, dargestellt am Beispiel der analytischen Behandlung einer Patientin mit Neurodermitis. In: Zeitschr. f. anal. Kinder- u. Jugendpsychotherapie, Jg.4, 92, S. 399-432.
Staehle, A. (1997): »Erste und zweite Haut« – Einige Überlegungen zur Analyse einer Patientin mit Zweithautbildungen und adhäsive Identifizierung. In: Zeitschr. f. psychoanal. Theorie u. Praxis, 12. Jg., 4, S. 347-377.
Steiner, J. (1990): Die Wechselwirkungen zwischen pathologischen Organisationen und der paranoid-schizoiden und depressiven Position. In: Spillius, E. B. (Hg.) (1990): Melanie Klein heute. Band 1. München (Verlag Internationale Psychoanalyse).
Stephanos, S. (1978): Objektpsychologisches Modell der psychosomatischen Pathologie im Zusammenhang mit dem ökonomischen Konzept der französischen psychoanalytischen Schule. In: Die Psychologie des 20. Jahrhunderts, Bd. 9 – Psychosomatische Medizin (hg. v. Hahn, P.). Zürich (Kindler).
Thomä, H. (1980): Über die Unspezifität psychosomatischer Erkrankungen am Beispiel einer Neurodermitis mit zwanzigjähriger Katamnese. In: Psyche, 34 Jg., 7, S. 589-624.
Thomä, H. (1999): Zur Theorie und Praxis von Übertragung und Gegenübertragung im psychoanalytischen Pluralismus. In: Psyche, 53. Jg., 9/10, S. 820-872.
Tustin, F. (1988): Autistische Barrieren bei Neurotikern. Frankfurt a. M. (Nexus).
Ungerer, T. (1995): Schutzengel der Hölle. Zürich (Diogenes).
Updike, J. (1990): Selbstbewußtsein. Reinbek (Rowohlt).
Valery, P. (1982): Die fixe Idee oder zwei Männer am Meer. Frankfurt a. M. (Suhrkamp).
Werthmann, A. (1998): Erfahrungen aus Langzeitbehandlungen mit Neurodermitikern (Vortrag, 22.10.98). Arbeitsgemeinschaft für psychoanalytische Psychologie, Frankfurt.
Winnicott, D. W. (1974): Ich-Verzerrung in Form des wahren und des falschen Selbst. In: Reifungsprozesse und fördernde Umwelt. Frankfurt a. M. (Fischer).

Renate-Berenike Schmidt, Michael Schetsche (Hg.)
Körperkontakt
Interdisziplinäre Erkundungen

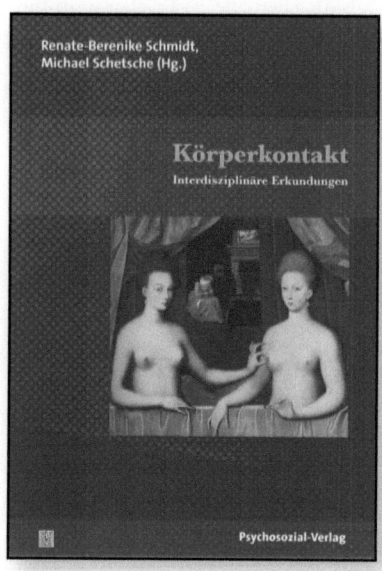

2012 · 335 Seiten · Broschur
ISBN 978-3-8379-2119-9

Ist die menschliche Beziehung auf Basis von Berühren und Berührtwerden ein Auslaufmodell?
Die aktuelle sozialwissenschaftliche Diskussion zum Thema »Körper« beschränkt sich häufig auf individuelle Ausdrucksformen und Befindlichkeiten – Berührungen zwischen den Körpern hingegen sind weder empirisch noch theoretisch von Interesse. Doch ohne die Berücksichtigung dieser grundlegenden Beziehungsform kann die soziale Entwicklung des Menschen nicht hinreichend verstanden werden. Daher ist eine Neuorientierung erforderlich, die Einsichten in geteilte Körperwirklichkeiten im interdisziplinären Diskurs verankert.

Der vorliegende Band schließt eine Forschungslücke, indem er einen breiten, interdisziplinären Überblick zu einem bisher vernachlässigten Thema bietet. Dabei schließt er an Alltagssituationen an und zeigt verschiedenste, teilweise tabuisierte ethische Problemlagen bei Körperkontakten auf – etwa in pädagogischen oder medizinischen Situationen.

Mit Beiträgen von Traute Becker, Ulrike Böhnke, Martin Grunwald, Sabine Huschka, Gudrun Lemke-Werner, Elke Mahnke, Tilmann Moser, Annette Probst, Matthias Riedel, Uwe Sielert, Gerd Stecklina, Christa Wanzeck-Sielert, Jeffrey Wimmer, Rainer Wollny

Hartmut Böhme

Der anatomische Akt

Zur Bildgeschichte und Psychohistorie
der frühneuzeitlichen Anatomie

Hans-Kilian-Preis 2011

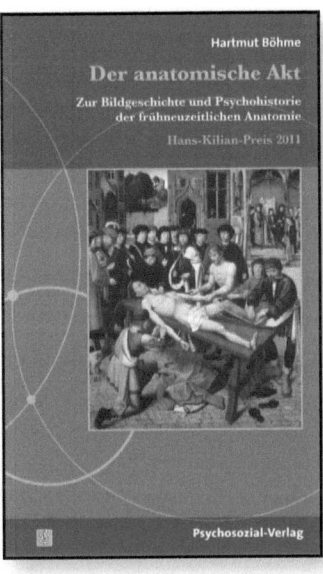

2012 · 133 Seiten · Gebunden
ISBN 978-3-8379-2223-3

Der Kulturwissenschaftler Hartmut Böhme verknüpft medizingeschichtliche und psychohistorische Perspektiven in einzigartiger Weise.

Der Hans-Kilian-Preis für die Erforschung und Förderung der metakulturellen Humanisation würdigt exzellente Leistungen in der interdisziplinären sozial- und kulturwissenschaftlichen Forschung und Lehre. Die Köhler-Stiftung verlieh den Preis in Kooperation mit der am Lehrstuhl für Sozialtheorie und Sozialpsychologie eingerichteten Koordinationsstelle an der Ruhr-Universität Bochum erstmalig im Mai 2011. Ausgezeichnet wurde der Berliner Kulturwissenschaftler Hartmut Böhme für sein herausragendes Gesamtwerk.

Die vorliegende Festschrift enthält neben den Eröffnungsansprachen und der Laudatio auf den Preisträger die für die Veröffentlichung erweiterte Rede Böhmes. In seiner Abhandlung untersucht er die Darstellungen des sezierten menschlichen Körpers in den bildenden Künsten der Frühen Neuzeit und geht der Frage nach, wie die bildlichen Repräsentationen neuer medizinischer Praktiken die Körperästhetik und Körpersymbolik verändern und prägen. Der kulturell bedingte Wandel psychischer Reaktionen, vor allem des Ekels beim Anblick eines präparierten Körpers, wird in den Mittelpunkt gerückt.

Joachim Küchenhoff
Körper und Sprache
Theoretische und klinische Beiträge
zu einem intersubjektiven Verständnis des Körpererlebens

2012 · 374 Seiten · Broschur
ISBN 978-3-8379-2165-6

Jenseits des gesprochenen Wortes kommunizieren in jedem Gespräch auch unsere Körper mittels Mimik, Gestik und Verhalten. In diesem weiter gefassten Verständnis von Sprache als bedeutungsvoller, sinngebender Kommunikationsstruktur ist der Körper nicht außerhalb, sondern in der Sprache. Gleichwohl lässt sich das Körpererleben oft nur schwer oder gar nicht in Worte fassen. Um es zu verstehen, ist die Begegnung mit dem Anderen, die leibliche Intersubjektivität, entscheidend.

Das vorliegende Buch entwirft einen theoretischen Zugang zum komplexen Verhältnis von Körpererleben und sprachlichem Ausdruck. Es setzt ihn praktisch für die Diagnostik und Therapie körperbezogener seelischer Störungen um. Das intersubjektive Verständnis des Körpererlebens wird unter anderem durch genaue Analysen der Berührung und des Blicks vertieft und auf die Analyse des Körpers in der Kunst angewendet.

www.ingramcontent.com/pod-product-compliance
Ingram Content Group UK Ltd.
Pitfield, Milton Keynes, MK11 3LW, UK
UKHW041947230426
12048UKWH00008B/181